Birgit Kelle
Dann mach doch die Bluse zu

Birgit Kelle

Dann mach doch die Bluse zu

Ein Aufschrei gegen den Gleichheitswahn

adeo

Inhalt

Vorwort 7

1. Dann mach doch die Bluse zu! 14
2. „Sie sprechen mir aus der Seele!" 39
3. Diktatur des Feminismus 48
4. Ich bin kein Brutkasten 64
5. Der Genderwahn 84
6. Quoten-Zwangsbeglückung 108
7. Von Eltern und anderen Erziehungs-Dilettanten 130
8. Auf die Barrikaden! 158
9. Echte Männer braucht das Land 184

Epilog 201
Stichwortverzeichnis 213
Quellenverzeichnis 217
Vita 223

Dieses Buch ist nicht in gendersensibler Sprache geschrieben. Ich vertraue in der Sache auf Ihren gesunden Menschenverstand.

Vorwort

Während Roman Herzog einst den „Ruck" forderte, der durch unser Land gehen möge, haben wir stattdessen den „Aufschrei" bekommen. Mein Gott, was war das für eine Aufregung zu Beginn des Jahres. Sexismus in Deutschland! Wer hätte das geahnt? Anscheinend ein unerkanntes, gedeckeltes, dafür aber flächendeckendes Problem, unter dem eine ganze Frauengeneration leidet.

Plötzlich fanden sich überall Opfer unter den Frauen und schnell bildeten sich die Fronten: Auf der einen Seite die tatsächlich betroffenen Frauen und diejenigen, die sich vermeintlich als Opfer fühlten. Flankiert von verständnisvollen Männern, die sich kollektiv für ihr Mannsein in den Staub warfen. Mea culpa! Wussten wir nicht schon immer, dass doch alle Männer irgendwie Schweine sind? Gut, wenn wenigstens manche von ihnen das einsehen!

Auf der anderen Seite die Frauen, die die Aufregung nicht verstanden, so wie ich selbst auch nicht. Frauen, die sich nicht betroffen fühlten und das Thema aufgebauscht fanden. Flankiert von einer wachsenden Männerschar, die sich zu Unrecht in eine Art Sippenhaft genommen sah, allein ob ihrer männlichen Daseinsform. Und fleißig wurde der Geschlechtergraben noch ein paar Meter tiefer geschaufelt. Nur dass Männer und Frauen nicht zwangsläufig auf gegenüberliegenden Seiten stehen.

Nein, es ist auch nach 100 Jahren Feminismus noch vieles nicht in Ordnung zwischen Mann und Frau. Es hat sogar den Anschein: Manches wird schlimmer. Als bestehe eine Kluft zwischen der Erwartungshaltung an das jeweils andere Geschlecht und der Realität. Während der Sexismus-Debatte war der Graben besonders tief, obwohl diese doch nur an der Oberfläche des eigentlichen Problems kratzte. Oder war es nur einer der seltenen ehrlichen Momente?

Wir nähern uns nicht an in der Geschlechterfrage, wir sitzen immer noch ratlos zwischen den Stühlen. Männer sind anders, Frauen auch. Selbst mehrere Jahrzehnte Gender-Mainstreaming können an dieser Binsenweisheit nichts ändern und haben, im Gegenteil, das Problem sogar verstärkt. Ein Konzept, oder sagen wir besser, eine Ideologie, die angetreten ist, uns alle gleicher zu machen, die Unterschiede zwischen Männern und Frauen aufzuheben, hat Verwirrung hinterlassen, aber keine Erfolge. Wir schreiten nicht gemeinsam harmonisch in den Sonnenuntergang, sondern reden und denken nach wie vor aneinander vorbei. Denn Männer und Frauen sind immer noch unterschiedlich und sie werden es immer bleiben. Im Gegensatz zu früher müssen wir aber heute politisch korrekt so tun, als ob es anders sei. Als gäbe es keine Unterschiede. Das macht die Dinge kompliziert. Wirft neue Probleme auf. Alte Rollenmuster wurden zwar verworfen, aber die neuen noch nicht gefunden. Wir sind angetreten, die Rollenklischees zu durchbrechen, und müssen feststellen, dass sie viel häufiger Realität sind, als dass man noch von Klischees sprechen könnte. Und nicht selten lebt es sich auch noch glücklich in denselben.

Was also tun? Wie soll die moderne Frau von heute sein und wie ihr männliches Pendant? Bei beiden Definitionen halten übrigens ausschließlich Frauen die Deutungshoheit. Wo kämen wir schließlich hin, wenn Mann immer noch selbst entscheidet, wie er zu sein hat, wo er doch bewiesen hat, dass er mit dieser Methode jahrtausendelang Frauen unterdrückt hat? Verloren gegangen ist bei alldem die Freude daran, einfach Frau zu sein. Oder auch einfach Mann.

Und so wird gerungen um den Fortschritt, vor allem an der Frauenfront. Die Kriegsrhetorik ist bewusst gewählt, denn zu spaßen ist nicht mit dieser Sache. Wenn es um die Emanzipation der Frau geht, ist Schluss mit lustig. Tonangebend ist dabei die „Es ist noch immer nicht genug"-Fraktion unter den Damen. Wenn von den Entwicklungen in Sachen „Gleichstellung der Frau" geredet und berichtet wird, sprechen wir gerne über Defizite. Erfolgsmeldungen würden sich mit dem lieb gewonnenen Opferstatus der Frau auch wirklich ganz schlecht vertragen. Stattdessen also immer noch nicht genug Frauen, die berufstätig sind. Immer noch zu wenige Frauen in Vollzeitarbeit. Immer noch zu wenige Frauen in klassischen Männerberufen. Immer noch zu wenige Frauen in Führungspositionen. Immer noch zu wenig Vereinbarkeit von Familie und Beruf. Immer noch zu wenig Lohn. Immer noch zu wenig Teilhabe an der Gesellschaft durch immer noch zu wenige Krippenplätze.

Teilzeitfalle, Gender-Pay-Gap, Frauenquote. Heimchen am Herd, Rabenmütter versus Glucken, Sexismus, so weit das Auge reicht. Nein, wahrlich, ich kann es Kanzler a. D. Gerhard Schröder nicht verdenken, dass er einst in Bezug auf das Frauenressort vom „Ministerium für Frauen und Gedöns" sprach – und damit einen handfesten „Aufschrei" provozierte, obwohl es damals diesen Fachbegriff für spezifisch weibliche Empörung noch gar nicht gab. Frauenthemen haben ein wirklich schlechtes Image: langwierig, zäh, spaßfrei. Das Gesicht zur Faust geballt, kommen die Kriegerinnen an der Feminismus-Front daher und strafen jeden ab, der nicht mitzieht bei der Befreiung der Frau oder jedenfalls bei dem, was sie dafür halten. Im Zweifel gilt das auch für Geschlechtsgenossinnen, wenn sie einfach unbelehrbar sind.

Warum dieses Buch? Ich bin es leid, mich zu entschuldigen. Denn sich zumindest ein bisschen schlecht zu fühlen, ist Mindestmaß für eine Hausfrau und Mutter in Deutschland. Sich schlecht zu fühlen, weil man kein Problem mit Männern im Allgemeinen und dem Ehemann im Speziellen hat, der die Familie ernährt. Sich schlecht zu fühlen, weil man „nur" Hausfrau und Mutter ist, statt sich in die höheren Weihen einer Karriere zu begeben, und das, obwohl man doch bestens dafür ausgebildet wäre. Sich schlecht zu fühlen, weil man darauf beharrt, die Kinder selbst großzuziehen, anstatt sie in einer staatlichen Betreuungsstelle abzugeben. Sich schlecht zu fühlen, weil man durch sein Handeln das große Frauenkollektiv mit einer altmodischen Daseinsform als Ehefrau und Mutter behindert.

Ich bin gern Frau, und ich bin gern Mutter, aber ich habe mein Leben nie so geplant. Vier Kinder überstiegen in der Tat meine Vorstellungskraft als 21-Jährige und waren in meiner gedachten Zukunft niemals vorgesehen. Nun ist es anders gekommen, und das ist auch gut so. Heute bin ich 38 und habe turbulente, aber auch unfassbar schöne 14 Jahre hinter mir, in denen ich Mutter von inzwischen vier Kindern bin. Niemand hätte mir dieses Glück vorher beschreiben oder gar anpreisen können; man muss es selbst erfahren.

Vor der Geburt meiner Kinder hatte ich mich noch nie mit Fragen des Feminismus oder gar mit Frauenrollen auseinandergesetzt, gehörte ich doch zu der glücklichen Generation junger Frauen, die sehr selbstverständlich mit dem Gedanken groß wurde, dass wir alles können, was wir wollen. *Bad girls go everywhere!* Was ich nicht wusste: Muttersein stand nicht auf dieser Liste. Erst von anderen Frauen habe ich erfahren müssen, dass ich mit meinem Lebensentwurf eine gescheiterte Existenz darstelle.

Aus feministischer Sicht bin ich eine wirklich traurige Gestalt, die über ihren Kindern gluckt, ihnen selbst gekochtes Essen aufzwingt, und das auch noch zu Hause! Ich bin es leid, das immer wieder zu erklären, zu entschuldigen, zu rechtfertigen. Es ist mein gutes Recht, mein Leben so zu leben, wie es mich glücklich macht. Ich habe nur dieses eine. War der Feminismus nicht einst dafür eingetreten, dass ich genau das machen darf? Leben, wie ich es will? Was ist passiert auf dem Weg der gleichen Rechte für alle? Denn, voilà, liebe FrauenrechtlerInnen, hier bin ich, auch wenn ihr es nicht wahrhaben wollt und ich in euren Augen alles falsch mache. Und das Beste ist: Es gibt Hunderttausende Frauen wie mich in diesem Land. Frauen, die gern Frauen sind, es gern zeigen und das auch nicht ständig diskutieren müssen. Mütter, die gern Mütter sind und wegen der Mutterschaft auch gern mal lange aus dem Beruf aussteigen.

Sie alle haben in Deutschland keine echte Lobby. Der gängige Feminismus à la Alice Schwarzer, Bascha Mika, Elisabeth Badinter bis hin zu Simone de Beauvoir hat gerade die Mütter auf der Strecke gelassen. Eine Frau, die sich als Mutter begreift oder, Gott behüte, als Hausfrau, kann abdanken. Die einen werfen ihr vor, sie sei nicht emanzipiert, die anderen, sie sei faul, die Dritten, sie würde sich aus ihrer Eigenverantwortung als Frau stehlen und von einem Mann aushalten lassen. Nicht zuletzt bleibt sogar der Vorwurf, sie würde durch ihr rückständiges Verhalten die Emanzipation ihrer Geschlechtsgenossinnen verhindern. Ein „Backlash" droht: zurück ins Mittelalter oder zumindest bis an den Herd. Einfach nur, weil die jungen, undankbaren Dinger bei den Errungenschaften, die man für sie erkämpft hat, nicht mitziehen! Mehr noch: sie mit Füßen treten! In den klassischen Medien finden Mütter als überforderte Wesen statt, deren Lebensstil überwunden werden muss, hin zu einem befreiten Leben als Frau. Das Kind ist dabei logischerweise ein Klotz am Bein, wird aber dennoch händeringend gesellschaftlich gebraucht. Ein Dilemma. Aber als Lösung für das Problem bauen wir ja jetzt Krippen.

Sowohl in den Medien als auch in der Politik dominieren Frauen, die oftmals kinderlos sind oder, wenn sie Kinder haben, diese der Karriere wegen früh in fremde Hände geben. Dieses Frauenbild wird als modern und fortschrittlich betrachtet. Die *Generation von der Leyen* gibt nannyhaft den Ton an und beschwört damit ein Frauenkollektiv, das gar nicht existiert. Dennoch hat sich die Frauen- und Familienpolitik in Deutschland in den letzten Jahrzehnten allein darauf fokussiert, die Frau nach der Geburt möglichst schnell wieder in den Beruf einzugliedern. Man fragt nicht, was Frauen und Mütter wollen, man sagt ihnen, was sie bitte schön zu wollen haben. Frauenförderung, Quotenforderungen, Gleichstellungsbeauftragte – alle arbeiten daran, die traditionelle Familie aufzulösen, das Muttersein auf ein Minimum an Zeitaufwand zu reduzieren und die Lebensläufe von Frauen denen ihrer Männer anzugleichen. Frauen in die Produktion, Kinder in die Krippe.

Ist es wirklich das, wo uns der Feminismus hinbringen wollte? Ich finde keine überzeugende Antwort darauf, was denn Feminismus für „die Frau" sein soll, wenn mein eigener Lebensentwurf und der von Hunderttausenden anderer Frauen schon von vornherein ausgeklammert wird. Es wird Zeit, zu Beginn des 21. Jahrhunderts noch einmal ganz neu und vor allem anders darüber zu debattieren. Nachdem wir ein Jahrhundert lang den Männern nachgeeifert und sie an manchen Stellen sogar überholt haben, ist die Zeit reif, über die Weiblichkeit als eigenständigen Weg nachzudenken. *Weiblichkeit.* Allein das Wort ist für manche schon ein Affront.

Wenn ich über Weiblichkeit und Muttersein spreche, ist meine Erfahrung nach Vorträgen, Auftritten und Veröffentlichungen immer die gleiche: Anfeindung von feministischer Seite und von Mütterseite der Satz: „*Sie sprechen mir aus der Seele.*" Diese Frauen sagen das aber nur noch hinter vorgehaltener Hand. 100 Jahre Feminismus haben Spuren hinterlassen, die Schweigespirale hat längst eingesetzt. Aber sie schreiben mir ihre Lebensgeschichten, es sprudelt aus ihnen heraus, sie danken mir für die Bestätigung, dass sie nicht die Einzigen sind, obwohl es in der öffentlichen Wahrnehmung so zu sein scheint. Sie hungern nach Anerkennung, viel mehr als nach finanzieller Unterstützung.

Für sie alle ist dieses Buch. Als Ermutigung: Lasst euch nicht von eurem Weg abbringen, es ist gut und richtig, was ihr tut. Ihr dürft das! Und hört endlich auf, euch ständig zu rechtfertigen.

Birgit Kelle

1. Dann mach doch die Bluse zu!

In meiner Zeit als Praktikantin bei einer Lokalzeitung in Freiburg musste ich einst zwecks Berichterstattung zur „Frauenvollversammlung" der Uni Freiburg. Praktikantinnen können es sich nicht aussuchen, sie bekommen immer die blöden Jobs, die keiner machen will, wie zum Beispiel Straßenumfragen. Als Jurastudentin musste ich auch die drögen Gerichtsverhandlungen übernehmen, und dieses Mal hatte ich unfreiwillige Doppelkompetenz vorzuweisen: Studentin und Frau, also bekam ich die Uni-Vollversammlung aufgehalst. Vollversammlung, das klang groß. Freiburg hatte damals bereits über 20 000 Studenten, die Hälfte davon Frauen, also gut, auf ins Gefecht.

Vielleicht hätte ich mich stattdessen doch lieber freiwillig für die Straßenumfragen der nächsten sechs Monate melden sollen, denn was soll ich sagen, es waren keine 30 Frauen anwesend. Hauptthema des Abends: die ständige sexuelle Belästigung der Studentinnen durch männliche Kommilitonen und dass Frau deswegen endlich einen eigenen Frauenraum an der Uni brauche. Wo sie geschützt sei vor den ständigen männlichen Übergriffen, die überall auf dem Campus drohten. Eine männerfreie Ruhezone, in die man sich quasi gerade noch schnell mit zerfetzter Bluse retten kann. Mein erster Gedanke war: *Wovon reden die eigentlich? Besuchen diese Frauen die gleiche Uni wie ich oder existieren wir in einer Art Parallelwelt?*

Die Uni, die ich kannte, war der größte Heiratsmarkt weit und breit. Wo sonst kommen auf so engem Raum derart viele paarungswillige junge Menschen zusammen? Ich hatte selbst noch nie Übergriffe von männlichen Studenten erlebt und auch keine meiner Freundinnen hatte je davon berichtet. Wir wollten uns nicht von den jungen Männern absetzen, wir taten im Gegenteil, mehr oder weniger erfolgreich, eine ganze Menge, um die Aufmerksamkeit des einen oder anderen zu erregen.

Der Bericht für die Lokalzeitung fiel nüchtern aus, ich hatte die Episode, die sehr viele Jahre zurückliegt, schon lange vergessen, doch dann kam Rainer Brüderle mit seiner Tanzkarte. Mit ihm eine noch nie da gewesene Sexismus-Debatte in Deutschland und für mich ein Déjà-vu. Da war es wieder, dieses Gefühl, in einer anderen Welt zu leben.

Vor dem Dreikönigstreffen der FDP 2012 in Stuttgart hatte Herr Brüderle sich anscheinend spät am Abend in der Hotelbar, wenn auch nur verbal, der *Stern*-Journalistin Laura Himmelreich unsittlich genähert. Während sie auch nachts an der Bar immer noch für ihr Brüderle-Porträt auf Recherche war, zeigte er nach einem langen Tag mehr Interesse an ihrem Dekolleté als an einem ernsthaften Gespräch. Sie könne ein „Dirndl ausfüllen", soll er gesagt haben. Später bot er ihr „eine Tanzkarte" an.

Ein Jahr lang hielt die Journalistin diese Begegnung nicht für erwähnenswert, dann jedoch zeigte der investigative Journalismus seine ganze Wucht, als Brüderle zum neuen Spitzenkandidaten der FDP für die Bundestagswahl 2013 auserkoren wurde. Der Zeitpunkt schien wohl günstig, *Der Stern* druckte ein Porträt des Politikers mit der Überschrift „Der Herrenwitz" und kostete die alte Geschichte in vollen Zügen aus. Rainer Brüderle war als Sexist entlarvt. Was folgte, war der berühmte

„Aufschrei". Tausende von Frauen berichteten im Internet über unangenehme Begegnungen mit Männern.

Den Medien konnte man daraufhin entnehmen, dass Deutschland ein massives, flächendeckendes Sexismus-Problem habe. Zehntausende von Frauen waren angeblich betroffen, hatten aber bisher anscheinend nicht gewagt, darüber zu reden. Wieso eigentlich? An jeder Ecke sitzt heute eine Frauenbeauftragte, die für so etwas ansprechbar wäre. Aber die Empörungsmaschinerie war schnell in vollem Gange. Einhellig war man sehr betroffen ob des Verhaltens von Herrn Brüderle im Speziellen und der Männer im Allgemeinen. Rainer Brüderle, der mit seinem Wortwitz ganz offensichtlich irgendwo in der Heinz-Erhardt-Zeit hängen geblieben ist und dem man offenbar mitzuteilen versäumt hat, dass Tanzkarten seit einem halben Jahrhundert nicht mehr in Mode sind.

Eine Woche lang hörte und sah ich mir dieses Schauspiel, das mit dem besagten Bericht des Magazins *Der Stern* begann und sich innerhalb weniger Tage über Twitter zu einem *#aufschrei* hochschaukelte, eher amüsiert an. Ich verstand die Aufregung nicht und blickte mit Unverständnis auf diese Parallelwelt, die mit meinem Leben und meinen Erfahrungen mit Männern nichts zu tun hatte. Diesen nichtigen Anlass mit den Hauptdarstellern Laura Himmelreich, *Stern*-Reporterin, und Rainer Brüderle, Herrenwitz, im Zweitberuf FDP-Politiker.

Unzählige Tweets bei Twitter, die sich hart am Rand zu Nichtigkeiten bewegten und diejenigen verdeckten, die ernsthaft Gegenstand einer solchen Debatte hätten sein sollen. Doch wo jeder falsche Blick auf das falsche Körperteil zur falschen Zeit und, Gott behüte, auch noch vom falschen Mann sofort zum Sexismus hochstilisiert wird, da ist kein Platz mehr für die echten Nöte von Frauen, die tatsächlich bedrängt wurden. Da gehen sie unter in einem Meer von Banalitäten. Gleichzeitig war festzustellen, dass sich ein Großteil der anständigen Männer, die sich immer bemühen, korrekt mit Frauen umzugehen, langsam in Stellung brachten und Unverständnis zeigten ob der Sippenhaft, in die sie wegen einiger Geschlechtsgenossen genommen wurden, die offensichtlich keine gute Kinderstube genossen hatten.

Am Thema vorbei
Dann kam Günther Jauch. Es war die erste der unzähligen Talksendungen zum Thema und sie gab mir gleich den Rest. Da saßen sie also versammelt: Alice Schwarzer, mit klammheimlicher Freude: *Seht her, ich hatte schon immer recht. So sind die Männer, so waren sie schon immer und so werden sie immer sein, ihr wolltet es bloß nicht wahrhaben.* Was für ein Triumph. Dazu die Initiatorin der #aufschrei-Kampagne bei Twitter, Anne Wizorek, ganz mädchenhaft und sehr, sehr betroffen. Hellmuth Karasek als völlige Fehlbesetzung aus der Generation Erhardt-Brüderle-Herrenwitz. Wieso hat man keinen jungen Mann gefunden für diese Sendung?

Ah, vielleicht sollte Thomas Osterkorn diesen Typus verkörpern, damals Chefredakteur des *Stern*. Für die Unwissenden, das ist das Magazin der neuen Frauenversteher, das den Sexismus auch immer wieder dadurch bekämpft, dass es in Frontaltherapie mit nackter Frauenhaut auf dem Cover wirbt: *Seht her, wie abstoßend, wir haben es extra auf die Titelseite gestellt, damit jeder sehen kann, was wir nicht mehr weiter haben wollen.* Auch mit dabei war Silvana Koch-Mehrin, die zwar einst gern ihren Schwangerenbauch in demselben Magazin nackt zur Schau stellte, um die Blicke auf ihre inneren Werte zu lenken, die aber jetzt ebenfalls gegen Sexismus kämpft. Blieb nur noch

Wiebke Bruhns als Lichtblick. Journalistin in herrlich-kotziger „Was regt ihr euch alle so auf"-Stimmung: *Das ist doch alles normal, Mädels.* Ja, man hätte vieles diskutieren können in dieser Runde. Die Frage, ob Sexismus zwangsläufig ein Männerproblem ist oder ob Frauen das Instrument nicht auch beherrschen, zum Beispiel. Oder die Frage, warum blöde Männerwitze lustig, blöde Frauenwitze aber sexistisch sind. Oder warum nackte Frauen in der Werbung per se immer eine Herabwürdigung als Sexualobjekt darstellen, wir aber nichts gegen David Beckham in Unterwäsche haben, wenn H&M ihn an allen Bushaltestellen plakatiert. Oder die Frage, warum es Sexismus ist, eine Frau als „Schlampe" zu bezeichnen, aber völlig legitim, sie als „Heimchen am Herd" zu titulieren. Oder die Frage, warum der *Stern* eigentlich eine junge Mitarbeiterin noch ein ganzes Jahr auf weitere Termine schickt zu einem Mann, von dem sie sich angeblich sexuell belästigt fühlt.

Es sollte nicht dazu kommen, aber mein Geduldsfaden riss und ich griff spontan zum Stift. Zu viele Aspekte blieben ungesagt in dieser Debatte, zu viel brodelte im Untergrund, was in den Medien aber nicht aufgenommen wurde.

Stattdessen verschwamm die Definition von Sexismus zwischen den feindlichen Linien und ist auch durch die folgende Debatte bis heute nicht gefunden worden. Denn wo persönliche Befindlichkeiten als Gradmesser schon ausreichen, ist Sexismus als Begriff schnell zur Hand. Jede blöde Anmache und jeder jämmerlich missglückte, aber vielleicht nett gemeinte Anmachversuch, jedes männliche Pfeifen vom Baugerüst und jeder dumme Spruch waren plötzlich Sexismus. Dazu gesellten sich körperliche Übergriffe, die doch schon längst und zu Recht unter Strafe stehen und somit schon qua Definition nicht hierher gehörten. Denn man darf es nicht kleinreden: Sexismus existiert. Sehr viel davon ist gegen Frauen gerichtet. Diesen Frauen muss geholfen werden, hier ist eine Debatte bitter nötig. Doch wie unterscheidet man noch die ernsten von den gefühlten Fällen, wenn jede Diskussion mit dem Hinweis beendet wird, hier wolle wohl jemand die Sache verharmlosen? Ein Totschlag-Argument.

Alles zusammen ergab ein undefiniertes Bild, demzufolge Frauen, egal, wo und wann, immer Opfer von Sexismus sind.

Nun, ich fühle mich nicht als Opfer. Als Frau nicht und auch nicht als Mensch. Der Mann ist auch nicht mein Feind. Ich mag Männer. Ja, sicher, wie vermutlich jede Frau habe ich schon Männer erlebt, die sich nicht zu benehmen wussten, und habe sie in ihre Schranken verweisen müssen. Dem stehen jedoch Tausende von täglichen Begegnungen mit Männern gegenüber, die völlig korrekt verliefen. Andererseits kenne ich auch Frauen, die sich nach ein paar Gläsern Alkohol absolut zum Fremdschämen aufführen, vor allem in ihrem Umgang mit Männern.

Es waren übrigens immer meine männlichen Kollegen, die mir ungefragt zur Seite sprangen, wenn sich bei meinem Studentenjob als Kellnerin ein Gast nicht zu benehmen wusste. Das Trinkgeld hab ich damals trotzdem genommen. Bin ich deswegen Opfer? Oder habe ich es auch ein Stück weit selbst in der Hand? Sind deswegen alle Männer Täter, oder sind manche auch einfach nur unbeholfen, taktlos oder übermütig?

Nachdem ich mir das alles eine Weile angesehen hatte, schrieb ich für *The European* den Artikel „Dann mach doch die Bluse zu", der auch diesem Buch den Titel gab. Und ganz offensichtlich war ich mit meinem Bauchgefühl nicht allein. Explosionsartig verbreitete sich dieser Text, den ich in Rage geschrieben hatte, über das Internet. Über 170 000 Mal ist er in sozialen Netzwerken inzwischen geteilt worden und in der Folge erreichten mich Hunderte von Zuschriften von Männern und Frauen. Dabei hatte ich nur aufgeschrieben, was offensichtlich viele dachten. Frauen meldeten mir zurück, dass sie meine Ansichten teilen. Selbstbewusste Frauen aller Altersklassen, die es leid sind, als wehrlose Mäuschen betrachtet zu werden.

Es ist ja durchaus eine Überlegung wert, mit welchem Recht wir Frauen in die Vorstandsetagen dieser Welt vorgelassen werden wollen, wenn wir uns angeblich ohne Sexismus-Polizei nicht einmal an einer Bar allein behaupten können. Männer dankten mir hauptsächlich dafür, dass sie aus der Sippenhaft entlassen wurden. Und das von einer Frau! *„Sie sprechen mir aus der Seele!"* – da war er wieder, dieser Satz.

Viele der männlichen Zuschriften enthielten am Schluss einen Hinweis, ich möge dieses Schreiben aber bitte nicht als wie auch immer gearteten Anmachversuch betrachten. Mann wolle nur seinen Respekt und seine Zustimmung ausdrücken. In vorauseilendem Gehorsam hatten sie sich schon mal vorab für den Fall entschuldigt, dass ich das als Frau falsch verstehen könnte. Man weiß ja nie! Bei einer Frau schon gar nicht. Wo ein unbedachtes Wort schon zum männlichen Verhängnis werden kann, ist es besser, vorzubeugen. Sicher ist sicher.

Ja, dann mach doch die Bluse zu! Dieser Gedanke überfiel mich bei der Lektüre eines Berichtes über die amerikanische Schauspielerin Megan Fox, der Männerwelt besser bekannt als „Sex-Symbol". Sie wolle von ihrem sexy Image weg, ließ sie verlauten, und als Schauspielerin ernst genommen werden. Um das zu unterstreichen, ließ sie sich kurz darauf in Unterwäsche mit leichtem Blüschen für das Cover des Magazins *Esquire* ablichten. *Dann mach doch die Bluse zu, wenn du willst, dass man dir in die Augen schaut,* war mein erster, spontaner Gedanke.

Diese kleine Randnotiz zeigt das Dilemma der ganzen Debatte. Das Dilemma, dass Frau nicht immer das meint, was ihr Körper oder ihr Outfit sagen. Das Dilemma, dass Mann nicht immer das versteht, was Frau sagen will. Das Dilemma, dass Frau zwar gern ihren Körper in Szene setzt, aber empört ist, wenn der Falsche darauf reagiert. Das Dilemma, dass Frauen zwar ernst genommen werden möchten, dass sie ihren Intellekt gewürdigt wissen wollen, aber sehr viele von uns selbst daran arbeiten, dass man vor allem unser Äußeres ausgiebig und explizit wahrnimmt. Das Dilemma, dass Mann in so einer Welt nie sicher sein kann, ob wir gerade unser Hirn oder unseren Hintern betonen wollen und wie wir was jetzt gerade meinen.

Nein, keine Frage, diese Debatte kratzt nur an der Oberfläche des gesamten Frauen-Männer-Problems. Wir sind bei Weitem noch nicht auf dem Weg, uns besser zu verstehen, vieles ist sogar anstrengender geworden.

Die Sprachpolizei schlägt zu
Bei aller Zustimmung war es zunächst dennoch ein einsames Rufen von mir. Als „Schweigespirale" hatte in den 1970er-Jahren Elisabeth Noelle-Neumann, die Gründerin des Instituts für Demoskopie Allensbach, den Effekt bezeichnet, dass Menschen ihre wahre Meinung lieber für sich behalten, wenn sie nicht der medial verbreiteten Mehrheitsmeinung entspricht. Keine Frage, diese Schweigespirale funktioniert auch heute immer noch einwandfrei. Vielleicht sogar besser denn je. Nie habe ich das deutlicher begriffen als durch diese Debatte. Wer glaubt, mit seiner Einstellung allein zu sein, hält öffentlich erst mal lieber den Mund.

Auch ich fühlte mich eine Woche lang nahezu alleine. Wie ein Geisterfahrer auf der medialen Mainstream-Autobahn, auf der die Richtung schon klar vordefiniert war. Aber vor allem Männer hielten den Mund. Was sollen sie auch sagen, so als Mann, als potenzieller Täter? Wer das flächendeckende Sexismus-Problem als Mann nicht sieht, ist schließlich sofort ein Frauenfeind, auf jeden Fall ein Verharmloser, vielleicht gar selbst ein Sexist! Diese bekommen die Höchststrafe in einem Land, in dem Meinungsfreiheit zwar im Grundgesetz steht, aber erst noch durch den gender-sensiblen Sprach-Check muss.

Das durfte kurze Zeit später auch unser Bundespräsident Joachim Gauck am eigenen Leib erfahren. Für diejenigen, die es noch nicht wussten: Er hat sich schuldig gemacht! Nach dem Abebben der ersten Aufregung äußerte er sich als Staatsoberhaupt zum Thema und tappte dabei selbstredend sofort ins Fettnäpfchen. Vielleicht war auch nur der Zeitpunkt ungünstig. Wenige Tage vor dem Weltfrauentag musste dringend wieder ein medialer Aufreger her, um die Frauenfront in Stellung zu bringen.

Die empörten Reaktionen ließen jedenfalls nicht lange auf sich warten. So schlimm waren seine Äußerungen gewesen, dass sich ganze *sieben* junge Frauen, darunter auch die #aufschrei-Initiatorin Anne Wizorek, genötigt sahen, einen offenen Brief zu verfassen und diesen dann persönlich im Schloss Bellevue und sicherheitshalber auch in der Redaktion des *Spiegel* abzugeben. Nicht, dass da noch einer so ein wichtiges Schreiben vertuscht, wenn er schon verharmlost. Die Damen waren nicht nur „erschüttert", sondern auch „verblüfft", „irritiert" und „bestürzt" ob seiner Äußerungen.

Was hatte er getan? Öffentlich zur Gewalt gegen Frauen aufgerufen? Nein, Joachim Gauck hatte lediglich angemerkt, dass er eine „gravierende, flächendeckende Fehlhaltung von Männern gegenüber Frauen […] hierzulande nicht erkennen" könne und:

„Wenn so ein Tugendfuror herrscht", sei er weniger moralisch, als man es von ihm als ehemaligem Pfarrer vielleicht erwarten würde.

„Tugendfuror", das Wort muss beim #aufschrei zur kollektiven Schnappatmung geführt haben. Das musste deutlich im Brief angesprochen werden: Durch die Verwendung des Wortes „Tugendfuror" bringe der Bundespräsident die traumatischen Erlebnisse von Frauen in Verbindung mit dem Wort „Furie". Damit leitete man dann bei #aufschrei gleich zu Begriffen wie „Hysterie" über – ein Wort, das der Bundespräsident zwar nicht benutzt hatte, das sich aber offensichtlich im Zusammenhang ganz gut machte, um die Ernsthaftigkeit der Lage zu verdeutlichen. Und voilà: Damit bediene Gauck angeblich „jahrhundertealte Stereotype über Frauen – Stereotype, die sexistische Strukturen aufrechterhalten und Geschlechtergerechtigkeit im Weg stehen".

Der Bundespräsident war als Struktur-Sexist lupenrein überführt. Es fehlte nur noch die Rücktrittsforderung. Oder vielleicht die Einrichtung eines neuen Amts für gendergerechte Sprache, bei dem auch der Bundespräsident seine Reden ab sofort einreichen muss, damit sie im Vorfeld auf tückische Frauendiskriminierung hin vorgeprüft werden. Die Political Correctness hat sich wie Mehltau über den normalen demokratischen Diskurs gelegt. Man muss ja nicht jede Meinung teilen, geschweige denn gutheißen. Aber man muss doch darüber reden dürfen. Wer Toleranz fordert, muss sie auch selbst aufbringen. Im besten Sinne nach Voltaire: „Ich teile Ihre Meinung nicht, ich werde aber bis zu meinem letzten Atemzug kämpfen, dass Sie Ihre Meinung frei äußern können." Was für ein großartiger Satz! Leider gilt er nicht mehr und schon gar nicht unter Frauen, wenn sie nicht mitziehen im großen Kampf.

Die Episode zeigt beispielhaft, warum eine ernsthafte Debatte über Sexismus oder im weiter reichenden Sinne über das Verhältnis von Mann und Frau in unserem Land so schwierig geworden ist. Wo jede Gegenmeinung mit öffentlicher Ächtung beantwortet wird, können Argumente nicht mehr sachlich ausgetauscht werden. Da kann auch nicht mehr differenziert werden. Ob ich denn jetzt hier die „Männerbeauftragte" sei, warf mir Alice Schwarzer in einer Sendung an den Kopf, weil ich mich nicht einreihen wollte ins allgemeine Männer-Bashing. Oder ob ich gar für das bezahlt würde, was ich so sage und schreibe?

Nein, Frau Schwarzer, ich betrachte bloß die Männer nicht grundsätzlich als meine Feinde, und damit unterscheiden wir uns wohl wesentlich. Denn ich bin nicht nur Frau, sondern auch Ehefrau, Freundin, Schwester, Tochter und nicht zuletzt Mutter. Mein Ehemann ist nicht der Feind in meinem Bett, mein Bruder kein Sexist, mein Vater kein Patriarch und meine beiden Söhne keine potenziellen Lüstlinge im Wachstum. Sie sind männliche Wesen, mit denen ich mein Leben gern teile und die nicht ständig darum bemüht sind, mich zu unterdrücken.

Nein, Verständnis kann man von den frauenbewegten Geschlechtsgenossinnen nicht erwarten, wenn man sich gegen ihre Meinung stellt. In ihren Augen sind Frauen wie ich fremdgesteuert, gefangen, korrumpiert, machen gemeinsame Sache mit dem Feind. *Ja, die muss doch dafür bezahlt werden, anders ist das gar nicht zu erklären!*

Ich nehme an, deswegen sehe ich wohl auch nicht all diese „sexistischen Strukturen", von denen heute so gern fabuliert wird. Sie müssen direkt neben den gläsernen Decken vor den Vorstandsetagen liegen. Das muss mein geistiges Unvermögen sein. Man findet diesen Begriff immer gern und überall, wenn Frau nicht weiterkommt und einen Grund sucht, der abseits ihrer Persönlichkeit und Talente liegt. Damit soll verdeutlicht werden: *Frauen, das ist nicht nur euer individuelles Problem, der Fehler liegt in einem ganzen gesellschaftlichen System, das von den Männern am Laufen gehalten wird, um euch auf ewig eine Stufe unter ihnen gefangen zu halten.*

Auch Frau Schwarzer betet das mantraartig im Vorwort ihres Buches „Es reicht!" zur Sexismusdebatte herunter. Das Problem seien nicht individuelle Ausrutscher einzelner Unverbesserlicher, das Problem „ist struktureller Natur". Denn es ginge hier um Machterhalt.[1]

Ach so, also doch wieder Sippenhaft. Deswegen kann Frau sich auch nicht allein wehren, nein, man muss gleich das ganze System ändern. Wie darf ich mir das denn vorstellen? Werden schon Jungs irgendwann im Leben beiseitegenommen von ihren Vätern, um sie auf das Unterdrücker-System einzuschwören? *„Junge, ich erklär dir jetzt mal, wie wir es mit den Frauen schon seit Jahrtausenden machen!"*?

Was darf ein Mann noch sagen, ohne als Emanzipationsverweigerer dazustehen? Was darf eine Frau noch sagen, ohne sich sofort als Verräterin an der Frauensache bezeichnen lassen zu müssen? Vor allem aber: Wie wollen wir als Frauen die Männer auf unsere Seite bringen, anstatt sie mit Sippenhaft zu verprellen? Wo müssen wir ihnen eventuell sogar entgegenkommen, damit ein nachhaltig gutes Miteinander gelingt?

Mit Verboten und Anschuldigungen werden wir das nie erreichen. Wir werden damit höchstens diejenigen Männer gegen uns aufbringen, die eigentlich schon längst auf unserer Seite waren. Nein, diese Debatte braucht nicht nur einen Blick auf männliches Verhalten, sondern auch einen Blick auf das, was Frauen so alles tun. Alles andere ist Opfer-Abo in Reinkultur.

Beziehungsstatus: Es ist kompliziert
Man kann es in der Tat als Vorteil betrachten, als Freiheit, dass wir heute nicht mehr die Erwartungshaltung der Gesellschaft erfüllen müssen mit unserem Frau- oder auch Mannsein. Dass es mehrere Rollen gibt, neue Wege, neue Möglichkeiten für beide Geschlechter. Man kann jedoch sagen, dass man als Frau früher aber noch eher wusste, was ein Mann von einem erwartet. Oder was eine Frau von einem Mann erwartet. Wenn die Rollen klar verteilt sind, wenn das Balzverhalten in Tanzstunden geregelt ist, dann weiß man, woran man ist. Heute weiß man es nicht mehr auf Anhieb. Und vor allem Mann weiß es nicht mehr. Bei facebook würde man als Beziehungsstatus angeben: *Es ist kompliziert.*

Denn während wir einerseits die herausragenden intellektuellen Leistungen von Frauen betonen, schmeißen sich in der Sendung *Der Bachelor* auf RTL reihenweise junge Damen einem gecasteten Unbekannten an den Hals und buhlen vor laufender Kamera im Zickenkrieg um seine Gunst. Auch *Du bist Deutschland*. Und während wir über würdelose Werbung mit nackten Frauenkörpern debattieren, ziehen sich vor Millionenpublikum reihenweise junge Frauen freiwillig für Heidi Klum bis auf die Unterwäsche aus, um mit nichts anderem zu punkten als mit ihrem guten Aussehen. Oder nehmen wir diese schizophrene Femen-Invasion – diese jungen Frauen, die neuerdings bei jeder Gelegenheit ihren Busen in der Öffentlichkeit blank ziehen, angeblich, um damit auf die Würde der Frau aufmerksam zu machen, gegen ihre Unterdrückung durch Staat/Kirche/Konventionen, gegen ihre Degradierung als Sexualobjekt. Also mit nackter Haut gegen nackte Haut protestieren. Verstehen muss man das nicht. Das ist so, als würden Vegetarier ein zünftiges Grillfest veranstalten, um gegen den Verzehr von Fleisch zu protestieren.

Aber die Männer wird's sicher freuen, dass sie immer wieder unverhofft und kostenlos nackte Brüste zu sehen bekommen. Während wir also beklagen, dass Frauen in Miniröcken als leichte Mädchen behandelt werden, ziehen Feministinnen bei sogenannten „Slutwalks" in Unterwäsche oder weniger durch die Straßen und proklamieren ihr Recht, als „Schlampen" herumzulaufen. Doch wehe, einer bezeichnet oder behandelt sie als solche. Merke: Wenn Frau sich selbst als Schlampe bezeichnet, ist das ein emanzipatorischer Akt – wenn Mann das tut, ist er Sexist. Während wir beklagen, dass Frauen in der Werbung als reine Sexualobjekte benutzt werden, entblättern sich freiwillig unzählige Frauen für den *Playboy*, um als nichts anderes als Sexualobjekte betrachtet zu werden. Und sind auch noch stolz darauf. Nicht zuletzt haben immer wieder Frauen auch für das Recht gekämpft, legal ihren Körper als Prostituierte verkaufen zu dürfen, und manifestieren damit täglich die Reduktion der Frau zum Objekt. Das ist nicht logisch, und es muss einem nicht gefallen, aber es sind alles Frauen in Deutschland.

Darf ein Mann einer Frau noch in den Mantel helfen und ihr die Tür aufhalten oder offenbart er dadurch seine rückständige Sichtweise als Traditionalist? Soll er im Restaurant noch die Rechnung bezahlen oder unterminiert er dadurch ihren Status als finanziell eigenständige Frau? Darf ein Mann ihr sagen, dass sie schön aussieht, oder missachtet er damit ihre zweifelsohne ebenfalls vorhandene Intelligenz und reduziert sie unfreiwillig auf ihr Äußeres? Die eine Frau erwartet also noch den Kavalier alter Schule, die nächste ist beleidigt, wenn man ihr sagt, sie sei schön. Woher weiß Mann, an welchen Typ Frau er gerade geraten ist?

Und was tun wir Frauen nicht alles, um die Aufmerksamkeit der Männer durch unser Äußeres zu erregen? Wir rennen ins

Fitnessstudio, haben alle Diäten durch, die Frauenzeitschriften anzubieten haben. Wir lassen uns die Brüste und Nasen operieren, wir gehen zur Kosmetikerin. Wir kaufen die Drogerien und Parfümerien leer, wir investieren in High Heels und Kleidung und Frisur. Wir ziehen Push-up-BHs an und Miniröcke, wir knöpfen die Bluse noch ein Stück weiter auf und schnüren die Brüste noch ein Stück weiter hoch.

Aber halt! Das alles tun wir natürlich nur für uns selbst. Dies ist der empörte Hinweis, den man am häufigsten als Gegenargument aus Frauenmund zu hören bekommt. Nein, wir machen das alles nicht etwa, um von Männern wahrgenommen zu werden. Wir wollen nicht etwa, dass jemand sieht, dass wir uns in Schale geworfen haben, nein, wir sind mit uns selbst zufrieden. Deswegen machen wir das ja auch jeden Abend, bevor wir uns allein vor den Fernseher setzen. Stundenlang frisieren und schminken, dann das Designerkleidchen übergestreift und ab vor die Mattscheibe, um allein *Desperate Housewives* zu gucken. Ja, das machen wir jeden Abend so, meine Herren. Ehrlich!

Das Beispiel zeigt, wie verlogen hier argumentiert wird.

Hirn oder Hintern?

„Sollen wir uns jetzt also wieder verhüllen? Darf ich als Frau keinen Minirock mehr tragen, um die Männer nicht unnötig nervös zu machen? Soll ich gleich die Burka überstreifen? Wollen Sie die Frauen wieder zurück ins Mittelalter schicken?" Solche wütenden Kommentare habe ich vereinzelt auch bekommen nach meinem Artikel mit der durchaus provokanten Aufforderung, die Bluse zu schließen. Ist eine Frau jetzt gar wieder selbst schuld, wenn sie vergewaltigt wird? Schließlich hatte sie einen knappen Rock an und ja, irgendwie scheint das die Täter doch provoziert zu

haben, nicht wahr? Auch ein gern genommenes, klassisches Beispiel.

Nein, verstecken müssen wir uns nicht. Wir können tragen, was wir wollen. Und nichts, wirklich gar nichts rechtfertigt sexuelle Gewalt gegen Frauen. Nicht einmal, wenn sie nackt durch die Straßen laufen würden. Das ist das Schöne an einer freien Gesellschaft, in der Frauen nicht bis oben hin verhüllt einen Meter hinter dem Ehemann herschleichen müssen. An einer Gesellschaft, in der wir anziehen, sagen und denken dürfen, was wir wollen. In der wir uns unsere Männer selbst aussuchen.

Es war nicht immer so, und die Frauenbewegung hat hier ihre großen Verdienste, dass wir uns nicht mehr vorschreiben lassen müssen, wie lang der Rock und wie zugeknöpft der Ausschnitt sein muss. Es ist nicht die Sache der Moralisten, der Kirche oder der Männer, uns zu sagen, was wir dürfen und was nicht. Das sind die positiven Seiten der sexuellen Revolution und der Emanzipation. Wir dürfen uns also zeigen als Frauen von heute.

Oder müssen wir es sogar inzwischen? *Sex sells*, das gilt nach wie vor, denn auch wenn wir inzwischen von den Bäumen runter sind, reagieren wir immer noch wie Primaten auf Äußerlichkeiten. Wer da nicht mitmacht, gilt gerade als Frau auch schnell mal als prüde und verstockt. Die moderne Frau zeigt, was sie hat, nimmt sich, was und auch wen sie will. Das ist sexy!

Doch ab und zu blitzt auch dies natürliche Unbehagen durch, selbst in feministischen Albtraum-Sendungen wie *Germany's Next Topmodel*. Wenn wieder eine 16-Jährige aufgelöst hinter den Kulissen sitzt, Kamera voll auf das Gesicht, die Tränen fließen, weil sie sich eigentlich nicht so nackt zeigen will. „Mein Gott, stell dich nicht so an, das gehört zum Job, du willst doch was werden!" Ja, unsere Heidi ist da unerbittlich bei „ihren Mädchen". Und Millionen Mädchen sitzen vor dem Fernseher und lernen: Wenn du was werden willst, musst du das Spielchen mitmachen. Es ist ein schmaler Grat zwischen „offen" und „freizügig" und eine große Aufgabe, der jungen Mädchen-Generation den Unterschied beizeiten zu erklären. Kleider machen immer noch Leute. Und noch viel größer ist die Aufgabe, ihnen das Selbstbewusstsein zu vermitteln, ihre persönliche Grenze nicht nur zu ziehen, sondern auch zu halten. Als Mutter von zwei Töchtern kann ich sagen: Gar nicht so einfach. Auf jeden Fall ist als Frau die Frage einen Gedanken wert, ob wir je nach Situation die Aufmerksamkeit auf unseren Hintern oder lieber auf unser Hirn lenken wollen.

Aber wenn wir ehrlich sind, dann macht es uns auch Spaß. Ja, Spaß. Es ist schön, wenn man als Frau wahrgenommen wird. Annäherung ist ein reizvolles Spiel und – entschuldigen Sie, meine Herren – wir Frauen sind Meister darin. Die amerikanische Journalistin Helen Rowland sagte einst: „Eine Frau braucht 20 Jahre, um aus ihrem Sohn einen Mann zu machen. Eine andere Frau braucht nur 20 Minuten, um einen kompletten Idioten aus ihm zu machen." Ja, wir können Männer um den Finger wickeln und wir wissen es auch. Wir genießen es und wir hören auch gern Komplimente. Meine Herren, hören Sie um Himmels willen nicht damit auf! Auch wenn die #aufschrei-Aktivistinnen Anne Wizorek und Nicole von Horst meinen, es sei immer Sexismus, wenn Mann einer Frau ob ihres attraktiven Aussehens ein Kompliment macht, weil Mann sie damit „als Objekt auf ihr Äußeres reduziert"[2]. Vielleicht können Sie einfach die beiden ausklammern, für den Rest der Frauen ist dies nicht repräsentativ. Es macht doch den Reiz zwischen den Geschlechtern aus. Wie dröge und asexuell wäre doch unsere Welt, wenn wir ab sofort darauf verzichten würden, körperliche Reize zur Kenntnis zu nehmen – vorausgesetzt, dass wir dazu überhaupt in der

Lage wären. Die Werbeindustrie spricht jedenfalls eine andere Sprache. Immer noch werden halb nackte Frauen auf Motorhauben gesetzt, aus einem ganz einfachen Grund: weil es funktioniert.

Aber Spaß hin oder her, auch hier gilt natürlich: Der Grat ist schmal. Denn Gott behüte, wenn der Falsche auf unser Aussehen anspringt. Dann sind wir sofort in der Brüderle-Himmelreich-Situation. Denn wenn Frau ehrlich ist: Noch den dümmsten Anmachspruch von einem George Clooney hätten viele nachts an der Bar vielleicht gern gehört, um anschließend bis ans Lebensende einen „echten Clooney" zum Besten geben zu können. Mein Gott, was wäre uns vielleicht alles erspart geblieben, hätte dort der gute George zwischen zwei Nespresso gesessen und nicht der Rainer!

Merke: Es kommt manchmal nicht darauf an, *was* gesagt wird, sondern *wer* es sagt. Und manchmal ist es auch nur eine Frage der Situation. Die gleichen Worte abends an der Bar können in Ordnung sein, nachmittags im Büro sind sie unpassend. Es ist kompliziert. Wer, wann, wo, in welcher Situation und in welcher Tonlage – das kann entscheidend sein und eröffnet ein weiteres Dilemma: Wir können Sexismus nicht klar definieren. Jede Frau empfindet es anders. Es gibt so viele Definitionen von Sexismus, wie es Frauen gibt. Männer können keine Gedanken lesen. Und auch nach noch mal 100 Jahren Feminismus werden sie uns immer noch falsch verstehen.

Die Unschuldsvermutung gilt auch für Männer
Häufig wurde in der Sexismusdebatte darauf hingewiesen, dass es eben nicht darauf ankäme, wie ein Mann das Verhalten einer Frau versteht, sondern allein darauf, wie sie es selbst gemeint hat. Die Frau darf nicht falsch verstanden werden. Und wenn

ein Mann es dennoch tut, die Zeichen falsch deutet, dann ist das sein Fehler, denn sie hat es so jedenfalls nicht sagen oder ausstrahlen wollen. Und er hätte das wissen müssen. Grundkurs Hellsehen. Doch jeder Mann, der auf die Frage, was denn los sei, schon mal von einer Frau die wütende Antwort: *Nichts!* bekommen hat, weiß, dass *Nichts* bei einer Frau nahezu *Alles* bedeuten kann.

Auch der *Stern* argumentierte in gleicher Weise in seiner dem #aufschrei folgenden Ausgabe. „Es geht nicht darum, wie der dumme Spruch gemeint ist, es geht darum, wie er ankommt", so stand es dort, und man könnte es spontan unterschreiben – wenn das Gleiche auch für Männer gelten würde. Aber dieses Recht beanspruchen wir Frauen nur für uns allein. Was ist, wenn Männer sich mal auf den gleichen Standpunkt stellen? Wenn sie darauf beharren, dass es selbstverständlich nicht darauf ankommt, was Frau sagt oder ausstrahlt, sondern wie es beim Mann ankommt?

Dann wären wir schon mitten in der Rechtfertigung einer Vergewaltigung wegen Minirock. Schließlich hat der Mann ihn doch als Aufforderung verstanden. Dort zieht das Argument zu Recht nicht. Warum also auf Frauenseite? Kommt es wirklich nur darauf an, wie etwas bei Frau ankommt, oder müssen wir zumindest in Erwägung ziehen, dass beide Geschlechter eine gewisse Verantwortung im Umgang miteinander tragen? Ist es nicht auch eine Art von Sexismus, wenn Frau sofort bösen Willen unterstellt, weil Männer angeblich immer so sind? Die Unschuldsvermutung gilt offensichtlich noch vor Gericht, aber nicht an einer Bar. Es kann doch nicht sein, dass sowohl auf weiblicher als auch auf männlicher Seite nur Frauen die Deutungshoheit darüber halten, wie was gemeint sein darf.

In den zahlreichen Zuschriften, die mich von Männern erreichten, haben mir viele ihre Erfahrungen mit Frauen berichtet, ihren Frust abgeladen oder sich einfach nur dafür bedankt, dass ich sie nicht pauschal als triebgesteuerte Idioten betrachte. Manche schämten sich für ihre unangenehmen Erfahrungen mit Frauen. Weil es irgendwie sehr unsexy wirkt, wenn ein Mann mit einer Frau überfordert ist. *Der ist wohl ein Weichei.* Ein #aufschrei der Männer, denen Frauen eindeutige Avancen machten, bis hin zu körperlichen Übergriffen. Männer, die verunsichert sind, was sie noch sagen dürfen, wohin sie noch gucken dürfen. Ob sie mit einer Kollegin noch einen Kaffee trinken können oder ob ein Kompliment zu einem hübschen Kleid noch ausgesprochen werden darf, ohne dass man sich sofort in sexistische Nesseln setzt.

Selbst der amerikanische Präsident Barack Obama musste schließlich wegen eines harmlosen Kompliments an die Oberstaatsanwältin Kamala Harris öffentlich zurückrudern und sich entschuldigen. Weil er nicht nur gelobt hatte, dass sie unglaublich klug und gut in ihrem Job ist, sondern auch noch hinzugefügt hatte, dass sie großartig aussieht. Das brachte ihm gleich einen Shitstorm in feministischen Netzwerken ein. Die Oberstaatsanwältin selbst hatte sich nicht aufgeregt; sie hat es wohl richtig verstanden, die beiden sind seit Jahren befreundet. Dennoch musste der Präsident sich politisch korrekt entschuldigen, um dem Verlangen der Meute Genüge zu tun.

Als in Deutschland der neue Regierungssprecher Steffen Seibert ins Amt eingesetzt wurde, fehlte in kaum einem Artikel der Hinweis auf sein gutes Aussehen. Hat das irgendjemanden aufgeregt? Als in der Schweiz der erste Männerbeauftrage weltweit, Markus Theunert, sein Amt aufnahm, attestierte Alice Schwarzer im Interview mit dem *Schweizer Tagesanzeiger*[3] gleich, „dass der junge Mann ganz gut aussieht". Dass das auch Sexismus gewesen sei, wies sie auf meine Nachfrage hin von sich: Nein, nein, das sei ironisch gemeint gewesen. Aha, witzig, so, so. Nur dass Theunert selbst es als „Machtdemonstration" verstanden hat, wie er es in einem offenen Brief an Alice Schwarzer in der *Zeit*⁴ formulierte. Und wie es ohne Zweifel auch gemeint war. Eine Entschuldigung hat in diesen Fällen niemand gefordert und auch niemand geleistet.

Keine Frage, hier wird mit zweierlei Maß gemessen. Wir Frauen dürfen selbstverständlich alles und pochen darauf, dass es natürlich so verstanden werden muss, wie wir selbst es gemeint haben, und nicht so, wie es beim Gegenüber ankommt. Nicht wahr, Frau Schwarzer?

Genauso, wie es gesellschaftlich als gesetzt gilt, dass nur Frauen Sexismus ausgesetzt sind, gilt es auch als gesetzt, dass Männer sich selbstverständlich überall und immer über weibliche Zuneigung und Anwesenheit freuen. Ja, da stehen die Kerle doch drauf! Nein, meine Damen, tun sie nicht. Sie sind damit manchmal genauso überfordert wie wir Frauen, wenn es von der falschen Person oder in der falschen Situation kommt. Sie wissen auch nicht damit umzugehen. Sie sind manchmal sogar peinlich berührt. Oder um es mit den Worten eines Bekannten auszudrücken: „Wer einmal an Karneval als Mann in eine Horde betrunkener Frauen geraten ist, der weiß, dass lustig etwas anderes ist."

Man stelle sich das mit umgekehrten Rollen vor; es wäre ein Fall für den Richter. Auch wenn er gemeinhin als die Wurzel allen Übels in dieser Debatte zitiert wird: Der heterosexuelle weiße Mann hat kein Monopol auf Sexismus oder unangemessenes Benehmen, wir können das alle. Die Gesellschaft verurteilt aber nur das, was gegen Frauen gerichtet ist und vom Mann verübt wurde. Dabei gibt es auch die andere Seite zuhauf:

… die Mitarbeiterin, die mitten im dienstlichen Gespräch aufsteht und beginnt, ihrem Kollegen die Schultern zu massieren.

… die Sekretärin, die sich bei der Weihnachtsfeier unvermittelt auf den Schoß des verheirateten Chefs setzt.

… die Bewerberin, die ihre körperlichen Reize im Vorstellungsgespräch unverblümt und direkt anbietet.

… die Studentin, die halb ausgezogen beim Professor auftaucht, um ihre Doktorarbeit zu retten.

… die Patientin, die eine Ablehnung durch den Arzt mit den Worten quittiert: „Sie sind wohl schwul."

… die Kollegin, die sich ständig ohne BH und mit halb offener Bluse über den Schreibtisch beugt.

Selbst Pfarrer haben mir von ihren Erfahrungen mit sogenannten „Kanzelschwalben" geschrieben. Der Begriff war mir neu, scheint aber unter Betroffenen geläufig: *das junge Mädchen, das behauptet, eine Affäre mit dem Pastor zu haben, ihm nachstellt und ihn fast den Job kostet.*

Und es ist nicht einmal ein rein heterosexuelles Problem: *der Praktikant, der vom schwulen Chef mit den Worten: „Sehr schön, Frischfleisch" begrüßt wird.*

Wie reagiert ein Mann in so einer Situation angemessen? Wo schaut er hin? Was sagt er, was tut er?

Mehrere Lehrer schrieben mir davon, dass Schülerinnen heutzutage im Unterricht in so aufreizender Kleidung sitzen, dass man als Lehrer kaum mehr wisse, wie man eine Schülerin ansehen soll, wenn man mit ihr spricht. Da fällt der Blick schnell mal auf einen Körperteil, den man gar nicht sehen wollte. Manche Mädchen erschienen, ich zitiere: „fast in Unterwäsche". Und wir regen uns über das sogenannte „*Dirndlgate*" auf, wenn ein erwachsener Politiker einer erwachsenen Journalistin ein Kompliment zu machen versucht.

Wir leben in einer übersexualisierten Welt, in der bereits kleine Mädchen von ihren eigenen Müttern als Lolitas eingekleidet werden, in der Neunjährige in der Schule den Umgang mit Kondomen lernen müssen und in der schon Kinder ständig offen mit Sexualität in den Medien konfrontiert werden. Wen wundert es, dass manche nie ein Maß im Umgang mit der eigenen Freizügigkeit gelernt haben?

Mehrere Leiter mittelständischer Unternehmen in Deutschland schrieben mir, dass sie schon seit Jahren zum amerikanischen Prinzip übergegangen sind und in ihrem Betrieb niemals allein oder bei geschlossener Tür mit einer Frau reden, weil man schon schlechte Erfahrungen gemacht hat, wenn es anschließend keine Zeugen gibt, die Gerüchte und Unterstellungen widerlegen könnten. Wollen wir das auch in Deutschland, diese Überkorrektheit?

Manche schon, wie zum Beispiel Ursula von der Leyen. In dem oben erwähnten Buch „Es reicht!" geht sie in ihrem Gastbeitrag explizit auf dieses Thema ein. Was sei schlecht an dieser amerikanischen politischen Korrektheit?, fragt Frau von der Leyen. Frauen würden schließlich auch immer überlegen müssen, ob sie mit einem Mann in einen Fahrstuhl steigen, da könnten doch Männer jetzt ruhig auch überlegen. Sie findet es auch „kein Drama", dass Arbeitern in den USA in Benimm-Kursen beigebracht wird, sie sollen weibliche Kolleginnen nicht länger als 5 Sekunden ansehen, weil dies sonst als „Belästigung durch Blicke" gewertet werden kann. Verstehe ich das recht, Frau von der Leyen: Sie finden es richtig, dass ein Mann jetzt überlegen soll, wie lang er eine Frau anschaut oder ob er in einen Fahrstuhl zu einer Frau steigt, denn es könnte jederzeit sein, dass sie ihn anschließend falsch beschuldigt? Und das finden Sie gut und erstrebenswert? Nun, ich möchte mir als Frau jedenfalls nicht verbieten lassen, einen Mann länger als fünf Sekunden anzusehen, wenn er mir gefällt – und möglicherweise gefalle ich ihm ja auch.

Andererseits hat Frau von der Leyen natürlich recht, denn, oh ja, wir Frauen können auch böse sein. Gut, wenn wir die Männer zu ihrem eigenen Besten daraufhin schulen. Böse zum Beispiel, wenn man unsere Annäherungsversuche nicht zur Kenntnis nimmt oder gar abweist. Auch davon berichteten mir Männer. Von Frauen, die nach einer Abweisung in der Firma Gerüchte über Avancen oder gar Affären streuten. Von Frauen, die Telefonterror starteten, nachdem sie sich abgewiesen fühlten. Und das ist so einfach in einer Welt, in der Männer immer erst einmal als Täter gelten. Die Fronten sind klar aufgestellt, und mit nichts hat Frau mehr Macht in der Hand als mit der Behauptung, ein Mann habe sich ihr unangemessen genähert. Das kann einen Mann erledigen. Beruflich und gesellschaftlich. Wir haben als Frauen durchaus ein Machtpotenzial in der Hand, mit dem man angemessen und verantwortungsvoll umgehen sollte.

Selbst die Himmelreich-Brüderle-Situation ist ein klassisches Beispiel dafür. Auch wenn gemeinhin so getan wurde, als hätte Frau Himmelreich keine andere Wahl gehabt, als sich den Annäherungen von Brüderle zu stellen. Ja, wirklich? Fakt ist: Sie hat ihm mit ihrem Artikel beruflich und privat geschadet. Wer hatte da wohl gerade mehr Macht?

Es sind die Abhängigkeitsverhältnisse, die viele Frauen in solchen Situationen einem Mann gegenüber machtlos erscheinen lassen. Die verhindern, dass sie sich angemessen wehren können, aus Angst um ihren Job oder ihre Existenz. Ein solches Abhängigkeitsverhältnis bestand in diesem Fall aber doch wohl eher zwischen Frau Himmelreich und ihrer Chefredaktion. Sie hat Brüderle nach dieser Begegnung an der Bar noch ein ganzes Jahr lang bei seiner Arbeit begleitet – offenbar konfliktfrei. Dennoch hat sie diese Episode in ihren Text mit aufgenommen. Hat man sie in der Redaktion dazu gedrängt, den köstlichen

Seitenhieb auf Brüderle in den Text mit einzubauen oder gar ein bisschen aufzubauschen? Auch so eine Frage, die man in dieser Debatte hätte erörtern können, die aber niemand stellte. Es soll also über Sexismus geredet werden? Man soll nichts verharmlosen? Gut, dann machen wir das doch. Dann müssen wir allerdings das ganze Fass aufmachen und vor allem über die Rolle der Frau sprechen. Diese hat sich in den vergangenen Jahrzehnten massiver verändert als die des Mannes. Er zieht nur nach, weil er muss, weil er darauf reagiert. Lassen Sie uns über die neuen Frauen reden oder über das, was gemeinhin dafür gehalten wird. Über angeblich veraltete und angeblich moderne Rollen. Die Frage, was uns als Frauen glücklich macht, was wir uns wünschen und warum es auch nach Jahrtausenden immer noch kompliziert ist zwischen Mann und Frau.

2. „Sie sprechen mir aus der Seele!"

Ich fühlte mich nie berufen, in den Kampf zu ziehen. Schon gar nicht in einen feministischen. Ich bin auf keiner Mission, und ich will Sie auch nicht überzeugen, meinen Weg zu teilen. Als ich damit anfing, über das Frausein an sich nachzudenken und zu schreiben, war es zunächst eher eine persönliche Reflexion. Den Zeitpunkt meines Umdenkens in der Sache kann ich sehr genau festmachen: Ich wurde Mutter. Das erste Mal. Und plötzlich hatte ich die Erkenntnis, dass sich das, was man mir bislang über das Frausein gesagt hatte, was man mir versprochen hatte, auf einmal nicht mehr in Einklang bringen ließ mit den Reaktionen, die ich auf mein verändertes Leben als Mutter bekam. Alles änderte sich, durch dieses Kind, das in meinem Bauch heranwuchs.

In meinem bisherigen Leben war ich nie eine Außenseiterin gewesen. Kein Mauerblümchen, das man übersieht. Ich war sicher nicht bei allen beliebt, aber man musste jedenfalls mit mir rechnen. Gesegnet mit einem gesunden Selbstbewusstsein, hatte ich als Schülerin wohl das, was man eine große Klappe nennt. Politisch und inhaltlich reichte es jedoch nur für eine Rolle als stellvertretende Schulsprecherin, ein paar Anti-Golfkriegs-Demos und empörte Auftritte im Lehrerzimmer, weil man uns die Schulfete versagte. Wir waren alle irgendwie links, grün, gegen Krieg, gegen das Schulministerium. Wenn Sie im Raum Freiburg groß werden, haben Sie als Jugendlicher nahezu keine andere Wahl. Wir dachten, wir seien total alternativ – waren aber der absolute Mainstream dort in der Region.

Niemals wäre es mir damals in den Sinn gekommen, die CDU gut zu finden. Das war die politische Einstellung meiner Eltern. Konservativ! Wirklich uncool für eine 18-jährige mit Weltverbesserungs-Ambitionen. Hitzige politische Debatten führte ich mit meinem Vater, der darüber in Rage geraten konnte, dass ich zwar die Grünen wählte, er jedoch zu Hause den Müll trennen musste. An unserer Schule gab es nur zwei Alternativen: die Grüne Jugend und die Jusos. Alle anderen wagten jedenfalls in diesem Umfeld kein Outing.

Das Thema Feminismus ist mir bei alldem nie bewusst begegnet. Wahrscheinlich haben wir es mal im Unterricht behandelt, ich kann mich aber nicht einmal daran erinnern. Es war für mein Leben irrelevant. Ich gehörte zu der glücklichen Generation junger Mädchen, die in dem Bewusstsein groß wurden, dass wir alles können und alles erreichen, was wir wollen. Wir hatten viele Mädchen an der Schule, die sich engagierten, die von allen respektiert wurden. Bis zum Abitur waren es in unserer Klasse immer die Mädchen, die in Mathe und Physik die besten Ergebnisse brachten. Ich war eine davon. Es gab einfach keinen Grund, sich mit etwaigen Benachteiligungen auseinanderzusetzen, weil ich mich nie benachteiligt fühlte. Weder als Mädchen noch als Zugewanderte in diesem Land. Es spielte einfach keine Rolle. Dass ich angeblich doppelten Opferstatus habe als Frau und dann noch mit Migrationshintergrund, das sollte ich erst später durch die Politik erfahren.

Auch zu Hause gab es bei uns keine Sondererziehung für Mädchen. Obwohl ich mich ab und zu an den Spruch meiner Mutter erinnere: „So sieht das Zimmer eines Mädchens nicht aus!" Ich weiß aber jedenfalls noch meine Antwort: „Ach, und das Zimmer eines Jungen darf aber so aussehen?" Tatsächlich mussten dann sowohl mein großer Bruder als auch ich unsere Zimmer aufräumen. Mein Bruder musste auch lernen, wie man bügelt und putzt, es wurde kein Unterschied gemacht bei der Hausarbeit, an der wir alle in der Familie selbstverständlich beteiligt waren.

Vielleicht ist es unserer Herkunft aus Siebenbürgen in Rumänien geschuldet. Mit neun Jahren kam ich mit meiner Familie nach Deutschland. Vorher waren wir Teil einer deutschen Minderheit in Rumänien. Meine Heimat war eine Kleinstadt mitten in Siebenbürgen, damals noch im real existierenden Kommunismus. Meine Mutter war immer berufstätig, es war völlig normal so. Vermutlich vergleichbar mit der Situation in der ehemaligen DDR, wo Frauen ebenso selbstverständlich berufstätig waren. Kinderkrippen wurden in Rumänien stark subventioniert, ab dem dritten Lebensjahr inklusive Mahlzeiten nahezu kostenlos, sie hatten aber keinen besonders guten Ruf. Zumindest unter den Deutschen in Rumänien war man deswegen bemüht, lieber eine private Lösung für die Betreuung der Kinder zu finden. Nicht immer war das möglich, denn es war im Vergleich zur staatlichen Kinderkrippe extrem kostspielig. Meine Mutter ließ ein Viertel ihres Monatsgehaltes bei der Tagesmutter, die sie für mich gefunden hatte; die staatliche Krippe hätte im Vergleich dazu nicht einmal fünf Prozent der Summe gekostet.

Kirche und Religion spielen in meiner Erinnerung an Kindheit und Jugend keine große Rolle, auch wenn in meinem Umfeld christliche Feiertage, Sitten und Gebräuche gepflegt wurden. Gerade in Rumänien waren sie ein letztes Bollwerk der deutschen Minderheit gegen den kommunistischen Staat und natürlich bin ich später in Deutschland konfirmiert worden.

Weil es sich so gehörte, nicht, weil ich damals wirklich überzeugt war oder weil es mich innerlich bewegt hat. Stattdessen erinnere ich mich an hitzige Debatten mit unserem Pfarrer, der nicht in der Lage oder gar willens war, den Fragen einer Gruppe von pubertierenden Jugendlichen standzuhalten. Dass ich damals nicht wutentbrannt den Konfirmationsunterricht hingeschmissen habe, ist der Intervention meines Vaters zu verdanken. Ich sollte schließlich nicht die Einzige in der Großfamilie sein, die nicht konfirmiert wurde. Außerdem gab es Geschenke, das hatte große Überzeugungskraft.

Ich erzähle das deswegen in dieser Ausführlichkeit, um klarzustellen: Mein bürgerliches Leben, wie ich es jetzt führe, als verheiratete Mutter von vier Kindern, und das auch noch jahrelang als Hausfrau, war nicht „alternativlos", wie man heute so schön sagt. Ich bin nicht durch das Vorbild meiner Eltern an Kinder, Küche, Kirche herangeführt worden – ausweglos gefangen in einem Milieu, das eine bestimmte Erwartungshaltung an mich herangetragen hat und mir keinen anderen Ausweg ließ. Ein Milieu, das man heute gemeinhin – jedoch fälschlicherweise – der CSU unterstellt. Ich stamme nicht aus einem solchen Umfeld. Ganz im Gegenteil. Meiner war eher der umgekehrte Weg. Irgendwann habe ich festgestellt, dass mein Leben, so, wie ich es real und freiwillig führe, im christlichen und bürgerlichen Bereich bestätigt wird. Dass ich also, obwohl ich mich für links hielt, in meiner tatsächlichen Lebensweise anders war. Niemand hatte mich dazu gezwungen, und ich habe auch nicht plötzlich beschlossen, konservativ, liberal oder bürgerlich zu sein. Es hat sich ergeben, ich habe mich verändert, und das ist auch gut so.

Hätten Sie mich mit 22 gefragt, wie ich mir mein Leben vorstelle, es wäre als Antwort ganz sicher niemals dabei herausgekommen: Hochzeit, vier Kinder, Hausfrau. Irgendwie war mir schon klar: Ich würde mal heiraten, ich würde Kinder bekommen, wobei meine Vorstellungskraft über die Zahl zwei nicht hinausreichte. Aber es war auch nicht dringend, nichts, was ich strategisch anging. Es hatte Zeit, ich studierte, ich wollte in den Beruf. Ich hatte wirklich anderes im Kopf, als geheiratet zu werden.

Und dann wurde ich schwanger. Zu einem Zeitpunkt, den die meisten wohl eher als unpassend bezeichnen würden. Ich war 23, gerade erst ein Jahr in meiner ersten bezahlten Redakteursstelle tätig. Ich hatte noch viel vor. Es war so nicht geplant, aber es war gut. Dachte ich jedenfalls, bis die ersten Kommentare kamen.

„Du kommst doch bald wieder, oder?" Für meine Kolleginnen war das eine rhetorische Frage. „Das muss doch heute nicht mehr sein" – als ich vorsichtig anmerkte, dass ich erst einmal drei Jahre in den „Erziehungsurlaub" gehe, wie das damals noch hieß. Ich hatte dieses Kind noch nicht einmal im Arm und war schon auf eine Rechtfertigungs-Position festgenagelt.

Nein, ich hatte damals noch nicht das große Selbstbewusstsein, in dieser Sache meine Meinung offensiv zu vertreten. Heute würde ich niemandem mehr raten, mir solche Fragen zu stellen. Damals war ich damit überfordert, überrumpelt. Ich hatte nicht damit gerechnet, dass mir jemand reinreden will oder dass ich gar auf Widerstand stoße, und das auch noch ausgerechnet von anderen Frauen. Dazu die Erkenntnis: Du kannst es keinem mehr recht machen. Meinen Eltern nicht, die sich einen anderen Lebensweg für mich gedacht hatten. Meinen Kolleginnen nicht, die alle älter als ich waren, jedoch kinderlos. Meinen Freundinnen nicht, die alle ebenfalls noch kinderlos waren und von mir am allerwenigsten erwartet hatten, dass ich die Erste von uns sein würde, die eine Familie gründet. Meine Gefühle, meine Ansichten, meine Wünsche, meine Sorgen – alles veränderte sich durch dieses Kind in meinem Bauch. Für mein Umfeld muss mein Gesinnungswandel ein großes Rätsel gewesen sein. Für mich selbst war er das auch. Vor allem aber habe ich eines gelernt: Ich bin offensichtlich doch nicht so frei in meinen Entscheidungen als Frau, wie ich immer gedacht hatte. Muttersein stand irgendwie nicht auf der Liste der Selbstverwirklichung der Frau. Obwohl die meisten Frauen nach wie vor Mütter werden und dies das Natürlichste von der Welt ist – es eckt an, es weckt Erwartungen. „Mein Bauch gehört mir" – wer kennt nicht diesen Satz? Er hat politische Sprengkraft. In der Regel wird er jedoch dafür genutzt, sich gegen das Kind im eigenen Bauch zu entscheiden. Ich dachte, das gilt auch für den Umkehrschluss, pro Kind, und musste ernüchtert feststellen, dass es plötzlich unzählige Menschen gab, die glaubten, angesichts meines wachsenden Bauchumfangs Kompetenz zum Mitreden zu besitzen.

Als im vergangenen Jahr Familienministerin Kristina Schröder ihr Buch „Danke, emanzipiert sind wir selber" herausgab, hatte ich wieder so ein Déjà-vu. Ihr ging es offensichtlich ähnlich, allerdings potenziert durch die gesamte deutsche Öffentlichkeit. Denn das, was unsereins als Frau im privaten Raum an ungebetenen guten Ratschlägen bekommt, durfte sie sich von der breiten Bevölkerung anhören. Da wurde diskutiert, wie sie es nun machen soll als junge Mutter und Frau. Selbst der Familienname in der neu zu schließenden Ehe war Gesprächsstoff. Den eigenen Namen behalten? Oder lieber Doppelnamen? Und dann – oh Schreck! – hat sie tatsächlich unemanzipiert den Nachnamen ihres Gatten angenommen! Zu Hause bleiben, Ministeramt schmeißen oder als Vorbild für die nächste Frauengeneration sofort weiterarbeiten? Wie lange soll sie eine Auszeit nehmen? Soll das Kind in die Krippe oder lieber zur Nanny? Das Kind noch im Bauch, hatte sie schon die versammelten

Vorstellungen des deutschen Feuilletons vor sich liegen. Und eines war klar: Sie konnte es nur falsch machen. Geht sie in Elternzeit, ist es ein falsches Signal an die Feminismusfront. Geht sie nicht in Elternzeit, sind ihr die Konservativen böse und beschimpfen sie als Rabenmutter. Ja, ich konnte das Buch gut verstehen, denn ich kannte das Problem.

Ich wurde also Mutter und zum ersten Mal in meinem Leben musste ich mich für eine Entscheidung als Frau rechtfertigen. Mein freier Wille reichte als Argument nicht mehr aus. Ich fand mich plötzlich in der „Heimchen am Herd"-Ecke wieder, zu der ich mich selbst vorher nie gezählt hätte. Nun war ich aber eine von ihnen und das auch noch freiwillig. Ich begab mich auf direktem Weg in die finanzielle Abhängigkeit von meinem späteren Ehemann, es war für mich selbstverständlich, gar nicht groß überlegt. Mehr ein Bauchgefühl, voller Vertrauen, das am Ende immer alles gut wird.

Naiv, blöd, leichtsinnig. Ungefähr in die Richtung tendieren heute die Kommentare über Frauen, die das Gleiche tun wie ich vor gut 14 Jahren. Die ihre finanzielle Selbstständigkeit und ihren Beruf aufgeben, um sich den Kindern und der Familie zu widmen. Die meisten Frauen haben es längst aufgegeben, sich in solchen Debatten zu wehren. Meistens sagen sie gar nichts mehr dazu. Die Schweigespirale hat auch hier ihre volle Wucht entfaltet. Ich habe damals angefangen, zu diesem Thema zu schreiben und zu veröffentlichen. Es machte mich wütend, es brachte mich in Rage, ich konnte es einfach nicht für mich behalten.

Und dann kam das erste Mal ein Leserbrief mit diesem Satz: „Sie sprechen mir aus der Seele!" Man denkt sich nicht viel dabei, und es hat mich zunächst einfach gefreut, dass ich als Autorin bei einer anderen Frau genau den Nerv getroffen habe. Die Briefe häuften sich, die Aussagen glichen sich, die Lebenswege auch.

Ich weiß nicht, wie viele Hundert Schreiben inzwischen mit der Post oder als E-Mail bei mir eingegangen sind, die alle unter anderem diesen einen Satz enthalten: „Sie sprechen mir aus der Seele!" Es waren völlig unterschiedliche Frauen und in der Regel Mütter. Sie zogen ihre Kinder groß, manche waren halbtags erwerbstätig, andere waren Studentinnen, die nach einem Weg suchten, Kinder und Studium zu vereinen. Manche waren Rentnerinnen, viele hatten drei oder mehr Kinder ins Leben begleitet und leben heute von der Rente ihrer Männer. Manche besaßen Doktortitel und hatten große Karrieren beendet, um bei ihren Kindern sein zu können. Sie kamen aus allen Altersklassen und aus allen politischen Richtungen. Manche waren kirchlich engagiert, andere überzeugte Atheistinnen. Manchmal sagten sie einfach nur Danke, dass ich über die Freude am Muttersein schrieb.

„Ich dachte immer, ich sei die Einzige, die so denkt." Auch so ein Satz, der immer wieder kommt. Keine Einzige bereute ihre Entscheidung, wegen der Familie und der Kinder auf eine Karriere verzichtet zu haben. Aber sie alle hungerten nach Anerkennung.

Das war der Punkt, an dem dieser Satz – „Sie sprechen mir aus der Seele!" – mich nicht mehr freute, sondern wütend machte. Weil alle diese Frauen mit dem Gefühl leben, in dieser Gesellschaft nicht existent und nicht gewollt zu sein. Mit dem Gefühl, sie machen etwas falsch. Schließlich erfüllen sie nicht die Erwartungshaltung an eine heutige Frau. Viele Frauen schrieben, sie seien „nur" Hausfrau und Mutter. Nur! So weit hat die Gehirnwäsche bereits gegriffen, dass sie selbst nicht mehr daran glaubten, dass es etwas Vollwertiges sei, was sie da taten. So waren sie „nur" Mütter, „nur" Hausfrauen, arbeiteten „nur" halbtags oder stundenweise und schickten kleinlaut hinterher, dass sie damit glücklich seien. Mehr noch, dass sie froh seien, auf diese Art genug Zeit für die Kinder zu haben.

Eine Mutter, die für ihre vier Kinder 20 Jahre aus dem Beruf ausgestiegen war, erzählte mir von ihrem ersten Arbeitstag nach dieser Zeit. Man habe sie bedauert auf dem Amt, dass sie so lange zu Hause sein „musste", und sie habe nur gedacht: *Ihr alle habt zwanzig Jahre in diesem Kasten verbracht – wer ist hier zu bedauern?* Sie hat es aber nicht laut ausgesprochen. Sie hat nichts von der Freude erzählt, die ihr die vergangenen 20 Jahre gebracht hatten, sondern sich eingereiht in die Schweigespirale, denn als Hausfrau und Mutter glücklich zu sein, ist heute nicht mehr opportun.

Es macht mich wütend, und ich bin es leid, dass Hunderttausende von Frauen in Deutschland, die zu Hause ihre Kinder großziehen – und das auch noch gern –, mit dem Vorwurf bedrängt werden, sie seien unterdrückt, unglücklich oder gar unemanzipiert. Und das sind noch die schöneren Begriffe. Inzwischen verblödet man ja auch zu Hause am Herd, hält die Kinder von wertvoller Bildung in Krippen fern, wie wir wissen, und verweigert sich seiner Eigenverantwortung als Frau, indem man sich bequem vom Mann aushalten lässt.

Nein, verdammt, wir müssen nicht befreit werden aus dieser Situation! Wir sind jetzt im 21. Jahrhundert. Wir sind in keiner Zwangslage und wir lieben unsere Kinder, unsere Ehemänner, unsere Familien. Was wir nicht mehr hören können, ist die pauschale Diffamierung, dass Frau zu Hause nichts wert ist. Eine Beleidigung, die salonfähig geworden ist und übrigens an Sexismus kaum zu unterbieten.

Was wir jedoch brauchen, ist eine Diskussion darüber, wer eigentlich Politik für all diese Frauen macht. Wer kämpft für sie und ihre Rechte? Für ihr Glück oder gar Respekt und Anerkennung für das, was sie für die Gesellschaft leisten? Die Antwort ist einfach: niemand – und schon gar nicht der Feminismus.

3. Diktatur des Feminismus

Wir alle kennen den Satz von Simone de Beauvoir: „Man wird nicht als Frau geboren, man wird es." Es ist die Kampfansage der Feministinnen an das Patriarchat, das uns angeblich bis heute mit den Fesseln seiner Gesellschaftsstruktur zwingt, etwas zu werden, was wir eigentlich nicht sind. Und angeblich auch nicht sein wollen. Wenn da nicht der Zwang wäre, der Druck, die Fremdbestimmung. Die Erziehung in das Korsett Ehefrau und Mutter. Es ist der Kernsatz für den Handlungsbedarf, um noch viel mehr Frauen in ein selbstbestimmtes, eigenständiges Leben hinüberzuführen, in das gelobte Land der befreiten Frau. Um sie zu emanzipieren – und zwar auch diejenigen, die gar nicht wissen, dass sie unterdrückt werden. Diejenigen, die nicht darum gebeten haben.

Damit sind wir bei den Hausfrauen und Müttern von heute. Sie gelten als die nach wie vor unbefreite Masse. Denn eine glückliche Mutter ist im Feminismus nicht vorgesehen. Sie ist ein Relikt aus alten Tagen, als Frau noch nicht die Wahl hatte, sich von der Mutterschaft und dem Dasein als Ehefrau zu befreien. Die Mutterschaft ist das ungelöste Problem der Feministinnen. Ein biologischer Urzustand, den man, wenn man könnte, vermutlich auch noch gesetzlich und paritätisch zwischen Mann und Frau aufteilen würde. Nur leider, leider ist die Wissenschaft noch nicht so weit. Mutterschaft ist die Fessel, die uns ans Haus bindet. Das Kind als Klotz am Bein, das verhindert, dass wir uns genauso entfalten können wie ein Mann. Frei, zu tun und zu lassen, was wir wollen. Deswegen kämpfte die Frauenbewegung auch für das Recht auf Abtreibung. Als letzten Ausweg aus dem Gefängnis am Herd.

Nur – welche gesellschaftliche Relevanz hat eine Simone de Beauvoir heute noch in einer Welt, in der die Gleichberechtigung von Mann und Frau bereits seit Langem gesetzlich festgeschrieben ist? Haben wir denn noch Handlungsbedarf für den Geschlechterkampf, wenn wir Frauen doch alles werden können, was wir wollen? Wir dürfen Bundeskanzlerin werden und Astronautin, Ärztin und Ingenieurin. Wir müssen nicht mehr heiraten, dürfen straflos abtreiben und uns scheiden lassen. Wir werden gefördert in unzähligen Frauenprogrammen, wir sind an den Schulen und den Universitäten besser als die Männer. Wir sind klug, schön und selbstbewusst.

Ja, wir dürfen vieles, aber wollen wir das auch? Das ist die Frage, die nicht gestellt und in der gesamten Feminismusdiskussion nicht erörtert wird.

Kollektiven Atemstillstand und Hysterie löst es jedes Mal aus, wenn ich in einer Diskussionsrunde über Frauenquoten die These aufstelle, dass gar nicht alle Frauen in einen Vorstand wollen und möglicherweise deswegen so wenige dort ankommen. Sie wollen nicht?!? Das ist ein feministisches No-Go. Alle haben zu wollen. Denn auch hier gilt das Mantra: Man weiß doch, was die Frau will. Diskussion abgeschlossen. Ist doch alles schon gesagt worden von den Vorkämpferinnen der Frauensache à la Simone de Beauvoir, Alice Schwarzer, Bascha Mika, Elisabeth Badinter und wie sie alle heißen.

Sie meinen es wirklich sehr gut mit uns Frauen. Und damit wir nicht auf die Idee kommen, selbst darüber nachzudenken, haben sie schon einmal für uns mitgedacht. Es ist im Übrigen auch der einzige Weg, um das Frauenkollektiv nicht zu gefährden. Denn wenn alle Frauen über ihr Dasein nachdenken, über die Frage, was sie wollen oder gar, was sie glücklich macht, könnten natürlich völlig unterschiedliche Meinungen dabei herauskommen. Und das können wir nun wirklich nicht gebrauchen im Kampf gegen das Patriarchat.

Simone de Beauvoir hatte das übrigens schon damals durchschaut. Heute arbeiten wir uns an ihrem berühmtesten Zitat ab, aber ein anderes aus ihrem Munde will ich Ihnen auch nicht vorenthalten: „Keiner Frau sollte es erlaubt sein, zu Hause zu bleiben und ihre Kinder großzuziehen. Die Gesellschaft sollte völlig anders sein. Frauen sollten diese Möglichkeit nicht haben, und zwar genau deswegen, denn hätten sie diese Möglichkeit, dann würden sie zu viele Frauen nutzen."[5]

Kluge Frau, sie hat schon damals gewusst, dass die Mehrzahl der Frauen ihr auf diesem Weg gar nicht folgen würde, wenn man ihnen die Freiheit dazu wirklich lässt. Da muss man sie schon zwingen. Und am besten macht man es so, dass man ihnen vorgaukelt, es sei alles zu ihrem Besten. Andere Damen der Bewegung haben sich diesen Argumenten angeschlossen, sie finden sich zuhauf in der feministischen Geschichte. Frau darf einfach nicht zu Hause bleiben, sonst ist das große Ganze gefährdet.

Das Frauenkollektiv ist tot, sollte es überhaupt jemals existiert haben. Es gibt nicht *die* Frau und auch nicht den einen „Frauenwillen". Und deswegen ist der Übergang vom Patriarchat zum Feminismus auch nichts anderes als ein Übergang vom Regen in die Traufe. Der Zwang ist geblieben, nur die Aufseher haben gewechselt. Besser gesagt, die AufseherInnen.

Wir schlittern in eine Diktatur des Feminismus, der allen Frauen nur einen einheitlichen Weg zugesteht. Mussten wir uns früher also von Männern erklären lassen, was das Richtige für uns Frauen ist, müssen wir uns das heute von anderen Frauen gefallen lassen. Schon längst verlaufen die Fronten nicht mehr Mann gegen Frau, sondern Frau gegen Frau. Mussten wir einstmals darum kämpfen, aus dem bürgerlichen Leben ausbrechen zu dürfen, müssen wir heute darum ringen, in diesem bleiben zu dürfen. Mussten wir früher darum kämpfen, berufstätig sein zu können, müssen wir heute dafür streiten, bei unseren Kindern bleiben zu dürfen.

Ein glückliches Dasein als Mutter und Ehefrau ist auf diesem Weg einfach nicht vorgesehen. Ganz im Gegenteil, es ist sogar ein Verrat an der Frauensache. Es unterwandert die Bestrebung, alle Frauen sozusagen ins Licht zu führen. So schrieb etwa die amerikanische Feministin und Politikwissenschaftlerin Jane Mansbridge realistisch: „Wenn auch nur zehn Prozent aller amerikanischen Frauen Hausfrauen bleiben, so würde dies die traditionelle Sichtweise auf das, was Frauen tun sollen, bestärken und andere Frauen ermutigen, ebenfalls Hausfrauen zu sein, zumindest, wenn ihre Kinder klein sind ... Dies bedeutet, wie auch immer eine einzelne Feministin über Kindererziehung oder Hausarbeit denkt, so hat doch die Bewegung als Ganzes viele Gründe, Frauen von der Vollzeit-Hausarbeit abzubringen."[6]

Noch Fragen? Es darf eben nicht sein, was nicht sein soll. Ich dürfte mich doch der Frauenbewegung anschließen, bekam ich einmal von einer Leserin zu hören, die sich selbst als „Feministin der ersten Stunde" bezeichnete, was auch immer das sein mag. Ja, ich dürfte mich doch in meinem Kampf für das Glück von Müttern netterweise anschließen, oder besser gesagt hinten anstellen bei der großen feministischen Sache. Was sie und auch viele andere Frauen dieser Generation offensichtlich nicht einmal ansatzweise begriffen haben: Ich bin längst Teil der Frauenbewegung, ich bewege mich nur in eine andere Richtung. Ob ich mich als Feministin betrachte, wurde ich einmal in einer TV-Runde gefragt. Ich musste es verneinen, weil der Feminismus einfach zu intolerant ist. Wie könnte ich mich denn einem Feminismus anschließen, der einen Großteil der Bevölkerung und vor allem mich selbst bei seinen Forderungen ausschließt? Das hat mir wohl den Titel Anti-Feministin eingebracht, der inzwischen gerne benutzt wird, um gleich meine feindliche Gesinnung als Verräterin der Frauenfront offenzulegen.

Allerdings, auch das würde ich verneinen, denn ich kämpfe nicht gegen, sondern für etwas. Für das Recht von Frauen, sich ihren Lebensweg selbst auszusuchen. Und vor allem für das Recht von Müttern, einfach glücklich Mütter sein zu dürfen.

War es nicht ursprünglich das, was der Feminismus vorhatte? Dass wir Frauen uns unseren Lebensstil selbst aussuchen dürfen? Was ist nur schiefgelaufen? Das Problem im deutschen Feminismus ist doch, dass es nur *eine* gültige Meinung gibt und diese im Wesentlichen durch die Hauptprotagonistin Alice Schwarzer definiert wird. Und daneben sollst du keine anderen Göttinnen haben. Dies führt dann am Rande sogar zu solchen Anekdoten, dass selbst eine Frau wie Bascha Mika, inhaltlich eine absolut ausgewiesene Feministin, in der gleichen Sendung, in der ich damals saß, ebenfalls verneinte, Feministin zu sein – mit dem Zusatz „jedenfalls nicht in Deutschland". Ein Schelm, wer hier einen Zusammenhang mit ihrer kritischen Alice-Schwarzer-Biografie konstruiert.[7]

Herrlich war in diesem Zusammenhang übrigens auch die *Emma*-Ausgabe im Frühling 2011 mit dem feministischen Generationen-Treffen in der Redaktion unter dem Titel „Kein Bock auf Spaltung! *Emma* meets *Mädchen*", also die nächste Generation in Form von *Missy*-Redakteurinnen und einer Bloggerin. Na, damit war die junge Generation an Frauen in Deutschland doch repräsentativ und vollkommen abgedeckt. Und oh Wunder: Man war sich so einig in allem. Spaltung in der Frauenfrage würden nur die bösen Medien herbeireden. Und wie praktisch, dass man gar keine Frau eingeladen hatte, die eventuell eine ganz andere Meinung zur Frauenfrage hätte vertreten können.

Ich bin es leid, dass in diesem Land in den etablierten Medien immer nur die gleichen Stimmen einer älteren Frauengeneration zu Wort kamen, wenn es auch nur im Entferntesten um die Frage „Frau und Gedöns" ging. Insofern ist es grundsätzlich zu begrüßen, dass mit den #aufschrei-Initiatorinnen endlich auch jüngere Frauen gehört werden – selbst wenn ich mit ihnen inhaltlich nicht viel teile. Aber es ist unsere Generation der Frauen, die das Land aus der Misere ziehen soll. Diejenigen, die, wie man so schön sagt, in der „Rushhour" des Lebens stehen. Wir sind es, die gleichzeitig den Fachkräftemangel und den demografischen Niedergang bekämpfen sollen. Es wird Zeit, die Lösung mit der Generation von Frauen und auch Männern zu diskutieren, die das Ganze bewältigen muss!

Man erwartet schließlich eine Menge von uns und die Frage ist: Welchen Raum ist die Gesellschaft bereit, uns im Gegenzug zu geben? Ich möchte nicht mehr andere Frauen für mich sprechen lassen, denn sie vertreten weder meine Meinung noch meine Forderungen. Ich habe nicht viele gemeinsame Interessen mit einer kinderlosen Karrierefrau. Und eine Politik, die ihr nutzt, schadet mir eventuell sogar. Allein das biologische Frausein eint uns noch nicht in unseren Zielen und Wünschen. Dafür habe ich vermutlich viel mehr gemeinsam mit einem alleinerziehenden Vater. Denn Interessenkonflikte verlaufen schon lange nicht mehr entlang von Geschlechtergrenzen.

Die einseitige Fokussierung auf den Unterschied zwischen Mann und Frau verhindert sogar, dass wir über viel größere Gegensätze sprechen. Wie etwa die zwischen Menschen mit Kindern und denjenigen ohne Nachwuchs. Die Interessenskonflikte zwischen Arm und Reich oder diejenigen zwischen Gebildet und Ungebildet.

Ist es ein Zufall, dass nahezu alle Frauen, die sich im feministischen Kampf hervorgetan haben, weder Ehemann noch Kinder hatten? Angefangen von Simone de Beauvoir über Judith Butler bis hin zu Alice Schwarzer oder Bascha Mika. Sie hatten und haben alle keine Kinder und auch keine Ehemänner. Nun kann man nicht grundsätzlich jemandem die Fähigkeit absprechen, über Mutterschaft und Ehe Bescheid zu wissen, nur weil derjenige es nicht aus eigener Erfahrung kennt. Es hat mit Heiner Geißler auch schon einen Mann als Frauenminister gegeben und er war gar nicht schlecht darin. Und Ursula von der Leyen hat einen Ehemann und sogar sieben Kinder, dennoch stimme ich mit ihr nicht überein, obwohl wir auf den ersten Blick einiges teilen.

Es fällt allerdings auf, dass die Protagonistinnen der feministischen Bewegung offensichtlich ihren eigenen Lebensentwurf vorantreiben und für die beste Wahl als Frau halten. Das tue ich übrigens auch. Vielleicht trennt uns allein die „Kleinigkeit", dass ich mir niemals anmaßen würde, ich hätte den Königsweg gefunden. Ich habe *meinen* Weg gefunden und ich will ihn mir nicht ständig schlechtreden lassen.

Von mir aus soll doch jede Frau leben, wie sie will. Wenn sie Karriere machen möchte, dann nur zu, wir brauchen die Frauen in der Wirtschaft, der Wissenschaft und der Politik. Wenn sie beides haben will: Kinder und Karriere, auch gut, dann sollten wir ihr helfen, das Ganze zu bewältigen. Und wenn sie Hausfrau und Mutter sein will? Dann lasst sie doch, und gebt ihr die gleiche Unterstützung für ihren Lebensweg, die ihr allen anderen Frauen auch zugesteht.

Aber genau daran hapert es und deswegen bin ich an diesem Punkt absolut liberal. Weil es nicht darum gehen kann, anderen Frauen einen bestimmten Lebensentwurf aufzudrängen und sich in der Rabenmutter-Heimchen-am-Herd-Diskussion aufzureiben, sondern darum, jede ihren eigenen Weg gehen zu lassen. So, wie Friedrich der Große es einst formulierte, dass jeder nach seiner Fasson selig werden soll.

An diesem Punkt sind die Konservativen übrigens weitaus liberaler als die sogenannte moderne Linke oder diejenigen, die sich dafür halten. Nirgendwo ist der Missionseifer und die Intoleranz anderen Lebensstilen gegenüber größer als bei denjenigen, die sich für Toleranz gegenüber neuen Lebenskonzepten einsetzen und ständig von „Diversity" reden, während sie mit Vielfalt und Fortschritt allerdings nur ihren eigenen Lebensstil meinen. Selbst die verstocktesten Konservativen nehmen dagegen inzwischen nahezu widerstandslos hin, dass die Gesellschaft sich verändert, sie müssen Toleranz aufbringen, um selbst noch konservativ sein zu dürfen in einem Land, in dem sie sonst als überholt abgestempelt werden.

Doch wo nur noch eine Meinung herrscht über das einzig richtige Frauenleben, da ist kein Platz für Toleranz. Und vermutlich ist das auch der Grund, warum sich heute nur noch so wenige junge Frauen im Feminismus wiederfinden. Weil wir ja nicht aus dem Elternhaus ins Leben hinausziehen, um uns dann vom Familienministerium oder der *Emma*-Redaktion erklären zu lassen, was gut für uns ist. Wir brauchen keine Super-Nanny. So viel Selbstbestimmung sollten wir den Frauen heute doch zubilligen. Wir trauen ihnen zu, die Welt zu regieren, aber anscheinend nicht, dass sie selbst wissen, was gut für sie ist.

Die Hausfrau als gescheiterte Existenz
Ich sei gar nicht frei, selbst zu entscheiden, ich sei gefangen in einer Illusion, so formulierte es einst Jutta Allmendinger mir gegenüber in einer hitzigen Debatte in ihrem Haus. Sie ist Präsidentin des *Wissenschaftszentrum Berlin*, hat zahlreiche Studien über die Frauenfrage herausgegeben und ist renommierte Beraterin in Regierungskreisen. Folgt man ihrer Argumentation, dann bin ich als freiwillige Hausfrau und Mutter eine Art Geisel mit „Stockholm-Syndrom".

So wie bei dem Banküberfall 1973 in Schweden, als die Gefangenen begannen, mit den Gangstern zu kooperieren und zu sympathisieren, bin auch ich heute gefangen und kollaboriere dazu noch mit meinem Peiniger, also meinem Ehemann. Auch mein Einwand, dass ich 38 Jahre alt, gut ausgebildet und Mutter von vier Kindern sei und mich durchaus in der Lage sehe, frei zu entscheiden, konnte sie nicht davon abbringen. Erst müsse das System geändert werden, das mich fesselt, erst müssten alle Frauen in die Erwerbstätigkeit und somit in die Unabhängigkeit gebracht werden, erst dann könnten wir alle gemeinsam befreit werden. Sie, die Jutta, hatte das schon lange begriffen, was ich so als Mäuschen natürlich nicht erfassen kann. Und deswegen muss man mir zu meinem eigenen Besten aus dieser Struktur heraushelfen.

Von Jutta Allmendinger und ihrem Wissenschaftszentrum stammt auch die Studie „Frauen auf dem Sprung"[8], die in Kooperation mit dem Frauenmagazin *Brigitte* erstellt wurde. Zusammengefasst als Fazit: Junge Frauen haben durchaus ambitionierte Pläne, landen aber später im Leben oft woanders, als sie geplant hatten. Schuld daran seien die Strukturen. Ja, da sind sie wieder, die stereotypen Rollen, in die sie gedrängt werden, die gläsernen Decken, und deswegen kommen Frauen trotz bester

Ausbildung nicht dort an, wo sie ursprünglich mit 19 Jahren mal hinwollten, oder wie sie es sich damals vorgestellt hatten.

Nimmt man das Fazit dieser Studie, dann bin ich zum Beispiel eine zutiefst gescheiterte Existenz. Nichts, wirklich gar nichts von dem, was ich mir mit 19 für mein Leben vorgestellt hatte, ist eingetreten. Ich habe nicht den geplanten Mann, nicht die geplante Kinderzahl, nicht einmal den geplanten Beruf und klebe am Herd anstatt in einem Rechtsanwaltssessel. Mein Mann verdient mehr als ich und ich mache dafür mehr Hausarbeit. Also ein emanzipatorischer Totalausfall und vernichtend im Vergleich zu dem, was ich mit 19 so dachte. Bin ich deswegen wirklich gescheitert? Oder konnte ich mir einfach früher nicht vorstellen, dass es ein Leben jenseits der Vorstellung einer 19-Jährigen gibt? Mein Leben ist heute besser, als ich es mir jemals denken konnte, obwohl es anders ist als geplant. Doch Planänderungen sind nicht vorgesehen in solchen Studien. Abweichung vom Plan ist ein Scheitern. Vor allem aber berücksichtigt die Studie nicht, dass gerade die Geburt von Kindern das Denken, vor allem bei Frauen, oft radikal ändert.

Und deswegen sind Frauen wie ich eine Bedrohung für das Erreichte, weil wir nicht mitziehen. Wir sind das Backlash-Potenzial, das andere Frauen mitzureißen droht. Anschauungsmaterial, wie es auch sein könnte, aber nicht sein soll.

Backlash, also der Rückschlag, das Pendel, das zurückschwingt, der Begriff taucht nahezu inflationär auf in der feministischen Literatur. Ja, das Damoklesschwert, die Gefahr einer Rückkehr, oder sagen wir besser, eines Bekenntnisses zahlreicher Frauen zu Heim und Familie scheint eine allgegenwärtige Bedrohung im feministischen Bewusstsein. Der Begriff geistert durch ihre Literatur, sehen die Damen doch selbst, dass ihnen offenbar die Felle davonschwimmen angesichts von

Frauen, die sich partout weigern, eine neue Rolle am Frauenhimmel einzunehmen. Backlash, er wird von Elisabeth Badinter als Gefahr betrachtet in ihrem Buch „Der Konflikt: Die Frau und die Mutter". Er wird von Jutta Allmendinger bei ihren Studien benutzt. Backlash bei Alice Schwarzer und Backlash auch bei Bascha Mika. Backlash beispielsweise auch in Österreich, wo der versammelte Feminismus 2011 fast in Ohnmacht fiel, als eine Studie[9] des österreichischen Familien- und Jugendministeriums das überraschende Ergebnis brachte, dass sich über die Hälfte der jungen Frauen zwischen 14 und 24 Jahren vorstellen kann, als Hausfrau zu leben, wenn der Partner genug Geld verdient. Doch wenn das Hausfrauendasein angeblich so schlimm ist, warum drängen so viele dahin? Sind diese Frauen tatsächlich alle nur Lemminge, die davor bewahrt werden müssen, sich in den Abgrund Ehe zu stürzen? Oder wäre es mal an der Zeit, zur Kenntnis zu nehmen, dass es sie möglicherweise wirklich glücklich macht?

Der sogenannte „Jugendmonitor" hatte in unserem Nachbarland die Diskussion um alte und neue Frauenrollen heftig entfacht. Offensichtlich passte auch dort das propagierte Bild von der modernen Frau nicht mit den offensichtlich deutlich konservativeren Ansichten der Jugend zusammen. Das österreichische Magazin *profil*[10] befragte zusätzlich zahlreiche Frauen über ihre Gründe, das traditionelle Hausfrauenmodell zu bevorzugen. Nahezu alle wollten namentlich nicht genannt werden und anonym bleiben, da es nicht populär ist, öffentlich als „Hausfrau" dazustehen – auch wenn man insgeheim in der Rolle glücklich ist.

Im Ergebnis reicht das Spektrum der Frauen, die sich für Familie und gegen Karriere entschieden hatten, sehr weit. Von den jungen Frauen, die schon immer diese Rolle wollten, über Karrierefrauen, die ihren Job ad acta gelegt haben, weil ihnen die Mutterschaft besser gefiel, bis hin zu gestressten Doppelbelasteten, die irgendwann aufgegeben haben, und schließlich zu Geringverdienerinnen, die gar nicht mehr einsahen, warum sie sich für einen Hungerlohn aufreiben sollen, wenn die Kinderbetreuung, die parallel organisiert werden muss, einen Großteil ihres Einkommens auffrisst.

Zu ähnlichen Ergebnissen kam 2011 auch eine Studie der Organisation *Mouvement Mondial des Mères* (MMM)[11] mit Unterstützung der EU-Kommission mit 11 000 Müttern aus 16 europäischen Ländern. Wundern Sie sich nicht, wenn Sie davon noch kaum etwas gehört haben. Studien solcher Art finden kaum Eingang in deutsche Medien. Sie haben ja die „falschen" Ergebnisse. Europas Mütter zeigten dabei erstaunliche Parallelen – völlig unabhängig von ihrem beruflichen Hintergrund, ihrem Bildungsgrad und ihrer Nationalität. Nahezu alle Mütter bemängeln, dass man ihre Rolle als Mutter gesellschaftlich und finanziell nicht anerkennt. Sie verlangen nach mehr Zeit für ihre Kinder und nach besseren Wiedereinstiegsmöglichkeiten, wenn die Kinder aus dem Gröbsten raus sind.

Der Studie zufolge wollen sich 61 Prozent aller Mütter voll auf ihre Kinder konzentrieren, bis diese das dritte Lebensjahr vollendet haben. Ja, genau, zu Hause bleiben. 37 Prozent wollen dies auch immer noch, bis die Kinder das Schulalter erreichen. Gleichzeitig bevorzugen Mütter europaweit Teilzeit-Arbeitsmodelle. 70 Prozent aller Mütter würden sogar gern nur in Teilzeit erwerbstätig sein, bis ihre Kinder das 18. Lebensjahr erreicht haben.

Wenn man es also genau betrachtet, existiert so etwas wie ein Backlash zurück zu Heim und Kindern gar nicht. Es war noch nie anders. Und es wird auch niemals anders sein, wenn man die Mütter denn lässt.

Weiblichkeit statt Nachahmung
Wenn man die Geschichte des Feminismus betrachtet, kann man nachvollziehen, dass man früher wirklich glaubte, für alle Frauen zu sprechen, wenn man sie aus der Rolle der Hausfrau und Mutter befreien wollte. Wo einem als Frau gleiche Rechte versagt blieben, da war es nahezu logisch, für alle Frauen gleiches Recht wie der Mann einzufordern. Da war es logisch, dass die Zielmarke im männlichen Lebenslauf bestand. Vielleicht wäre ich vor 100 Jahren aus diesem Grund selbst überzeugte Feministin gewesen. Und vermutlich konnten sich damals sehr viele Frauen mit den Forderungen der Bewegung identifizieren. Auch diejenigen, die nicht öffentlich auf die Straßen zogen und ihre BHs verbrannten. Doch ab dem Zeitpunkt der rechtlichen Gleichstellung ist man vom Weg abgekommen oder man hat ihn gar nicht weiter gesucht: den spezifisch weiblichen Weg. Ein Weg, der für alle Frauen gelten kann, ganz gleich, wie die einzelne Frau ihn auslegt. Wir sind immer noch dabei, den Männern nachzueifern. Wir verrechnen die Anzahl ihrer Ämter mit den unseren. Wir verrechnen unseren Anteil an der Erwerbstätigkeit, an Führungspositionen, am Gehalt. Und reden selbst schlecht, was wir tagtäglich ohne Bezahlung tun. Es ist die Tragik einer großen Frauenbewegung, dass sie nie nach einem eigenen, weiblichen Lebensweg gesucht hat und ihn deswegen auch nicht fand.

Stattdessen bemühen wir uns gerade, bessere Männer zu werden. Wir drängen Frauen in Männerberufe, wir lagern unsere Kinder aus, damit sie uns nicht an der Befreiung hindern, wir drängen Männer in Frauenberufe, suchen verzweifelt einen Kerl zum Heiraten und Kinderkriegen – und wundern uns, dass er immer schwerer zu finden ist. Nur glücklicher sind wir damit nicht geworden.

Dabei könnten wir längst wissen, was Frauen so alles wollen, wenn wir denn genau zuhören würden. Oder wenn wir die ganzen Studien, die wir haben, nicht nur selektiv lesen würden, sondern mal genau. Wenn wir nicht immer nur das rauspicken würden, was Wirtschaft und Politik opportun erscheint.

Doch unsere Politik hat sich ja bereits parteiübergreifend darauf geeinigt, dass es Hausfrauen und Mütter, die gerne zu Hause bleiben, nicht mehr gibt. Dass sie eine aussterbende Spezies darstellen, deren letzte Reste man nur noch beseitigen muss. Gemeinhin wird von „tradierten Rollenmodellen" gesprochen, wenn man die traditionelle Familie meint. Modelle, die im Sinne der Gleichstellung von Mann und Frau selbstverständlich überwunden werden müssen. Denn jede Frau, die zu Hause verharrt, behindert das Ziel der Gleichstellung. Eine Gleichstellung, die nicht etwa dann erreicht wird, wenn Frauen das Gleiche tun können wie Männer, sondern erst dann, wenn sie es auch wirklich machen – völlig egal, ob sie das selbst tatsächlich wollen.

Das neue Unterhaltsrecht, das im Jahr 2010 in Kraft trat, war ein entscheidender Schritt auf diesem Weg. Ausgearbeitet wurde der Gesetzesentwurf noch von der SPD-Justizministerin Brigitte Zypris – eigentlich unnötig zu betonen, dass sie kinderlos und ledig ist. Man muss sich nur zu Gemüte führen, dass sie damit alle Frauen, die sich im Fall einer Scheidung bislang auf eine Versorgung durch ihre Ehemänner verlassen haben, komplett in den Regen geschickt hat mit den Worten: „Einmal Zahnarztgattin, immer Zahnarztgattin, das gilt nicht mehr." Nur, dass es eben nicht nur die Zahnarztgattinnen traf, sondern alle verheirateten Frauen. Auch diejenigen, die unter ganz anderen gesetzlichen Bedingungen vor 20, 30 oder 40 Jahren geheiratet hatten.

Seither sind Frauen wie ich die Blöden, die Dummen, die Naiven, wenn sie nicht selbst für ihren Lebensunterhalt vorsorgen und ihre Zeit stattdessen mit dem Großziehen von Kindern verplempern. Es gilt nicht mehr die Lebensgemeinschaft, die Erwerbsgemeinschaft, in der unter Eheleuten ausgehandelt wird, wer welchen Teil der Familienarbeit und wer welchen Teil der Erwerbsarbeit erledigt, sondern klar ist nun: Wer den Part des Erziehenden übernimmt und sich nicht selbst um seine Karriere kümmert, schaut im Zweifel in die Röhre. Das gilt im Umkehrschluss übrigens auch für Väter.

Und das ist nicht nur ein dummer Nebeneffekt der aktuellen Politik, sondern explizit Absicht. Damals wollte man die „Eigenverantwortung" des Einzelnen, vor allem aber *der* Einzelnen hervorheben. Die Einverdiener-Ehe austrocknen. Sie ist vielen ein echter Dorn im Auge. Erinnern Sie sich an Simone de Beauvoir: *Wir dürfen sie nicht lassen, es würden sich sonst zu viele dafür entscheiden.* Und deswegen zieht man ihnen einfach finanziell den Boden weg. Das macht es schwierig und risikobehaftet, in einer traditionellen Ehe zu leben.

Doch was geht es den Staat an, wer bei uns den Müll rausbringt und wer die Kinder in die Schule fährt? Was geht es den Staat an, wer bei uns mehr erwerbstätig ist und wer mehr verdient? Unterm Strich ist es für unsere Familie völlig egal, ob ich oder mein Mann mehr verdienen, am Schluss landet sowieso alles in einer Kasse und müssen alle Rechnungen bezahlt werden. Wir sind keine Ansammlung von Individuen, die zufällig in einer WG mit gemeinsamem Kühlschrank leben, wir sind eine Familie. Eine Familie, in der es verschiedene Aufgaben zu erledigen gibt – vom Geldverdienen über Wäschewaschen, Kinderwickeln, Hausaufgabenbetreuen und Geschichtenvorlesen. Es mag sich statistisch hübscher machen, wenn mein Mann genauso viel Hausarbeit leistet wie ich und ich im Gegenzug genauso viel Erwerbsarbeit leiste. Damit wäre den Gleichstellungsfanatikern und den Erbsenzählern in den Gleichstellungsbüros geholfen, uns aber nicht. An unserem Familieneinkommen würde sich nichts ändern, wir hätten uns nur in allem hübsch gendersensibel und gleichstellungsorientiert angenähert. Ein Musterbeispiel für gelungene Emanzipation.

Was aber geht es den Staat an, wie wir unser Leben organisieren und wer mehr mit den Kindern spielt? Es ist unsere Privatsache. Eine Politik, die Frauen und Männer zwingen will, im Namen der Gleichstellung alle Lebenslagen möglichst paritätisch aufzuteilen, fördert nicht die Rechte der Frau, sondern betreibt Gleichmacherei, und das auch noch zu Lasten der Frauen, die das nicht wollen. Dass der Feminismus sich hier als Steigbügelhalter betätigt, bestätigt leider den Fakt, dass er niemals für *die Frau* sprechen kann.

4. Ich bin kein Brutkasten

Ich weiß noch genau, wann ich mein Kind das erste Mal im Bauch gespürt habe. Es war wie das leichte Schlagen eines Schmetterlingsflügels. Nicht mehr. Leicht und kaum bemerkbar. Mir wurde heiß und kalt und ich wusste: Das ist Leben in mir. Mutter sein. Ich kann nicht in Worte fassen, welche Glücksgefühle das auslösen kann. Mütter wissen, was ich meine. Animalisch, instinktiv. Kinder zu bekommen, ist nicht rational. Es ist eine Leidenschaft, eine Sehnsucht, ein Trieb, den wir oft kaum beschreiben können. Wir *wollen* Kinder. Sie sind Erfüllung, das Sichtbarwerden der Liebe zwischen zwei Menschen, der Fortschritt der Generationen. Das Hinterlassen einer Spur in der Geschichte. Ein Fußabdruck, der bestehen bleibt, wenn wir selbst lange nicht mehr sind. Wer einmal die Verzweiflung und die Trauer von Paaren miterlebt hat, die erfolglos versuchen, Kinder zu bekommen, der weiß, dass Rationalität hier keine Rolle spielt.

Mutter oder auch Vater zu werden, verändert uns Menschen. Unsere Wünsche, unsere Ansichten, unsere Vorstellungen von der Zukunft. Wir respektieren diese Muttergefühle in der Tierwelt, bei den Menschen tun wir uns hingegen schwer damit. Schon Kinder lernen im Biologieunterricht, dass man sich mit einem Muttertier nicht anlegt. Bären- oder Löwenmütter können äußerst unangenehm werden, wenn man sich ihrem Nachwuchs nähert. Man fasst ihre Jungen nicht an. Und tut man es doch, sucht man sofort lieber schnell das Weite. Denn sie beschützen ihre Brut, sie sind unberechenbar, explosiv, sie hüten das Wertvollste, was sie haben. Verteidigen es notfalls mit ihrem Leben.

Der Mensch ist in dieser Hinsicht auch ein Tier. Wir stellen uns vor unsere Kinder, wir beschützen sie, wir verteidigen sie. Nicht, weil wir müssen, sondern, weil wir gar nicht anders können. Jede Mutter, jeder Vater kennt dieses Gefühl, wie der Adrenalinspiegel explodiert, wenn man sein Kind in Gefahr wähnt. Wenn ein Kleinkind in der Menge verschwindet und man verzweifelt sucht. Wenn man in Sorge ist, weil sie nicht pünktlich zu Hause erscheinen oder auch nur zum ersten Mal allein auf dem Schulweg sind.

Bekommen Sie auch trotz fortgeschrittener Jahre und erster grauer Haare bei Besuchen zu Hause immer noch gute Ratschläge von Mutti? „Fahr vorsichtig, Kind, und ruf an, wenn ihr da seid. Es passiert ja immer so viel auf den Straßen. Du musst auf deine Gesundheit achten. Bist du auch warm genug angezogen?" – Ja? Glückwunsch, Sie haben ganz normale Eltern, die, obwohl Sie bereits vor Jahrzehnten das Elternhaus verlassen und vielleicht schon eigene Kinder haben, immer noch Ihre Eltern sind. Weil Sie immer ihr kleines Mädchen oder ihr kleiner Junge bleiben werden, egal, welches Alter Sie erreicht haben. Das ist nervenaufreibend und manchmal lästig, aber auch schön. Zu wissen, dass das Zuhause immer noch existiert, auch wenn man in die Ferne aufgebrochen ist. Elternschaft lässt sich nicht abstreifen, nur weil das Kind abgenabelt, abgestillt oder schon außer Haus ist. Es ist eine Lebensaufgabe, ob wir wollen oder nicht.

„Mama", fast immer ist es das erste Wort, das ein Mensch deutlich aussprechen kann. Es tut mir wirklich leid, liebe Väter! Mama, das ist Klischee, das ist Zuhause, das ist Apfelkuchen, das sind Pflaster auf aufgeschlagene Knie und gebrochene Herzen. Mama. Geliebt, verehrt, schwierig, nervenaufreibend – aber letztendlich immer Mama. Wir können uns da nicht herausziehen, eine ganze Zunft von Psychologen beschäftigt sich inzwischen mit Eltern-Kind-Beziehungen. Die Verbindung ist nicht frei gewählt, sie ist nicht ausgesucht, sie ist nicht austauschbar, sie *ist*. Ob man will oder nicht. Und zwar für Mutter und Kind. Man kann sich kaum eine engere Symbiose zwischen zwei Menschen vorstellen. Herangewachsen in einem anderen Körper. Leben in mir, das ich weitergebe. Ein Vorsprung vor der Vater-Kind-Beziehung, der sich oft ein Leben lang nicht aufholen lässt. Eine besondere Verbindung, weil wir Frauen ein Leben, das in uns war, in ein eigenständiges Leben entlassen. Dagegen sieht Patchwork vergleichsweise ganz schön alt aus.

Selbst exponierte Macho-Darsteller, für die Frauen nichts als nacktes Fleisch und austauschbaren Zeitvertreib sind, schmelzen bei ihrer Mama dahin und ertragen vieles, bloß keine dummen Sprüche über ihre Mutter. Im Zweifel gibt es dann auch mal eins auf die Nase, aber auf Mama lässt man nichts kommen. Kein Wunder, denn Mütter sind in der Regel diejenigen, die auch dann noch zu ihren Kindern halten, wenn es sonst keiner mehr tut.

Dennoch ist kein Dasein in Deutschland umstrittener, umkämpfter und emotionaler diskutiert wie das Werden und Leben als Mutter. Die Erwartungen, die Hoffnungen, die Enttäuschungen tangieren oft die Grundfesten unseres Seins. Es ist eine Bastion, die nur von der weiblichen Hälfte der Menschheit gehalten und von vielen auch geneidet wird. Quelle für unendliches Glück und großes Unglück – aber letztendlich immer voller Emotionen.

Warum ist das so?

Wir leben in einer Zeit, in der das Muttersein keine Selbstverständlichkeit mehr ist. Oder scheint es nur so, weil das Thema meist in den Feuilletons und nicht in den Wohnküchen besprochen wird? Unzählige Generationen vor uns haben das Muttersein als Selbstverständlichkeit, als Normalität angenommen. Erst, seit wir die Wahl haben, Mutter zu sein oder nicht, stellen sich die Fragen: Soll ich überhaupt Mutter werden? Wäre ich eine gute Mutter? Bin ich eine gute Mutter? Ist es der richtige Zeitpunkt? Ist es der richtige Partner?

Rabenmütter. Glucken. Heimchen am Herd. Übermütter. Supermütter. Latte-macchiato-Mütter, Helikopter-Eltern. Die Begriffe geistern durch die Presse und zeigen zumindest eines: Es gibt Gesprächsbedarf.

Angeheizt durch den demografischen Wandel und die stagnierenden Geburtenraten in Deutschland ist die Frage nach Kindern und dem damit verbundenen Dasein der Frauen als Mütter zum Politikum geworden. Mein Bauch gehört schon lange nicht mehr mir. Die Frage, ob ich als Frau meinen Körper zur Verfügung stelle, um Nachwuchs auf die Welt zu bringen, ist keine private Angelegenheit mehr. Inzwischen will auch der Staat meinen Bauch. Er braucht ihn, denn er ist potenzielle Brutstätte. Da ist es wieder, das Animalische, das wir kaum unter Kontrolle bekommen. Gott sei Dank, würde ich sagen. Man stelle sich eine Menschheit vor, deren Wachsen und Überleben tatsächlich vom Willen und der Meinung der jeweiligen politischen Klasse abhängig wäre.

Wie gesagt: Ich bin gern Mutter. Ich liebe unser chaotisches tägliches Dasein. Das explodierte Wohnzimmer, wenn wieder mal eine Horde Kinder eine Schneise der Verwüstung hinterlassen hat, den Redeschwall meiner Ältesten, wenn sie aus der Schule kommt und die Tasche wie üblich in den Flur schmeißt. Ich genieße die lautstarken Mahlzeiten mit vier und oft mehr Kindern um den Tisch. Wenn man Mühe hat, allen zuzuhören, und mindestens sechs Ohren bräuchte. Ich rege mich über umgekippte Milchgläser und unaufgeräumte Zimmer gar nicht mehr auf. Zum Ausgleich bekomme ich selbst gemalte surreale Bilder, manchmal direkt auf die Wand. Oder Blumen-Glitzerbilder mit einer ganzen Rolle Tesa auf meinen Laptop geklatscht. Seltsame, selbst gebaute Lego-Konstruktionen. Schulhefte, stolz präsentiert, helfende Hände, aber vor allem: Liebe.

Ich lese wenig über Liebe, wenn es um Kinder und Mütter geht. Ich lese über Vereinbarkeit von Familie und Beruf, Karriere, Kindergeld, Rentenansprüche, darüber, was Kinder kosten, wie viel Arbeit sie machen, woran sie uns hindern, wie sie nicht zuletzt auch noch unsere Figur ruinieren. Ich lese von Karriere-Knick, von Renten-Knick, von der Teilzeit-Falle, von Altersarmut. Von Lärmbelästigung durch Kindergärten, von schwer erziehbaren Kindern, von überforderten Eltern, von vernachlässigten Kindern – aber nichts von Liebe.

Dabei ist Elternschaft doch oft das erste Mal im Leben, dass Frauen und Männer die Erfahrung völlig bedingungsloser Liebe machen. Liebe, die nicht aufrechnet, die keine Forderungen stellt und keine Gegenleistung erwartet. Liebe, die einem gegeben wird, einfach nur, weil man nichts weiter ist als das eine: Mutter oder Vater.

Ich gebe zu: Glücksgefühle lassen sich schwer in ökonomische Berechnungen einbauen. Wenn aber die Misere der deutschen Familienpolitik eines zeigt, dann ist es dies: Mit mehr Geld bekommt man nicht mehr Kinder. Wir sind eines der reichsten Länder der Welt, es geht uns trotz allen Gejammers auf hohem Niveau ziemlich gut, und wir müssten dementsprechend in Sachen Bevölkerungsentwicklung aus allen Nähten platzen. Stattdessen sterben wir aus.

Und die Frage ist: Machen wir es den Müttern heute nicht unnötig schwer? Wo sind die Zeiten geblieben, in denen eine Frau einfach „guter Hoffnung" sein durfte, wenn ein Kind unterwegs war? Guter Hoffnung – das ist lange vorbei. Wahrscheinlich ist „gute Hoffnung" inzwischen einfach zu naiv angesichts der Ernsthaftigkeit der Lage. Zu groß sind die Erwartungen an das meist einzige Kind. Und selbstverständlich auch an die Mutter. Jede nur erdenkliche medizinische Vorsorge ist nicht nur Anspruch, sondern inzwischen Pflicht für Schwangere. Man erwartet, dass sie ihren Bauch mit Beethoven beschallen und am besten schon mal chinesisch vorsingen, man will ja keine Chance ungenutzt verstreichen lassen. Schwangere sind nicht mehr „guter Hoffnung", sie sind oft im Stress. Man will sich ja nicht schuldig machen, eine Vorsorge oder gar einen Bildungsvorsprung verhindert zu haben.

Die Rheingold-Studie 2010[12] bestätigte, dass sich Mütter oft zwischen dem eigenen Anspruch an größtmögliche Gelassenheit und der ernüchternden Realität machtlos fühlen. Auch das Müttergenesungswerk meldet einen starken Anstieg bei Depressionen und Burn-out, vor allem bei Müttern.

Ist ja auch kein Wunder, könnte man sagen. Frau muss inzwischen eben nicht nur als Hausfrau perfekt sein. Auch die Kinder müssen zu Genies herangezogen werden, der Mann soll glücklich sein und die Karriere stimmen. Gleichzeitig soll es zu Hause immer aussehen wie in einem Prospekt von *Schöner Wohnen*. Und nicht zu vergessen: Selbstverständlich sollen wir dabei auch noch wahnsinnig gut aussehen. Früher reichte auch mal einer der Faktoren für ein erfolgreiches Frauenleben. Heute ist man als Frau für manche nur ein halber Mensch, wenn man diese Doppel- oder auch Dreifachbelastungen nicht auf sich nimmt. Etwas, was wir von Männern übrigens nicht erwarten. Die sind schon ein vollwertiger Mensch, wenn sie einfach nur morgens ins Büro fahren, mit einem frischen Hemd, das ihnen ihre Frau gebügelt hat.

Dazu werden uns in den Medien Frauen präsentiert, die das alles anscheinend spielend hinbekommen. Moderatorinnen wie Sandra Maischberger, die gut sechs Wochen nach der Geburt wieder auf Sendung gehen. Familienministerinnen wie ehemals Frau von der Leyen, die nebenbei sieben Kinder großziehen. Politikerinnen, die kess bekennen, Rabenmütter zu sein, und immer mal wieder gestylte Hochglanzmuttis à la Angelina Jolie, die wahnsinnig gut aussehend zwischen Filmset und Shoppingstress bereits sechs Kinder hat. Was soll uns Otto-Normal-Müttern das sagen? *Na, geht doch! Stell dich nicht so an mit dem bisschen Haushalt, den durchschnittlich 1,4 Kindern und dem Job! Die anderen können das doch auch!* Mit der normalen Frau in Deutschland, für die wir eigentlich Politik machen sollten, haben diese Promibeispiele allerdings herzlich wenig zu tun. Schlimmer noch, viele fühlen sich durch die genannten „leuchtenden" Beispiele überfordert und glauben, der Fehler liege einfach nur bei ihnen selbst.

Das Prinzip Brutkasten

Damit wir dennoch alles unter einen Hut bekommen und unsere Mutterschaft die Emanzipation und die Wirtschaftskreisläufe nicht unnötig stört, wird nun händeringend versucht, den mütterlichen Arbeitsaufwand für die Kinder und deren Erziehung herunterzufahren und die Mutter von ihren mütterlichen Gefühlen zu trennen. Angeblich ist dies der einzige Weg, um das Dilemma weiblicher Existenz in den Griff zu bekommen. Fast alle politischen Parteien haben sich darauf verständigt, Mutterschaft auf ein Minimum zu reduzieren, damit die Frauen möglichst schnell wieder dem Arbeitsmarkt zur Verfügung stehen.

Damit machen sie Mütter zu nichts weiter als zu reinen Gebärmaschinen, zu Brutkästen, die nur noch benötigt werden, um das zu realisieren, was wissenschaftlich nicht anders lösbar und auch nicht auszulagern ist. Da wird die Schwangerschaft zum notwendigen Übel, zur medizinisch erforderlichen Übergangsstation, die den lückenlosen Erwerbslebenslauf leider immer wieder stört.

Es scheint, als sei der Mutterbauch wirklich noch die einzige Enklave, in der ein Kind dem Zugriff des Staates entzogen ist. Was für ein herrlich altmodischer Evolutionsprozess, der Wirtschaftsexperten sicher in den Wahnsinn treibt. Aber ich bin sicher, die Mediziner arbeiten daran, uns Mütter zu ersetzen und den Vorgang endlich zu optimieren. Noch hat man keine richtige Lösung dafür, also lässt man das Kind sogar noch ein ganzes Jahr bei der Mutter. Aber bitte nicht zu lange stillen, liebe Mamis, sonst gelten Sie gleich als Glucke, alternativ als Milchkuh.

Muttermilch, auch so ein biologistischer Kram, und allein schon das Wort ist für manche eine Zumutung. Muttermilch! Wenn es wenigstens auch Vatermilch gäbe, na gut, dann könnte man darüber reden, nicht wahr? Spätestens nach einem Jahr soll dann wirklich Schluss sein mit diesem sentimentalen Getue, dann sollen Frauen und Kinder gefälligst funktionieren. Dann ist man als Mutter plötzlich austauschbar durch eine beliebige Halbtagskraft oder wer sonst noch gerade auf dem Arbeitsmarkt vermittelt werden muss. Wie menschenverachtend ist das eigentlich? Nach der viel beklagten vaterlosen Gesellschaft betreten wir nun die Ära der mutterlosen. Damit sind alle Wurzeln der Kinder gekappt. Glückwunsch.

Es ist keine wirkliche Frauenpolitik und auch keine Errungenschaft der Emanzipation, dass ich mein Kind nun so schnell wie möglich abgeben soll. Es ist nichts als Kapitalismus pur. Muttersein als Hindernis für den Arbeitsmarkt. Bloß keine Pause, bloß kein Nachdenken, man könnte ja auf die Idee kommen, dass das Leben noch mehr zu bieten hat. Die Frauen werden gebraucht in Wirtschaft und Produktion. Punkt. Um nichts anderes geht es hier, und dafür ist jedes Mittel recht.

Nicht umsonst geistert der Begriff des „vergeudeten Potenzials" hinsichtlich gut ausgebildeter Mütter zu Hause durch die politische Landschaft. Aus der Perspektive der Wirtschaft, die akut Fachkräfte und möglichst billige Arbeitskräfte sucht, ein absolut berechtigter Einwand. Hat aber nichts mit Familie zu tun, nichts mit Frauenpolitik und auch nichts mit Kindeswohl. Denn wir können zwar politisch beschließen, dass Kinder ab dem ersten Jahr reif für die Krippe sind, es ist aber so, als glaubten wir, man könne an Blumen ziehen, damit sie schneller wachsen. Ich bin kein Brutkasten, ich bin Mutter, ich werde es immer sein, bis zu meinem letzten Atemzug. Weil ich nicht Kinder bekommen habe für Deutschland, nicht für die Rente und auch nicht für den demografischen Wandel. Sondern, weil ich gern Mutter bin. Weil es mir Freude bereitet, diese Kinder ins Leben zu begleiten. Weil es nichts Schöneres, allerdings auch nichts Anstrengenderes gibt, als ihnen Wurzeln und Flügel zu geben. Weil Sauber-sicher-satt schlicht nicht ausreicht, um ein Kind großzuziehen.

Weil ich nicht müde werde, jeden Abend die gleiche Lieblingsgeschichte von Bäcker Olsen vorzulesen. Weil ich über jeden hundertfach erzählten Häschen-Witz immer noch lachen kann. Einfach, weil es meinem Kind Freude bereitet. Weil es mich begeistert, wenn mein Kind Dinge wie Humor oder gar Ironie begriffen hat. Was für eine intellektuelle Meisterleistung! Ich vergöttere unsere Kinder, und ich halte sie für die schönsten und klügsten auf der ganzen Welt, so, wie nahezu alle Eltern es tun. Ich bin froh, dass das erste Wort meiner Kinder „Mama" war und nicht „Sabine aus der Kita". Ich bin froh, dass ich dabei war und man mir nicht davon erzählen musste. Ich lache mit, wenn sie lachen, und ich tröste sie, wenn sie weinen. Ich kann gar nicht anders.

Ich war nicht nur beim ersten Atemzug, sondern auch beim ersten Schritt dabei. Wirklich durch keinen Job der Welt ist der triumphierende Blick eines Kindes zu bezahlen, das das erste Mal aufrecht gestanden hat. Und nach einem Jahr geht es erst richtig los. Ich will das nicht später im Jahresrückblick der Kindergartenmappe nachschlagen, sondern selbst erleben. Viele andere Mütter wollen das auch. Wer macht Politik für sie?

Niemand, denn es ist nicht gewollt. Man hat für uns Mütter höhere Weihen vorgesehen, als einem Kind das Schnürsenkelbinden beizubringen, und deswegen ist hier kein Platz für Sentimentalitäten wie Muttergefühle, Mutterliebe oder Muttermilch. Am besten, wir streichen auch das Wort „Mutter", es ist ernsthaft biologisch vorbelastet. Und nur ein Teil dieser gefürchteten Backlash-Strategie, die uns Müttern einreden will, wir hätten tatsächlich besondere oder gar andere Gefühle unseren Kindern gegenüber als etwa der Vater, die Großfamilie, die Gesellschaft und dies ominöse Dorf, das man laut afrikanischem Sprichwort neuerdings braucht, um ein Kind großzuziehen. Und wenn wir das selbst nicht begreifen, wird man uns schon noch dazu kriegen. Ich erinnere nur ungern wieder daran – obwohl, es macht eigentlich Spaß, denn es fügt sich so sensationell als Bild zusammen, wenn man Simone de Beauvoir noch einmal zitiert: „Wir dürfen sie nicht lassen, es würden sich zu viele dafür entscheiden ..."

Jetzt müssen nur noch die Frauenquoten eingeführt und die gläsernen Decken eingeworfen werden, die die Frauen angeblich am Aufstieg in die Chefetage hindern. Dann kann es losgehen mit der Karriere und vor allem mit dem Steuernzahlen, denn da wollen wir doch hin. Ja, das ist echte Erfüllung: monatlich aufs magere Konto zu schauen, Frühschicht, Spätschicht, Burn-out, Mindestlohn, Zeitverträge, Mobbing. Nein, wirklich, der Arbeitsmarkt hat so viele Verlockungen zu bieten, dafür tausche ich doch gern meine Kinder schon nach einem Jahr ein. Fehlt eigentlich nur noch, dass wir Schwangerschaften gesetzlich auf sechs Monate verkürzen. Neun Monate – was für eine Zeitverschwendung! Dass das den Wirtschaftsexperten nicht längst selbst eingefallen ist, wundert mich. Drei Monate mehr für die Wertschöpfungskette auf dem mütterlichen Arbeitsmarkt. Die Frühchen bekommen wir doch auch so groß. Von einem Brutkasten in den nächsten, dann nahtlos weiter in die Krippe, Kita, Ganztagsschule, Turbo-Abitur, schnell ein Bachelor, ein unbezahltes Praktikum und dann ein Job für Mindestlohn. Fertig. Wer aufmuckt, wird mit Ritalin ruhiggestellt. Konsequenterweise sollten wir gleich die Kreißsäle in die Kitas verlegen, das spart Zeit und Geld.

Feindbild glückliche Mutter

Wir sollen also Mütter werden, denn der Staat braucht unsere wohlerzogenen, steuer- und rentenzahlenden Kinder, aber wir sollen um Himmels willen nicht glücklich damit sein oder gar darin aufgehen! Da würde uns ja etwas fehlen. Und dennoch, trotz jahrelangem Kampf gibt es sie immer noch: die glückliche Mutter. Und damit sind wir wieder beim Problem der Altfeministinnen und ihrem Kollektiv: Frauen, die damit glücklich sind, „einfach nur" Kinder zu bekommen, den Haushalt zu führen, dem Mann den Rücken frei zu halten, damit er die Familie ernährt. Frauen, die es zu Hunderttausenden gibt. Etwas, was nicht sein darf in den Augen derer, die sich ganz nach Simone de Beauvoir von der Last der Mutterschaft befreien wollten. Die

Kinder als Fesseln begreifen und Mutterschaft als Abhängigkeit, als Unfreiheit. Von diesen Frauen lesen wir in den Feuilletons. Nicht von denen, die gerade Mittagessen kochen für ihre Kinder.

Da verwundern dann auch nicht Buchtitel wie der der französischen Feministin Elisabeth Badinter: „Der Konflikt: Die Frau und die Mutter"[13]. Man muss ja immer schon aufhorchen, wenn die *Emma*-Redaktion ein Buch zur Mutterfrage empfiehlt. Das ist ein bisschen so, als würde ein Magazin für Vegetarier Fleischrezepte empfehlen. Von vornherein ist klar: Muttersein und Frausein, das ist auf jeden Fall ein Konflikt, auf keinen Fall eine Erfüllung und um Himmels willen keine logische Konsequenz.

Vor allem die Natur ist Frau Badinter ein besonderer Dorn im Auge. Nach der Lektüre schwankte ich zwischen Fassungslosigkeit und Erheiterung. So etwas wie Mutterinstinkt existiert demnach nicht. Das ist bloß wieder diese Backlash-Strategie, die dazu dienen soll, mithilfe des Kindes der Frau ein schlechtes Gewissen einzureden. Wörtlich heißt es in dem Buch: „Es bleibt zu fragen, ob die immer wieder auflebende Beschwörung des Mutterinstinkts und der damit verbundenen Verhaltensweisen nicht in Wahrheit der schlimmste Feind der Mutterschaft ist."[14] Das Kind sei dabei „der beste Verbündete des Mannes" zur Festigung des Patriarchats. Was für ein Gedanke: Das Kind als subversiver Helfershelfer, als nützliches Instrument des Mannes bei der Unterdrückung der Frau.

Konsequenterweise ist für Badinter das Stillen eines Kindes das schlimmste Übel von allen. Immerhin bindet es nach der Geburt die Mutter an das Kind. Grund genug also, das Stillen abzulehnen. Die internationale Still-Gesellschaft *La Leche League* ist in ihren Augen eine nahezu mafiöse Vereinigung, die sich krakenhaft ausbreitet, die Frauen indoktriniert und zum

Stillen ihres Kindes verleitet. Man kann förmlich mitfühlen, wie sie sich ob des Themas in Rage schrieb. Die Kehrseite des Stillens sei nämlich „die verlorene Freiheit und ein gefräßiges, despotisches Baby, das seine Mutter verschlingt"[15]. Ja, so steht es dort wortwörtlich, geschrieben von einer dreifachen Mutter. Das Kind quasi als Parasit an der Brust der Mutter, die nicht einmal sieht, dass sie dadurch versklavt wird. Da ist es auch wieder, das Stockholm-Syndrom, nur, dass diesmal das Kind die Rolle des Peinigers übernimmt.

Und dabei könnte es so einfach sein, wo es doch inzwischen so wunderbare Flaschennahrung gibt, die dann egal, wer verabreichen könnte. Fast ein ganzes Kapitel lang widmet sie sich dem Thema, und fast könnte man meinen, es ginge ihr tatsächlich um die Sache und nur um die Freiheit der Frauen. Leider vergaß sie vor lauter Begeisterung über die Erfindung des Milchpulvers zu erwähnen, dass, als ihr Buch erschien, die Werbeagentur *Publicis*, in deren Vorstand sie saß, bereits seit Jahren den Werbeetat des weltweit größten Babynahrungsherstellers Nestlé verwaltete[16]. Wie praktisch, wenn sich Ideologie und Geldverdienen verbinden lassen. Ein Schelm, wer Böses dabei denkt.

Es wäre ehrlicher gewesen, das zu erwähnen, Frau Badinter, dann könnte man über das Stillen zumindest ernsthaft diskutieren. Nicht jede Frau will stillen. Andere wiederum möchten stillen, aber es klappt, aus welchen Gründen auch immer, nicht. Es ist ein hochsensibler Prozess zwischen Mutter und Kind, in dessen Verlauf sich die Menge der Muttermilch dem Bedarf des Kindes anpasst. Eigentlich ein kleiner, wunderbar perfekter Kreislauf, wenn er nicht gestört wird. Dennoch bleibt es eine sehr persönliche Entscheidung jeder Mutter, ob sie stillt oder nicht. Wir können ihr helfen, müssen aber auch andere Entscheidungen respektieren.

Nicht jede Mutter ist heiß darauf, irgendwo in der Öffentlichkeit ihr Kind zu stillen, nur, weil es gerade Hunger hat. So mancher Mutter sind da ein Fläschchen und ein paar neugierige Augenpaare weniger doch lieber. Und natürlich ist es eine Umstellung, plötzlich als lebende Milchbar zu fungieren. Ich jedenfalls habe die Bedeutung von ungestörtem Schlaf ganz neu zu schätzen gelernt, weil ich ihn immer wieder monatelang nicht hatte. Es kann einen wahnsinnig machen und aggressiv. Nicht umsonst gilt Schlafentzug als ausgezeichnete Foltermethode. Manchmal hatte ich nachts Mordlust beim Anblick meines schlafenden Gatten, einfach nur deswegen, weil er ruhig dalag und friedlich schlummerte!

Doch es gibt auch die andere Seite. Die unglaubliche Ruhe, der Frieden und die Zweisamkeit mit dem Kind mitten in der Nacht. Das unbeschreibliche Glück, den hormonellen Overkill, wenn einen aus der Dunkelheit der Nacht zwei Augen fixieren und auch nach einer halben Stunde Trinken kein einziges Mal den Blick abwenden. Dieses Glück würde ich keiner Mutter vorenthalten wollen – wenn sie es denn sucht.

Als Fazit lässt sich von der französischen Vordenkerin festhalten: Muttersein ist in Ordnung, solange man sich nicht emotional davon tangieren lässt, das Kind möglichst schnell in fremde Hände gibt, um dann endlich wieder am gesellschaftlichen Leben teilzunehmen. Auch so ein wiederkehrender Begriff, das *gesellschaftliche Leben*, das nicht etwa dort stattfindet, wo Leben entsteht und gedeiht, sondern erst da, wo Frau die Haustür von *außen* zuschließt. Damit betritt sie erst die Gesellschaft, das wahre Leben.

Nahezu erheiternd erscheint abschließend dann die Sorge der Autorin, ob Frauen nach der Geburt eines Kindes noch genug sexuelle Lust empfinden, um die Bedürfnisse ihres Mannes zu befriedigen. Ja, ja, meine Damen, vernachlässigen Sie bitte nicht Ihre ehelichen Pflichten, rät die Feministin Ihres Vertrauens.

Das Kind also nicht nur als Klotz am Bein, Komplize des Patriarchats und saugender Parasit. Nein, auch noch als Lustkiller. Hab ich da irgendetwas falsch verstanden? Waren es nicht einst die Feministinnen, die sich gegen die sexuelle Verfügbarkeit der Frau gerade auch in der Ehe auflehnten? Die sogar die lesbische Liebe propagierten, nur, um sich nicht durch den sexuellen Trieb vom Mann abhängig zu machen? Denn schließlich ist laut Alice Schwarzer jede Penetration automatisch Gewalt[17].

Jetzt sollen wir also Kinder bekommen, uns emotional nicht davon vereinnahmen lassen und unsere Männer sexuell nicht vernachlässigen. Ein kleines Handbuch für die feministisch gefestigte Frau.

Der Feminismus frisst seine Töchter
Vermutlich ist es dieses seltsame und unwürdige Bild vom Kind als Fessel, Problem und Instrument der Unterdrückung durch den Mann, das uns dahin gebracht hat, dass Abtreibung heute als legitime Angelegenheit gilt. Wer sich emotional von der Freude und dem Glück getrennt hat, die Kinder bringen, der kann das Kind auch töten. Die Frage ist nur, wie weit man sich als Mutter eigentlich emotional vom eigenen Kind im Bauch trennen muss, um das unbeschadet zu überstehen. Psychisch und emotional.

Von Anfang an und bis heute tobt hinter den Kulissen ein harter Kampf um die Frage, ob eine Frau durch eine Abtreibung psychisch belastet wird, ob sie Schaden nimmt, es möglicherweise nicht verkraftet. Die Abtreibungsbefürworter verneinen dies vehement, für sie ist auch das nur ein Instrument, eine Behauptung der Gegner. Betroffene Frauen sagen oft etwas anderes; die Psychologen, die sie behandeln auch. Es darf eben nicht sein, was nicht sein soll. Abtreibung sollte ja die Lösung sein, nicht der Beginn von neuen Problemen. Mein Bauch gehört schließlich mir. Ja, wirklich? Gehört er nicht auch ein bisschen dieser Handvoll Leben, für das ich als Frau in dieser Situation Mitverantwortung trage?

Wir leben nicht mehr im Mittelalter. Verhütungsmittel sind an jeder Ecke zu bekommen, und selbst Grundschüler werden inzwischen dazu genötigt, den Gebrauch von Kondomen zu üben. Die Pille ist alltäglich, wir wissen wirklich alles darüber, wie man eine Schwangerschaft im Vorfeld verhindern kann. Dennoch sinkt die Zahl der Abtreibungen nicht. Jedes Jahr werden in Deutschland über 100 000 Kinder abgetrieben. Jedes Jahr einmal die Bevölkerung einer Stadt wie Jena, Bergisch-Gladbach oder Trier. Und ja, wir reden über Kinder. Sie haben ein Recht auf Leben. Es ist schon erstaunlich, dass es in unserer Gesellschaft inzwischen als Konsens gilt, dass es die Todesstrafe für Schwerstverbrecher, Mörder und Vergewaltiger nicht mehr geben darf, dass es unmenschlich sei und wir nicht das Recht haben, Gott zu spielen und Leben unwiderruflich zu beenden. Gleichzeitig fällen wir aber mit großer Leichtigkeit Todesurteile über ungeborene Kinder.

Ich rede nicht von den wirklichen Härtefällen, von den vergewaltigten Mädchen, die anschließend verzweifelt schwanger dasitzen und nicht ein noch aus wissen. Statistisch machen diese Fälle nicht einmal 0,1 Prozent aller Abtreibungen aus.[18] Ich rede von der Normalität, die sich inzwischen eingeschlichen hat. Das, was ursprünglich als Ausnahmefall, als letzte Möglichkeit gedacht war – wohl wissend um die ethischen Bedenken –, ist zum Alltag geworden. Abtreibung ist inzwischen legitimes Mittel der Familienplanung, dessen unangenehme Finalität mit immer neuen Wortschöpfungen verschleiert wird.

Deswegen reden wir ungern in diesem Zusammenhang über Kinder. Lieber nimmt man Begriffe wie Schwangerschaftsgewebe, embryonale Zellen, Zellhaufen – alles, bloß kein Kind. Das hätte ja möglicherweise ein Gesicht, ein Herz, ein Leben. Ein befreundeter Arzt, der seit mehreren Jahrzehnten Frauen im Schwangerschaftskonflikt berät, erzählte mir, er zeige den Müttern inzwischen immer ihr Kind mithilfe dieser neuen 3-D-Ultraschallgeräte, bei denen man es im Mutterleib sehr gut sehen kann. Keine einzige dieser Frauen hat anschließend noch ihr Kind getötet. Und keine hat diese Entscheidung je bereut.

Eine emotionale Distanz zum eigenen Handeln und zum Kind zu entwickeln, ist somit essenziell, um den Schritt einer Abtreibung überhaupt zu wagen, und keine Frage, da hat die Abtreibungsbewegung inzwischen ganze Arbeit geleistet. Und einzugestehen, dass wir hier von einem Menschen reden, würde unser Gewissen schwer belasten. Deswegen streiten wir lieber über Definitionen, wann das menschliche Leben beginnt, so, als könne man das auf einer Zeitleiste beliebig hin und her schieben. Doch wir reden hier über Kinder. Kinder, die in unserer Gesellschaft keine Rechte haben. Alles andere ist Augenwischerei, Definitionsgerangel.

Nie geht es dabei um das Kind im Bauch, immer um andere Interessen. Die einen wollen die Selbstbestimmung der Frau stärken, die Nächsten wollen mit den befruchteten Eizellen experimentieren, die Dritten würden gern die Stammzellen entnehmen. Rechtlich ist all das nur möglich, wenn wir den Zeitpunkt der Menschwerdung inklusive aller Rechte nach hinten verschieben, um Strafbarkeit zu vermeiden.

Inzwischen schrecken manche nicht einmal mehr davor zurück, das Lebensrecht von Neugeborenen infrage zu stellen. „After-birth-abortion" nennen es die australischen Wissenschaftler

Alberto Giublini und Francesca Minerva, also Abtreibung *nach* der Geburt. Im vergangenen Jahr sorgten die beiden für heftige Diskussion mit ihrer These, Babys wären zwar irgendwie menschliche Wesen, aber noch keine Personen mit Rechten[19]. Ihre Tötung sei also noch legitim. Auch der renommierte Wissenschaftler Peter Singer, Preisträger der deutschen Giordano-Bruno-Stiftung, sympathisiert mit dieser These, dass ein Kind bis zu 28 Tage nach der Geburt noch getötet werden darf, wenn die Eltern es nicht haben wollen[20]. Also ein Kind mit Rückgaberecht. Wie praktisch, sollte es nicht gefallen oder gar behindert sein. Derselbe Peter Singer setzt sich übrigens dafür ein, dass Menschenaffen endlich „Menschenrechte" verliehen werden – etwas, was er Babys jedenfalls nicht zugesteht.

Auch die Finalität des eigenen Handelns stürzt viele in Gewissensbisse, dafür hat man den Begriff der „Schwangerschaftsunterbrechung" geschaffen. Bei *Google* findet man dazu fast 40 000 Treffer und er hat es auch in den Duden geschafft. Wir treiben also nicht mehr ab, wir unterbrechen bloß. So, als könne man eine Schwangerschaft wie eine DVD unterbrechen oder in der Werbepause mal in der Küche etwas zu trinken zu holen, um dann im Programm fortzufahren. Nur gibt es nach der Tötung leider kein Programm mehr.

Die Abtreibungsbewegung ist inzwischen sogar noch einen Schritt weiter, die Straffreiheit war nur der Einstieg. Gern wird inzwischen offen vom angeblichen „Recht auf Abtreibung" als Frauenrecht gesprochen. Wer es verweigert, verweigert dementsprechend der Frau ihre Menschenrechte.

Tötung als Menschenrecht. Das muss man sich mal auf der Zunge zergehen lassen. Ein „Recht", das inzwischen auch weltweit exportiert wird. Ein „Recht", das in Ländern wie Indien und China dazu beiträgt, dass jetzt, da man es anwenden kann, ausgerechnet Mädchen massiv abgetrieben werden. Der Feminismus frisst seine Töchter. Eine ganz besonders bittere Ironie der Geschichte. Der Feminismus ist seltsam still in Bezug auf diese massenhafte Tötung weiblichen Lebens, steckt man doch in dem Dilemma, dass man es selbst erst möglich machte. Abtreibung ist eine heilige Kuh der Frauenbewegung, ein Thema, das kein Politiker anschneiden und erst recht niemand neu aufrollen will. Nun, ich halte es nicht für eine Errungenschaft der Zivilisation, dass wir unsere Kinder töten dürfen. Ich finde es armselig, dass wir in einem der reichsten Länder der Erde immer noch nicht in der Lage sind, schwangeren Frauen in einer Notlage Hilfe und Perspektiven anzubieten statt eines Scheins. Zynisch gesagt, ist es für die Gesellschaft auch deutlich einfacher, schneller und billiger, einem jungen Mädchen die Abtreibung zu bezahlen, als ihr in ein eigenständiges Leben mit Kind zu helfen.

Lässt man Mitarbeiterinnen aus Schwangerenberatungsstellen zu Wort kommen, hört man immer wieder, dass kaum eine Frau ihr Kind wirklich nicht will. Das Problem sei oft das Umfeld, die Reaktionen von Eltern, Partnern, Freunden, Kollegen, Arbeitgebern. Wie viele Kinder mehr hätten wir wohl allein schon dadurch in unserem Land, wenn der Kommentar zu einer ungeplanten Schwangerschaft nicht so oft: „Oh mein Gott!" lauten würde, sondern viel häufiger: „Oh, wie schön!"?

Ein Bundestagsabgeordneter, der sich bereits seit Jahren für die Rechte Ungeborener einsetzt, berichtete mir kürzlich von einer Begegnung mit einer jungen Frau, die ihm ihren Schwangerschaftskonflikt offenbarte und um ein Gespräch bat. Daraufhin hatte er sich auf alle Eventualitäten vorbereitet – Hilfsmittel, Ausbildungsplatz, Spenden, alles lag bereit. Trotzdem hatte er dann im Gespräch das Gefühl, er dringe nicht zu ihr durch, als stünde ihre Entscheidung gegen das Kind schon felsenfest. Am

Schluss stellte er dann zwei Fragen: „Warum sind Sie eigentlich hier? Warum wollten Sie überhaupt mit mir reden?" Und sie sagte: „Weil Sie der erste und einzige Mensch waren, der mir gesagt hat, ich soll dieses Kind bekommen." Was sie dann auch tat.

Kinderfreundlichkeit darf keine leere Worthülse sein, sie muss mit Überzeugung gelebt werden. Wir leben jedoch in einem Land, in dem gegen Kindergartenlärm und Kinderwagen in Hausfluren geklagt wird. Wo auch mal eine junge Mutter aus dem Bus geworfen wird, weil ihr Baby laut schreit und das die anderen Fahrgäste stört. Wo nur über Risiken, Kosten und Mühen diskutiert wird im Zusammenhang mit Kindern. Schon der Sexualkundeunterricht an den Schulen beschäftigt sich massiv mit der Frage: Wie bekomme ich *keine* Kinder, wie verhüte ich sie? Man sollte ihn konsequenterweise „Kinderverhinderungsunterricht" nennen. Hat schon mal jemand überlegt, wie sich das auf unsere Kinder auswirkt? Welchen Eindruck das erweckt, dass sie sogar in der Schule darin unterrichtet werden, wie Kinder zu vermeiden sind, wo sie doch selbst noch Kinder sind?

Unsere Älteste stellte vor einigen Jahren beim Abendbrot unvermittelt die Frage: „Bin ich eigentlich ein Wunschkind?" Manche ihrer Freundinnen waren wohl welche, sie wollte auch eines sein. Muss man sich ein Kind vorher wünschen, um es nachher zu lieben? Muss man es absichtlich planen? Unsere Älteste war niemals geplant, sie war eine echte Überraschung, und heute würde ich sagen: ein Glücksfall, obwohl ich damals nach der Nachricht, ich sei schwanger, erst einmal in Tränen ausbrach.

„Keinen von euch vieren haben wir uns vorher gewünscht, aber wir haben uns über jeden Einzelnen von euch gefreut" – so haben wir es ihr und ihren Geschwistern erklärt. Und vielleicht ist das heute sogar mehr wert.

5. Der Genderwahn

Wenn die Ideologie nicht zum Volk passt, gibt es nur zwei Alternativen: Entweder man verändert die Ideologie oder das Volk. Gender-Mainstreaming hat sich der zweiten Variante verschrieben. Kaum jemand in Deutschland kann den Begriff *Gender-Mainstreaming* in zwei vernünftigen Sätzen erklären und dennoch hat er einen unvergleichbaren Siegeszug durch sämtliche Institutionen in Deutschland, in Europa und in der Welt hinter sich. Man findet Gender-Mainstreaming auf der Homepage unseres Familienministeriums, in unserer Gesetzgebung, in den Dokumenten der EU, man findet es in Unternehmen, in Institutionen, ja, sogar die Kirchen und ihre Gremien wurden erobert.

Irgendwie klingt es ja auch nach Gleichstellung; in der Regel wird es unbedarft auch so übersetzt. Wir denken an gleiche Rechte für Mann und Frau, an Gerechtigkeit, gemeinsam Hand in Hand in den Sonnenuntergang. Das ist ja auch so entwaffnend sympathisch. Gleichstellung – wer kann schon etwas dagegen haben? Niemand, der sich nicht sofort in eine ewig gestrige, frauenfeindliche, oder schlimmer noch, konservative Ecke stellen lassen will.

Doch die Frage lautet: Wenn Gender-Mainstreaming angeblich nichts weiter ist als Gleichstellungspolitik für Mann und Frau, warum nennt man es nicht einfach so? Warum brauchen wir einen neuen, seltsamen, englischen Begriff dafür? Die Antwort ist klar: Weil eben gar nicht Gleichstellung damit gemeint ist und mit der hübsch verschnürten Mogelpackung etwas ganz anderes verkauft werden soll.

Bei Vorträgen zum Thema Gender-Mainstreaming frage ich zum Einstieg gern in die Runde: „Wer hier im Raum glaubt, er sei ein Mann?" Letztens meldete sich spontan als Erster ein am weißen Kragen deutlich erkennbarer katholischer Priester. Die anderen Männer folgten zögerlich mit Handzeichen. Offenbar war der Priester noch der einzige, der ohne eilig zusammengerückten Stuhlkreis inklusive Diskussion die Frage nach seiner Männlichkeit intuitiv beantworten konnte. Zweite Frage: „Wie kommen Sie darauf, dass das stimmt?" – In der Regel folgt Gelächter, dann umständliche, leicht peinlich berührte Formulierungen über unverkennbare äußere Geschlechtsmerkmale. Einer antwortete einmal: „Weil meine Mutter es mir gesagt hat", und war damit ganz unfreiwillig bereits mit einem Bein in medias res.

Denn Gender-Mainstreaming geht davon aus, dass nicht unser biologisches Geschlecht relevant ist, sondern unser „soziales" Geschlecht. Und dass das grundsätzlich zwei verschiedene Dinge sind, die miteinander nicht zwingend verbunden sind oder gar auseinander resultieren. Stattdessen wird eine Trennung von Körper und Geist propagiert, bei der wir nicht Frau oder Mann sind, weil wir mit diesem Geschlecht biologisch geboren wurden, sondern das sind, was wir uns anschließend aussuchen. Deswegen auch die Unterscheidung zwischen den englischen Begriffen „sex" und „gender". Während „sex" die biologischen Fakten unserer Geschlechtlichkeit als Mann und Frau benennt, beschreibt „gender" neuerdings die soziale Komponente. Das, als was wir uns fühlen, zu dem wir erzogen werden, zu dem wir gemacht werden.

Klingelt es schon bei Ihnen? Die gute Simone de Beauvoir lässt grüßen: *„Wir werden nicht als Frau geboren, wir werden dazu gemacht."* Und damit haben wir auch gleich die Antwort auf die Frage, warum ausgerechnet bei den Damen Feministinnen die Gender-Theorien auf derart fruchtbaren Boden gefallen sind und sie unsere Universitäten mit Lehrstühlen zu „Genderstudies" überschwemmen. War es doch das, was sie insgeheim schon immer vermutet haben: Sie werden einfach nur in ihre Rolle gezwängt, zu etwas gemacht, was sie nicht wären, würde die Gesellschaft sie nicht dazu drängen. Frauen also.

Es ist deshalb kein Zufall, dass der „Gender"-Begriff 1995 erstmals bei der 4. Weltfrauenkonferenz in Peking die politische Bühne der Welt betrat. Heftig wurde dort um den Austausch des Begriffes „sex" gegen das Wort „gender" in den offiziellen Papieren der Konferenz gestritten. War es doch auch für zahlreiche der anwesenden Frauen nicht ersichtlich, warum der bewährte Begriff „sex" plötzlich nicht mehr gut sein sollte. Gesiegt haben einst die gut vorbereiteten Feministinnen, die in der Abschlussresolution der „Pekinger Aktionsplattform" den Begriff des Gender-Mainstreaming offiziell einführten. *„Governments and other actors should promote an active and visible policy of mainstreaming a visible gender perspective in all policies and programs",* so hieß es dort wörtlich. Regierungen und andere Akteure sollten also aktiv und erkennbar die Genderperspektive, also die soziale, geschlechtliche Perspektive, in ihre Politik und ihre Regierungsprogramme einführen.

1995 wurde diese zunächst unverbindliche Empfehlung dann offiziell als Verpflichtung der Vereinten Nationen bestätigt. Bereits 1996 folgte die Europäische Union in einem ersten Schritt, um es dann im Amsterdamer Vertrag 1999 verbindlich für die Mitgliedsstaaten festzuschreiben. Seitdem hat sich die

Gender-Theorie in den einzelnen EU-Mitgliedsstaaten quer durch alle Ebenen ausgebreitet, bis an den letzten Schreibtisch jeder kommunalen Gleichstellungsbeauftragten im Land. Diese hießen früher Frauenbeauftragte, machen aber immer noch das Gleiche, auch wenn man heute so tut, als habe man den Mann mit auf dem Programm.

Merke: Wo Gleichstellung draufsteht, ist Frau drin. So war es schon immer, und alles andere war nie im Plan, es sei denn, Mann will sich gern im Sinne der Frau verändern, dann darf er auch mitmachen auf dem großen Gender-Spielplatz. Dumm nur, dass sich die Definition von Gender-Mainstreaming laut Amsterdamer Vertrag zumindest sprachlich ausdrücklich um eine Politik für Frauen *und* Männer bemühte. Demnach muss es eigentlich „die unterschiedlichen Lebensbedingungen von Frauen und Männern und die Auswirkungen auf beide Geschlechter berücksichtigen". 15 Jahre später ist klar: Dies war nur rhetorisch gemeint. Wie eine heilige Kuh wird weiterhin die alleinige Benachteiligung der Frau propagiert.

In einer klassischen Top-down-Bewegung, von oben nach unten, ist diese Ideologie also über uns gekommen. Sie entstand nicht in einem demokratischen Prozess, sie wurde uns übergestülpt. Gemeinhin setzen sich gesellschaftliche Veränderungen in umgekehrter Richtung durch: von unten nach oben. Der berühmte „Marsch durch die Institutionen" wird damit zumindest vom Willen des Volkes getragen, durchgesetzt, erkämpft. Eine gute Sache, eine Frage von Mehrheiten. Gender-Mainstreaming hingegen ist ein Diktat von oben. Das Schlimmste aber ist: Es hat mit der Realität nichts zu tun.

Und damit sind wir beim größten Dilemma der Gender-Protagonist_Innen. Dass es für ihren hübschen Traum, ihre Theorie vom neuen, geschlechtsneutralen Menschen noch keinen wissenschaftlichen Beweis gab und bis heute nicht gibt. Es ist immer noch lediglich ein Hirngespinst, demzufolge jedes Menschenkind geschlechtsneutral geboren wird, um sich dann frei von biologischem oder gar gesellschaftlichem Druck auszusuchen, was es denn später einmal sein möchte. Nur leider geraten wir in der Regel schon direkt nach der Geburt auf die schiefe Bahn, müssen Sie wissen. So ist allein schon die Anmerkung der Hebamme: „Es ist ein Mädchen", ein Diktat, das uns vom ersten Atemzug an in eine bestimmte Richtung drängt, so erklärte es einst eine der bekanntesten Protagonistinnen der Szene, Judith Butler[21]. Also bitte ein bisschen mehr Contenance im Kreißsaal, liebe Eltern, Sie könnten sonst nämlich schon mit einem ersten unbedachten Satz Ihrem Kind das Leben versauen!

In der bunten Welt der *Gender Diversity* gibt es dann selbstverständlich auch nicht nur die bipolare Welt von männlich und weiblich, sondern weit mehr gefühlte Geschlechtszustände, die sich nicht von kleinlichen anatomischen Gegebenheiten und biologischen Geschlechtsmerkmalen einengen lassen. Homosexuell, bisexuell, transsexuell, manche zählen weit mehr als ein Dutzend Geschlechter. Selbstredend sind diese dann auch austauschbar, veränderbar im Laufe des Lebens. Also Gender für Fortgeschrittene, manifestiert in den sogenannten „queer theories", was wohl so viel heißen soll wie, dass alles querbeet durcheinandergeht.

Die Gender-Theorien arbeiten nicht auf eine rechtliche oder gesellschaftliche Gleichstellung von Mann und Frau hin, sondern fordern ein komplettes Aufweichen der Kategorie Geschlecht – denn nur damit sei angeblich die Ungleichheit der Geschlechter zu überwinden. Ganz nach der Theorie von Marx und Engels, wonach der Beginn der ersten Arbeitsaufteilung und somit der Beginn jeder weiteren ökonomischen und kulturellen Klassenteilung seinen Ursprung in der natürlichen Unterschiedlichkeit von Mann und Frau findet. Deswegen genügt es nicht einfach, die Privilegien des Mannes zu beseitigen, was mit Gleichstellungspolitik ausreichend bewerkstelligt werden könnte. Nein, man muss die Geschlechtsunterschiede komplett beseitigen. Also Gleichmacherei statt Gleichberechtigung.

Die Natur ist dabei das rote Tuch im Kampf um die Auflösung des Geschlechts. Sie zieht einfach nicht mit, ist störrisch, unbeirrbar und pflanzt sich immer noch weiter zwischen Männern und Frauen fort. „Biologistisch" wird jeder geschimpft, der kleinlaut darauf verweist, dass das männliche und weibliche Prinzip das vorherrschende Modell nicht nur beim Menschen, sondern auch in der Tierwelt sei. Für die Verfechter der Gender-Ideologie ist dies kein Grund, an der eigenen Theorie zu zweifeln. Wir, die Unbelehrbaren, müssen uns einfach anpassen. Wir müssen unsere „gender role", unsere anerzogenen Rollenklischees, überwinden und unsere „gender identity", unsere wahre geschlechtliche Identität, ganz neu entdecken. Und was biologisch nicht weggeredet werden kann, wird einfach für irrelevant erklärt.

Mit erstaunlicher Offenheit erklärte dies einmal Nina Degele, Gender-Theoretikerin an der Universität Freiburg. Demnach sei es Aufgabe des Gender-Mainstreamings, die „Entnaturalisierung von Geschlecht" programmatisch umzusetzen. Sie schreibt: *„Ein solches (…) Unterminieren ist radikal. Denn was verunsichert uns mehr, als den Menschen uns gegenüber nicht eindeutig als Frau oder Mann klassifizieren zu können."*[22] Also Verwirrung als Konzept. Ein interessanter Ansatz, der gleichzeitig offenlegt, dass damit auch jede herkömmliche Beziehung zwischen männlichen und weiblichen Menschen mit in die Verwirrung gestürzt werden soll. Denn wo man sich seiner Weiblichkeit oder seiner Männlichkeit nicht mehr sicher sein kann, dort hat auch die klassische Ehe zwischen Mann und Frau keinen Platz mehr.

Die Begriffe „gender role" und „gender identity" wurden in den 1950er-Jahren erstmals von dem Psychologen und „Sexologen" John Money geprägt, der sich für seine Forschungsarbeit das Steckenpferd der Inter- und Transsexualität ausgesucht hatte. Ausgestattet mit einem Lehrstuhl an der Johns-Hopkins-Universität und mit einer gesunden Portion Geltungsdrang tingelte er einst durch amerikanische TV-Shows, begleitet von Transsexuellen als „Anschauungsmaterial" seiner Forschung. Seine Theorie bestand darin, dass die sexuelle Identität eines Menschen nicht von Geburt an festgelegt, sondern durch Erziehung veränderbar sei und bis zur völligen „Diskordanz" vom biologischen Geschlecht abweichen könne. Dumm nur, dass es ihm an einem Beweis mangelte.

Und hier beginnt die tragische Geschichte von Bruce Reimer und seinem Zwillingsbruder Brian, deren Eltern sich 1967 verzweifelt an Dr. Money wandten, nachdem der Penis von Bruce, als er noch ein Baby war, bei der Beschneidung verstümmelt worden war. Money witterte den Durchbruch. Es muss ein Geschenk des Himmels für ihn gewesen sein: ein Versuchsjunge samt Kontrollgruppe in Form eines Zwillingsbruders. Fast besser als ein Sechser im Lotto. Er nahm die Familie sofort in Behandlung. Aus Bruce wurde innerhalb kürzester Zeit Brenda. Mehrere Operationen und eine hormonelle Behandlung machten ihn zum „Mädchen", und den Eltern wurde eingetrichtert, es komme alles in Ordnung, solange Brenda nicht wisse, dass sie als Junge geboren wurde, und konsequent als Mädchen erzogen würde. Die Praxis zeigte etwas anderes. Brenda wurde ein schwieriges Kind, riss sich die Mädchenkleider vom Leib und plagte sich in der Pubertät mit der Frage, ob sie wohl Lesbe sei, denn sie fühlte sich zu Mädchen hingezogen.

Nachdem sie sich als Teenager weigerte, weiterhin an den regelmäßigen Sitzungen bei Dr. Money teilzunehmen, sagten ihr die Eltern nach 14 Jahren endlich die Wahrheit. Später schildert Brenda/Bruce dies in einem Buch als Befreiung. Endlich passte alles zusammen. Er lebte fortan wieder als Mann, ließ sich mühsam wieder zu einem solchen zurückoperieren, nahm den Namen David an und heiratete später sogar eine Frau. Nur: Glücklich wurde er dennoch nie wieder. 2004 erschoss er sich. Zwei Jahre zuvor war auch sein Zwillingsbruder Brian an einer Medikamentenüberdosis gestorben. Ihre ganze Jugend hindurch hatten Ärzte, Therapeuten und die eigenen Eltern beide Jungen belogen. Das war das Ergebnis.

Man könnte es so zusammenfassen: Hochtrabend versucht, zwei Tote hinterlassen, der Beweis der Theorie komplett gescheitert. Da haben Sie aber leider die Eiferer in der Gender-Ideologie unterschätzt. Noch jahrelang ließ sich Dr. Money für seinen „Erfolg" bei der Umerziehung eines Jungen zu einem Mädchen feiern. Beifall kam, Sie ahnen es sicher schon, von der Feminismusfront. Sein Erfolg wurde als Durchbruch, als Beweis gefeiert und geisterte lange durch die Literatur. So feierte ihn selbstverständlich auch Alice Schwarzer in ihrem Buch „Der kleine Unterschied" als Ausnahmewissenschaftler und schrieb zu dem Musterexperiment, die Gebärfähigkeit bliebe als einziger Unterschied zwischen Mann und Frau noch bestehen. *„Alles andere ist künstlich aufgesetzt."*[23] Moneys Experiment sei eine der wenigen Ausnahmen, *„die nicht manipulieren, sondern dem aufklärenden Auftrag der Forschung gerecht werden"*.

Nachdem Bruce bzw. David Reimer sein Schicksal öffentlich gemacht hatte, gab es von vielen Seiten Kritik an Dr. Money und seiner Arbeit. Er wurde leiser, seine Forschung verschwand zunehmend aus den Büchern. Irgendwie war es ja schon peinlich, sich allen Ernstes noch auf dieses Experiment zu stützen oder es gar noch als wissenschaftlichen Erfolg zu bezeichnen. Nur auf Frau Schwarzer war auch weiterhin Verlass. Als die Neuauflage ihres Buches im September 2004 immer noch mit dem Loblied auf Money erschien, hatte sich Bruce-Brenda-David leider bereits selbst getötet.

Es gibt also bis heute keinen Beweis für diese Gender-Theorie von der Wandelbarkeit des Geschlechtes, aber wir machen dennoch munter weiter mit diesem Konstrukt, das auf seltsam wackligen Beinen steht. Man könnte diese ganzen abstrusen Theorien beiseiteschieben mit dem Hinweis: Dann lass die Spinner_Innen doch weiter mit ihrem großen „I" spielen und um sich selbst herumforschen. Das wahre Leben findet ja nicht an den Lehrstühlen von Genderstudies statt, sondern in den Wohn- und Kinderzimmern unseres Landes, und dort zeigt man sich wenig beeindruckt von diesem Unsinn. Das Problem ist: Die Protagonisten dieser Bewegung sitzen inzwischen in den Institutionen, Regierungen und Universitäten und sorgen für die Umsetzung des großen Plans von der Erschaffung des neuen Menschen. Das geht uns leider alle etwas an. Wir bezahlen es mit unseren Steuergeldern und die Umerziehungsversuche machen auch vor unseren Kindern nicht halt.

Das neue Schlagwort hierfür lautet „sexistische Stereotype". Diese gilt es auszumerzen. Gemeint ist die typische Darstellung eines Menschen als Mann oder als Frau. Denn „typisch Mann" und „typisch Frau" gibt es eigentlich gar nicht. Das ist ja auch nur anerzogen. Und selbst wenn bei uns selbst schon Hopfen und Malz verloren sind, weil wir bereits tief in der Frauen- oder Männerfalle sitzen, so besteht doch noch Hoffnung für unsere

Kinder, sie vor einem Leben als typischer Mann oder typische Frau zu bewahren.

Damit diese aber nicht von vornherein in eine stereotype Rolle hineingedrängt werden, müssen wir früh anfangen. Denken Sie an Judith Butler, und verkneifen Sie es sich gefälligst, Ihr Mädchen als Mädchen anzusprechen, sonst findet sie nie den Weg allein durch den Geschlechterwald. Wir zementieren sie sonst in ihrer Rolle als Frau, *machen sie dazu* und berauben sie der Freiheit, sich ihr Geschlecht und ihre Rolle selbst auszusuchen. Und stereotype Rollenfallen gibt es überall: in Kinderbüchern, bei Spielzeug, in Märchen, bei der Kleidung, in der Werbung, im Film, in den Medien, in den Schulbüchern. Wir sind komplett umzingelt!

Haben Sie Kinder? Möglicherweise auch noch Jungen *und* Mädchen? Wirklich alle Eltern, die ich kenne, schütteln nur amüsiert den Kopf, wenn man versucht, ihnen die Gender-Theorie zu erklären, dass es zwischen Jungen und Mädchen angeblich keinen Unterschied gäbe. Alles nur Erziehungssache, klar, und die Erde ist eine Scheibe. Wir Eltern sind eben alle Ignoranten, sehen nicht das Offensichtliche, dass wir unsere Kinder einfach nur durch stereotype Rollenzuweisung zu dem machen, was sie sind: Jungs und Mädchen.

Wenn ich nicht aufpasse und meine Erziehung endlich gendersensibel gestalte, werden meine Mädchen also möglicherweise später etwas ganz Schlimmes machen: Sie werden meinem Beispiel folgen. Blind und unbedacht, weil ich ihnen keine andere Wahl ließ, als Mädchen zu sein. Schlimmstenfalls werden sie tatsächlich als Frauen leben, heiraten und eine dieser reaktionären Hausfrauen werden, die ständig Kinder kriegen. Und die Jungs erst. Sie wähnen sich in dem Irrglauben, dass Mannsein tatsächlich bedeutet, später eine Familie zu ernähren, wie ihr

Vater es tut. Gut, dass das Jugendamt und die Gleichstellungsbeauftragte meines Vertrauens noch nicht von den Zuständen bei uns zu Hause erfahren haben, denn es ist Gefahr im Verzug! Wir haben nämlich die Einstiegsdroge für ein vermasseltes Frauenleben im Haus: die Farbe Pink. Dabei weiß doch jeder, dass Pink Mädchen dümmer macht. Dass sie damit gefangen gehalten werden in diesem klischeehaften Mädchensein. Für immer auf die Schiene *Kinder, Küche, Kirche* festgenagelt. Als Prinzessin für immer verloren für BH-Verbrennungen. Deswegen muss diese Farbe weg aus unseren Kinderzimmern, aus den Kindergärten, aus den Schulen und am besten ganz vom Markt. Nicht umsonst forderte die *Emma*-Redaktion schon vor Jahren einen Warnhinweis auf Mädchenspielzeug: „Pink macht Mädchen dümmer!"

Hätten wir bloß darauf gehört! Seit also dies Teufelszeug in unserem Haus Einzug gehalten hat, sind unsere Mädchen nicht mehr zu retten. Die *Hello Kitty*-Kakaotasse, Nagellack in zehn verschiedenen Pink-Nuancen, pinke Schleifchen, Kleidchen, ein Einhorn mit pinker Glitzermähne und sogar ein Fahrradhelm mit Krone drauf. Ein feministischer Albtraum spielt sich täglich in unserem Badezimmer ab, wenn morgens Zöpfchen gebunden und pinke Spangen gesteckt werden. Und dann erst noch Lillifee, dieses charakterlose Luder, das unserer Fünfjährigen vorgaukelt, das Leben sei ein pinker Ponyhof und ein Leben als Prinzessin erstrebenswert.

Barbie wohnt ebenfalls unter unserem Dach. Sie hat gefühlt 100 verschiedene Outfits und verbringt ihr Leben wahlweise in einem Cabrio an der Seite von Ken oder auf einem hellblauen Pferd. Fast schon wie eine Zahnarztfrau! Ständig wird sie gekämmt und umgezogen. Nein wirklich, unsere Töchter sind bereits komplett verloren.

Aber es soll keiner sagen, wir hätten es nicht versucht! Unser erstes Kind war ein Mädchen. Nach erfolgreicher Gehirnwäsche durch das, was man so alles gesagt bekommt in Bezug auf Erziehung, hatte ich beschlossen, wir machen diesen ganzen Pink-Kram nicht mit. Nein, unser Mädchen sollte nicht mit diesem Unsinn groß werden. Pink und hellblau, alles nur Klischee. Ja, wir waren total modern. Dieses Kind besaß also nichts Pinkfarbenes, nichts Mädchenhaftes nach seiner Geburt. Immer schön bunt, aber geschlechtsneutral. Heute weiß ich, es heißt „gendersensibel". Ja, wir waren völlig gendersensibel … und zwar genau drei Jahre lang.

Dann kam sie in den Kindergarten und innerhalb weniger Wochen kapitulierten wir vor den drei neuen Lieblingsfarben unserer Tochter: Pink, Rosa und Glitzer. Sie wollte Kleidchen, Spangen, Nagellack. Sie wollte einfach ein normales Mädchen sein, wie alle anderen auch. Sie hatte gesehen, was wir ihr all die Jahre vorenthalten haben, und jetzt holte sie es sich. Starkes Mädchen.

Unser zweites Kind war ein Junge. Dieser hätte doch nun zeigen können, wie man in einer gendersensiblen Umgebung alle Soft Skills als Junge entwickelt, seine weibliche Seite kultiviert, anstatt sich auf direktem Weg zum Macho-Klischee zu begeben. Es war alles da im gemeinsamen Kinderzimmer mit seiner Schwester: Puppen, Kuscheltiere, das volle Programm. Irgendwann stellten wir fest, dass er am liebsten mit der Plüsch-Tigerente spielte – und zwar aus einem einzigen Grund: Sie hatte Räder. Er missbrauchte sie als Auto! Endlich ein Fahrzeug; er muss förmlich aufgeatmet haben.

Wir sind eingeknickt, haben aufgerüstet. Eisenbahn, Autokiste, und er war fortan der glücklichste Junge auf dieser Erde. Sein gesamtes zweites Lebensjahr hat er damit verbracht, Matchboxautos in immer neuen Konstellationen unter meinem

Schreibtisch zu parken. Er ist alle Möbelstücke unseres Hauses hochkonzentriert damit abgefahren. Er war ein Junge und er war glücklich.

Bei den nächsten beiden Kindern haben wir es einfacher gehalten, sie durften einfach sein, wie sie sind. Und wir halten sie dennoch für ganz normal und wohlgeraten. Der pinke Wahnsinn hat nicht verhindert, dass unsere Tochter das Gymnasium besucht. Sie liebt *Germany's Next Topmodel*, hat aber auch eine Eins in Mathe. Es geht beides.

Doch halt, so einfach ist das natürlich nicht, wir sprechen hier schließlich über Sexismus mitten im Kinderzimmer. Über mädchengefährdende Produkte. Da kann man doch nicht so fahrlässig den Dingen einfach ihren Lauf lassen! Als im vergangenen Jahr die Firma *Ferrero* ein Überraschungsei speziell für Mädchen auf den Markt brachte, war die Aufregung wieder einmal besonders groß. Schließlich ist das Ü-Ei nur der i-Punkt auf einer ganzen Liste von sexistischen Artikeln, die der Markt unseren Mädchen zum Fraß vorwirft. Und die Liste ist lang.

Zwar haben dieselben Feministinnen jahrelang gefordert, dass *Lego* und *Playmobil* endlich mehr Mädchenfiguren produzieren sollen, aber so war das nicht gemeint! Der Schuss ging definitiv nach hinten los. Im Ergebnis führt nämlich *Lego* inzwischen pinke Bauklötze und die Lego-Friends, eine Mädchenclique mit pinkem Ponystall und Hundesalon, im Sortiment. Playmobil hat das Zauberfeenland im Einhorn-Köfferchen, bei *Duplo* finden sich Dinge wie das Cinderella-Schloss und *Dornröschen im Turmgemach* – ja, die wartet wirklich noch auf den Prinzen. Und von Lillifee, diesem fiesen Ding, wollen wir gar nicht erst anfangen.

Wer also dachte, es handelt sich bei den Ü-Eiern doch einfach nur um Spannung, Spaß und Schokolade, wurde von der

Gender-Forscherin Stevie Schmiedel eines Besseren belehrt. Sie ist Initiatorin der Kampagne *pinkstinks*, also Pink stinkt, und widmet sich mit ihren Gleichgesinnt_Innen dem Kampf gegen das, was sie allen Ernstes „Gender-Apartheid" nennt. Demnach drängt man mit der Farbe und den dazugehörigen Produkten Mädchen in altbekannte stereotype Rollen und erzieht sie zu kleinen Konsumentinnen. Im dazugehörigen *Pinkwatch*-Blog fahndet die Genderpolizei nach allerlei Pink auf der Welt und spürt die böse Farbe auch in den letzten Winkeln der Erde auf.

Auch die Olympischen Spiele in London haben es auf die Fahndungsliste geschafft, besser gesagt, der Designer für das deutsche Mannschaftsoutfit. Hellblau und Pink trug Deutschland beim Einmarsch ins Stadion in London, das muss bei *pinkstinks* zu Ohnmachtsanfällen geführt haben. Man sieht, in Deutschland ist noch viel zu tun. Seltsamerweise machen sich die Damen Feministinnen weniger Gedanken darüber, dass die gleiche Nummer auch bei Jungs abläuft. Star-Wars-Mäppchen, Piraten-Schulranzen, Spider-Man-Sporttasche – die Helden sind alle versammelt in unserem Kinderzimmer. Unser Siebenjähriger lebte wochenlang in dem Glauben, er könne Wände hochlaufen und Spinnennetze schießen, und zumindest den Türrahmen hat er geschafft. Es sind männliche Klischees, sie scheinen nicht so gefährlich wie der Mädchenkram, oder ist es ihnen einfach nur egal?

Denn ja, es sind Klischees, und manchmal braucht man sie, um an ihnen zu wachsen, oder auch, um sie zu überwinden. Ihre Lillifee-Tapete ist unserer 14-Jährigen im Rückblick heute peinlich, sie hat die Phase hinter sich gelassen. Aber sie hat ihr nicht geschadet. Sie will nicht Friseurin werden, obwohl sie den pinken Frisierkopf besaß, sondern Rechtsanwältin.

Was aus unseren Kindern wird, haben wir als Eltern größtenteils selbst in der Hand. Und ein bisschen Pink ruiniert ihnen nicht den Verstand – zumal ich dann auch gern wüsste, wie sich diese Farbe auf Männer auswirkt. Inzwischen ist sie bei jedem guten Herrenausstatter in taillierter Hemdform zu haben. Aber da gibt es wohl keine Bedenken, das steht ja dann für die Durchlässigkeit zwischen den Geschlechtern, die Querbeet-Fraktion, metrosexuell, die Kultivierung der weiblichen Seite am Manne, ergo gut.

Auch die Wirtschaft muss sich inzwischen den Forderungen der Genderaktivistinnen nach geschlechtsneutralem Spielzeug beugen. In Schweden sah sich 2012 der Spielzeughersteller *Top Toys* genötigt, nach Beschwerden über die „geschlechtsstereotype" Darstellung von Jungs und Mädchen, zu Weihnachten einen gendersensiblen Katalog zu erstellen. Jetzt halten dort Mädchen die Spielzeugwaffen und Jungs führen auf den Bildern die Plüschhündchen Gassi. Nur am Spielverhalten der Kinder hat es nichts geändert. Das hängt tiefer im Klischee, als es manchen lieb ist. Nicht, weil man sie zwingt, sondern, weil sie es gern so haben.

Denn man kann einem Jungen zwar eine Puppe schenken, man kann ihn aber nicht zwingen, damit zu spielen. Bereits vor 20 Jahren testete der amerikanische Spielzeughersteller *Hasbro* ein geschlechtsneutrales Spielhaus für Jungs und Mädchen, in der Hoffnung, damit eine Marktlücke zu füllen. Beim Testspielen zeigten sich gleich die Unterschiede. Während die Mädchen die Püppchen an- und auszogen, sie küssten und Familie spielten, katapultierten die Testjungs stattdessen den Spielzeugkinderwagen vom Dach des Spielhauses. Ein Manager von *Hasbro* äußerte damals die Vermutung: „Jungen und Mädchen sind verschieden" – nein, wirklich?

In Schweden wiederum ist man von der genderneutralen Erziehung überzeugter als sonstwo in Europa und der Welt. Im genderneutralen Kindergarten *Egalia* in Stockholm beispielsweise hat man längst aufgehört, die Kinder als Mädchen und Jungen anzusprechen, dort sind alle einfach „Freunde", auch diejenigen, die sich nicht mögen. Märchenbücher mit Prinzessinnen wird man dort in den Regalen nicht finden. Aschenputtel, Dornröschen, alles viel zu stereotyp. Stattdessen hat man lieber Bücher über zwei männliche Giraffen, die als Paar einsame Krokodileier ausbrüten. Regenbogenfamilien, austauschbare Elternschaft gleich von klein auf. Wer da als Kind noch Vater-Mutter-Kind spielt, gilt vermutlich als therapiebedürftig.

Schweden experimentiert bereits mit einem neuen, geschlechtsneutralen Personalpronomen, dem „hen", weil man ja niemanden mit der fälschlichen Ansprache als Mann oder Frau brüskieren will. Schließlich kann man nie wissen, wie derjenige, der vor einem steht, sich gendermäßig gerade fühlt.

Eine Sorge, die inzwischen auch zahlreiche Politiker in Deutschland umtreibt. So haben sich in Berlin-Kreuzberg die Piraten mit ihrem Antrag durchgesetzt, dass jetzt geschlechtsneutrale Toiletten in öffentlichen Gebäuden eingerichtet werden sollen. Man wird in Berlin also auf absehbare Zeit zwar immer noch keinen Flughafen, aber demnächst drei Türen zur Auswahl haben, wenn man zur Toilette muss. Weil man dort die Menschen nicht zwingen möchte, sich angesichts eines dringenden Bedürfnisses klar für eine Frauen- oder Männertoilette zu entscheiden. Wie stereotyp! Etwas, was die Grüne Jugend bereits erfolgreich auf Parteitagen getestet hat. Wirklich gut, wenn sich mal jemand in der Politik mit den wirklich wichtigen Dingen beschäftigt.

In Berlin existiert auch bereits das erste Gutachten über gendergerechte Spielplätze. Das Ergebnis war selbstredend vernichtend. Demnach sind die meisten Spielplätze angeblich viel mehr auf die Bedürfnisse von Jungs ausgerichtet als auf die der Mädchen. Schon wieder eine Benachteiligung von Frauen aufgedeckt! Natürlich müssen die Spielplätze jetzt also umgerüstet werden, damit gleich viel Jungs und Mädchen dort spielen und auch gleich viel Zeit auf alle Spielgeräte verwenden. Wahrscheinlich muss noch jemand eingestellt werden, der den Erfolg dann auch mit der Stoppuhr überprüft.

Studien sind übrigens in der Tat ein beliebtes Mittel, um genderunsensible Umfelder zu erforschen und anzuprangern. Mit irgendetwas müssen sich ja die inzwischen über 100 Lehrstühle und Institute für Gender-Studien von unserem Geld beschäftigen. Kennen Sie die sogenannte „Waldstudie"? 27 000 Euro ließ sich das Umweltministerium NRW den Spaß kosten, 11 Monate lang untersuchen zu lassen, wie „Gender-Mainstreaming im Nationalpark Eifel" umgesetzt werden kann. Bahnbrechendes Forschungsergebnis: Männer und Frauen erleben den Wald unterschiedlich, und Bilder von brunftigen Hirschen sollten von den Werbeflyern entfernt werden, weil sie „stereotype Geschlechterrollen" befördern. Ein echter Erkenntnisgewinn für die läppischen 27 000 Euro.

Auch unser Verkehrsministerium ist inzwischen gendersensibel und hat sich nach eingehendem Studium der Faktenlage im April 2013 dazu entschlossen, die Straßenverkehrsordnung an das Erfordernis der sprachlichen Gleichstellung von Männern und Frauen anzupassen. Etwas, was man in der Schweizer Stadt Bern schon lange hinter sich hat. Dort wurde schon vor Jahren der Fußgängerüberweg umbenannt in „Zebrastreifen", damit endlich auch die Fußgänger_Innen unbeschadet die Straße überqueren können. Diese waren nämlich in der Sprachregelung zuvor nicht berücksichtigt, standen hilflos an den Straßenecken und verharrten manchmal Stunden am Wegesrand. Jetzt können sie endlich über den Zebrastreifen, auch wenn gerade kein Zebra zur Hand ist und sie stattdessen nur einen Kinderwagen schieben.

Unser Verkehrsminister Ramsauer hat nun endlich auch gendersensibel reagiert und eine Vorreiterposition eingenommen. Wir haben jetzt keine Fußgängerzonen mehr, in denen Fußgänger_Innen diskriminiert werden, sondern stattdessen Flaniermeilen – ein Begriff, der einem angesichts des Zustandes so mancher Fußgängerzone allerdings manchmal nur holprig über die Lippen kommt. Mit den Fußgängerzonen hat man selbstredend auch die Fußgänger aus den amtlichen Papieren entfernt. Frau geht schließlich auch zu Fuß und sei es nur zum Frisör. Auch die Radfahrer und die Verkehrsteilnehmer wurden gestrichen. Frau fährt schließlich auch Rad und Verkehr soll es tatsächlich immer wieder bei Männern und Frauen geben. Stattdessen haben wir jetzt die „zu Fuß Gehenden", die „Radfahrenden", die „spazieren Gehenden" und die „am Verkehr Teilnehmenden". Das bringt die Frauenfrage sicher ein ganzes Stück voran!

Doch auch auf Europaebene ist man wachsam angesichts der ständigen Unterminierung der Frau. Im vergangenen Jahr musste sich der Ausschuss für Chancengleichheit im Europarat monatelang mit der Eingabe einer Abgeordneten befassen, die beantragt hatte, die Verwendung des Begriffs „Mutter" als eine „sexistische Stereotype" zu bekämpfen, weil dies die Gender-Gleichheit verhindere. Sie forderte EU-weite Programme und Einflussnahme auf die Medien, damit Frauen nicht länger so sexistisch als Mütter oder gar Hausfrauen in der Werbung abgebildet werden. Danke, jetzt weiß ich endlich, dass ich eine vierfache sexistische Stereotype bin, wenn ich morgens Butterbrote für meine Kinder schmiere. Seither weiß ich auch, dass ich mein trauriges Schicksal als Mutter und langjährige Hausfrau mit dem Hirsch der Waldstudie teile: Wir passen einfach nicht in diese Welt und müssen uns dringend ändern. Wir stehen der Geschlechtergerechtigkeit im Weg mit unserer Art und sind ein schlechtes Vorbild für Kinder und Rehkitze. George Orwell und sein *Neusprech* lässt grüßen.

Überhaupt scheint die Einflussnahme auf die Medien inzwischen eine populäre Forderung der Politik zu sein. Ist ja auch wirklich ganz blöd, wenn der Wähler verschiedene Meinungen aus den Medien entnehmen kann, anstatt nur die „einzig richtige". Der aktuelle Bericht des Familienministeriums zu Jungen und ihren Lebenswelten enthält entsprechend auch die Forderung nach Steuerung der Medien. Um nämlich in den Köpfen von Jungs diese tradierten Rollenklischees aufzubrechen, findet sich dort die Empfehlung der „Vermeidung medialer Bilder, die Geschlechterstereotype verstärken". Denn nicht nur der Hirsch und die Hausfrau, auch der Mann, der die Familie ernährt, passt leider nicht mehr ins moderne Bild der Gesellschaft. Deswegen empfehlen die Experten Kooperationen mit relevanten Akteuren in den Medien, im Werberat und in den Rundfunkräten dahingehend, dass diese nicht länger alte Rollenbilder medial vorantreiben.[24]

Es sind Milliardenbeträge, die in den vergangenen Jahren in die Umsetzung von Gender-Mainstreaming geflossen sind. Eine ganze Zunft von Genderforscher_Innen hat sich über das Thema hergemacht und beschäftigt sich in unzähligen Instituten und auf über 100 Lehrstühlen mit der Gleichheit der Geschlechter und sich selbst. Oft mit zweifelhaftem Sinn und Ergebnis, aber immer mit unseren Steuergeldern. Man nötigt inzwischen verschiedensten Studiengängen, die mit dem Thema überhaupt nichts zu tun haben, „Genderstudies"-Vorlesungen auf, weil die gendersensible Grundausbildung an den Universitäten nicht vernachlässigt werden darf. Deswegen müssen heute beispielsweise auch Forstwirte gendersensibel ausgebildet werden – wie man weiß, kann das im Hinblick auf die Hirsche in ihrem Wald ja noch mal richtig wichtig werden.

Dabei reagiert man nicht auf Bedarf an gendersensiblem Handeln, man definiert den Bedarf gern selbst und vorweg. Konsequenterweise werden in Deutschland die Arbeitsstellen der Gleichstellungsbeauftragten ebenfalls nicht nach Bedarf, sondern nach Proporz vergeben. In NRW muss beispielsweise jede Kommune ab 10 000 Einwohnern eine hauptamtliche Dame haben, die sich mit Fragen der Geschlechtergerechtigkeit befasst. Und dies unabhängig davon, ob es in ihrem Ort überhaupt ein Problem gibt. Das muss sie sich schon selbst suchen.

Das Problem liegt also in der Struktur. Diejenigen, die Ungerechtigkeiten zwischen den Geschlechtern beseitigen sollen, würden im Falle eines Erfolges gleichzeitig auch ihren eigenen Arbeitsplatz gleich mit ad acta legen. So wird der Opferstatus der Frau zum Selbstzweck und jedes Anerkennen von Erfolgen zum Budgetrisiko. Denn welche der über 1900 Gleichstellungsbeauftragten stellt sich schon hin mit den Worten: „Es ist erledigt, ich mach den Laden zu"?

Handlungsbedarf muss also gesucht werden. Denn Zufriedenheit und Feminismus, das passt nicht in einen Satz. Es verhält sich so wie Materie und Antimaterie, beides stößt sich gegenseitig ab. Wofür hat man schließlich diesen lieb gewonnenen Opferstatus als Frau, wenn er nicht auch eingesetzt wird? Und wenn sonst nichts bleibt, dann findet sich immer noch wenigstens ein amtliches Schriftstück, in dem noch gendersensibler Handlungsbedarf erkennbar ist.

Wer kennt sie nicht, diese ellenlangen Formulierungen, weil immer auch die weibliche Form mit berücksichtigt werden muss? Gewöhnt haben wir uns schon lange an die „Bürgerinnen und Bürger", die „Wählerinnen und Wähler", die kein Politiker und selbstverständlich auch keine Politikerin in ihren Reden vergisst. Denn sprachlich werden wir Frauen ja am meisten diskriminiert, das wissen wir doch! Bis zum Erbrechen muss nun also jeder Satz künstlich verlängert und jeder Schwung aus einer Rede genommen werden, um ja nicht unangenehm frauenfeindlich aufzufallen. Schließlich soll auch sprachlich immer festgehalten werden, dass wir Frauen selbstredend auch Pilot_Innen, Rechtsanwält_Innen, Bundeskanzler_Innen, Minister_Innen und Astronaut_Innen sein könnten.

Und weil das so auch nicht weitergeht, hat sich auch hier wieder mal jemand in Vorreiterstellung gebracht: Die Universität Leipzig schreitet gendersensibel voran. Dort hat das Rektorat im April 2013 beschlossen, einfach nur noch die weibliche Bezeichnung für Dozenten und Professoren zu führen. Es gibt an der Uni Leipzig also ab sofort nur noch Professorinnen und Dozentinnen, auch die Herren Professoren sind jetzt „Herr Professorin".

Es ist rechtlich noch nicht geklärt, ob man das Rektorat jetzt komplett als Vergewaltigerinnen der deutschen Sprache bezeichnen darf, auch nicht, ob die Zwangsverweiblichung die Hausmeisterinnen einschließt oder ob die einfachen Jobs ihre männliche Bezeichnung behalten dürfen. Aber immerhin hat man es in Leipzig damit auf einen Schlag zu einer Frauenquote von 100 Prozent geschafft. Glückwunsch! Ein echtes Erfolgsmodell, das man auch für DAX-Vorstände andenken sollte. Ich freue mich jedenfalls jetzt schon auf den nächsten Besuch einer ausländischen Delegation an dieser Universität und den Blick eines renommierten Wissenschaftlers, der dort allen Ernstes als Frau angeredet wird.

Ja, wir Deutschen tun wirklich einiges, um unseren Ruf als seltsame Spießer zu kultivieren.

Und weil sprachliche Gleichstellung ein universales Problem ist, macht es nicht einmal bei unserem Planeten halt. Auch der Himmel muss inzwischen gendersensibel gestaltet werden. Die Bibel in gerechter Sprache gibt es schon lange. Bis zu dieser Ausgabe muss die Bibel sprachlich ziemlich ungerecht gewesen sein. Jetzt ist sie aber gendersensibel umgeschrieben, sodass Frauen auch unter den Jüngern Jesu zumindest gedacht werden können, auch wenn sie real nicht anwesend waren.

Und auch unser Vater im Himmel ist vor der Geschlechtergerechtigkeit nicht sicher. In der Vorweihnachtszeit 2012 überraschte Familienministerin Kristina Schröder mit der frohen Botschaft, dass Gott ja auch eine Frau sein könne. Mit Vater und Sohn gibt es schließlich einen ganz klaren Männer-Überschuss auf dem göttlichen Thron, da muss zumindest eine Flexi-Quote her.

Auch andere Frauen haben sich schon zahlreiche Gedanken zum Thema gemacht. Gerade das „Vaterunser" – jedes Jahr unbedacht millionenfach ausgesprochen, und das auch noch in Anwesenheit von sensiblen Kinderohren, da muss doch was passieren! Auf der Seite Frauensprache.com[25], die sich um politisch korrekte Sprache unter besonderer Berücksichtigung der Frau bemüht, weiß man schon lange, dass das „Patriarchat manipuliert, wo es kann". Deswegen hat man dort jahrtausendealte Lügen der Religion endlich aufgedeckt und geradegezogen. Das Vaterunser hört sich in Frauensprache dann also so an: *„Oh du atmendes Leben, Ursprung des schimmernden Klanges. Du scheinst in uns und um uns, selbst die Dunkelheit leuchtet, wenn* *wir uns erinnern. Vater-Mutter des Kosmos, oder Atmendes Leben in allem, Name aller Namen, unsere Identität entwirrt sich durch dich."* – Ich fühle förmlich, wie sich Ekstase ausbreitet und die Klangschalen vibrieren. Danke, aber dann lieber ohne Worte im stillen Gebet.

Auffällig ist allerdings auch, dass Frau sich gern immer nur die sprachlichen Sahnehäubchen aussucht. Also die positiv besetzten Bereiche. Ich habe noch nirgendwo gehört, dass eine Feministin gefordert hätte, dass man jetzt dringend von Müllmännern und Müllfrauen reden müsse oder von Selbstmördern und Selbstmörderinnen. Oder gar von Straftätern und Straftäterinnen. Vielleicht könnte sich die Uni Leipzig dieser Sache mal gesamtgesellschaftlich annehmen. Wenn man der Logik der gendersensiblen Sprache wirklich folgt, hätten wir nämlich erst dann die absolute Gleichstellung erreicht, wenn man auch mit der gleichen Selbstverständlichkeit von Mördern und Mörderinnen sowie Attentätern und Attentäterinnen spricht. Da will aber ernsthaft niemand hin.

Und noch eines wird mit der Sprache vorangetrieben: die Dekonstruktion, die Verwirrung der Familien und der Elternschaft. In den USA ist es bereits umgesetzt, dort wird im Pass eines Kindes nicht mehr die Mutter und der Vater eingetragen, sondern gendersensibel das erste und das zweite Elternteil. Damit soll auch gleichgeschlechtliche Elternschaft in amtlichen Papieren ankommen und nicht diskriminiert werden. Und sie soll austauschbar gemacht werden. Analog zum sozialen Geschlecht des Gender-Mainstreaming wird zudem gerade der Begriff der „sozialen Elternschaft" in der politischen Agenda manifestiert. Wer ist schließlich noch die Mutter und wer der Vater, wenn es heute möglich ist, dass ein Kind mit einer Samenspende und einer Eizellenspende im Reagenzglas gezeugt, dann von einer bezahlten Leihmutter ausgetragen und schließlich von zwei lesbischen Müttern adoptiert wird?

Elternschaft setzt nicht mehr zwingend einen Vater und eine Mutter als natürliche biologische Grundlage voraus, sondern hat sich dem Giraffenpaar im Kindergarten *Egalia*, das fremde Krokodileier ausbrütet, bereits hinlänglich angepasst. Elternschaft ist nicht mehr an das Geschlecht, nicht mehr an die Natur gebunden. Elternteil ist dann der, der im Pass steht, und das könnte letztlich jeder sein. Fragt sich nur, wie es den Kindern dabei geht.

6. Quoten-Zwangsbeglückung

Wer als Frau noch vorurteilsfrei Karriere machen will, der sollte sich beeilen. An dieser Stelle wird es Zeit für einen ganz besonderen Dank an Ursula von der Leyen, die sich beispielhaft und unermüdlich im Kampf um die Frauenquote für alle Frauen im Land aufopfert. Danke, Frau von der Leyen! Auch wenn die Quote im Frühjahr 2013 vorerst im Bundestag abgebügelt wurde, ist es Ihrem unermüdlichen Einsatz zu verdanken, dass wir uns spätestens ab 2020 alle das Etikett „Quotenfrau" auf die Stirn kleben dürfen. Damit kann dann jeder sehen, dass wir Unterstützung nötig hatten, um auf dem Stuhl zu sitzen, den wir möglicherweise erobert haben. Denn jetzt gibt es außer der kleinen FDP im Bundestag keine Partei mehr, die die Frauenquote nicht auf ihren Fahnen stehen hat. Die Quote wird also kommen, es ist nur noch eine Frage der Zeit. Und mit ihr werden wir die weibliche Zeitrechnung in eine Zeit vor und eine Zeit nach der Quote aufteilen müssen.

Glücklich dürfen sich diejenigen Frauen schätzen, die es bis zur Einführung bereits zu einem beachtlichen Job und zu einer sauberen Karriere gebracht haben. Können sie doch wenigstens noch darauf verweisen, dass sie es auch ohne gesetzliche Schützenhilfe geschafft haben. Alle anderen, also gerade die Generation der jüngeren, bestens ausgebildeten Frauen, werden leider fortan mit einem Makel leben müssen: mit der selbstverständlich nicht laut ausgesprochenen Frage, ob sie es wohl auch ohne Quote geschafft hätten. Mit der Vermutung: „Die ist doch nur wegen der Quote da." Ja wirklich, herzlichen Dank!

Ich will keine Quote. Was ich bislang beruflich geschafft habe, geschah aus eigener Kraft und Mühe. Das dürfen die Herren am Tisch ruhig wissen. Dass ich hier nicht als Deko sitze, damit das Gruppenbild bunter oder eine gesetzliche Vorgabe erfüllt wird, sondern *weil ich es kann*. Ich will es nicht extra beweisen müssen, ich brauche keinen, der mich ins Bild schiebt. Und ich möchte keiner Frau diesen Triumph vorenthalten, es allein geschafft zu haben.

Man nimmt uns den Spaß am Wettbewerb. Ja, auch Frauen haben Freude daran. Man nimmt uns das Erfolgserlebnis, aber vor allem auch den Respekt, den man sich hart erarbeiten muss, dessen man sich dann aber auch sicher sein kann. Ich will kein Mitleid und auch keine Frauenparkplätze in den Vorstandsetagen. Ich will diesen Respekt. Das wäre echte Gleichberechtigung auf Augenhöhe, dass man(n) die Frau als ernsthaften Mitkonkurrenten betrachtet. „Ich bin stolz, eine Quotenfrau zu sein" – so darf ich an dieser Stelle noch einmal Jutta Allmendinger, die Soziologin aus Berlin, zitieren. Ein Satz, der mir nicht einmal unter Androhung von Folter über die Lippen käme. Worauf genau kann Frau da stolz sein? Es ist ein Armutszeugnis für die gesamte Frauenbewegung. Quoten für Frauen sind die totale Kapitulation, der Offenbarungseid des Feminismus. Zementiert er doch das Bewusstsein: Ohne Quote schafft man es nicht als Frau. Das ist ein *Opfer-Abo* lebenslänglich. Selten passte dieser Begriff besser, und ich weiß gar nicht, warum er als „Unwort des Jahres" gilt, denn schöner könnte man es nicht ausdrücken.

Ich weigere mich außerdem, dieses Gedankengut an meine Töchter weiterzureichen. Sie sind schön, sie sind klug, sie werden ihren Weg gehen. Nach der Logik der „Es ist noch immer nicht genug"-Fraktion unter den Frauen müsste ich sie darauf vorbereiten, dass sie es ohne Quote nicht schaffen werden. Dass sie trotz aller Anstrengung ewig Opfer bleiben. Hat der Feminismus wirklich dafür gekämpft, dass ich meinen Töchtern das sagen soll? Oder sollte ich ihnen einfach zutrauen, dass sie selbst das schaffen, was ich nicht einmal geahnt hätte?

Und deswegen ist es auch eine Anmaßung dieser Generation Süßmuth-von der Leyen-Schwarzer und wie sie alle heißen, dass sie wie Gouvernanten über die jüngere Frauengeneration wachen. Sie trauen uns also die Weltherrschaft zu, nicht aber, dass wir es allein hinbekommen. Die jungen Frauen glaubten nur, sie könnten es allein schaffen – und wenn sie merken, dass es doch nicht klappt, dann sei es zu spät. In diesem Tenor erklärte jedenfalls einst Ursula von der Leyen die Notwendigkeit einer Quote im Interview. Und weil wir jungen Dinger es eben nicht wissen und naiv sind, hat sie mit ihrer Generation schon mal für uns mitgedacht.

Wie praktisch, und das gleiche Schema wie bei allen Frauenfragen: Es ist alles schon gesagt, alles schon gedacht, Thema abgeschlossen. Denn auch hier droht das Frauenkollektiv auseinanderzubrechen. Da sind die Quotengegnerinnen die Spalterinnen, die den gemeinsamen Kampf verraten, das große Ziel gefährden und den Erfolg vereiteln. Da hilft es auch nichts, wenn viele Frauen sagen, sie wollen keine Quote – sie bekommen sie trotzdem. Laut ARD-Deutschlandtrend befürwortet nicht einmal ein Drittel aller Frauen eine gesetzliche Quote für unser Geschlecht. In einer fulminanten Rede hatte einst die bayrische JU-Vorsitzende Katrin Albsteiger in der CSU gegen eine Frauenquote und gegen ihren eigenen Parteivorsitzenden argumentiert. Genützt hat es nichts, denn die Partei hat immer recht, die Quote wurde auch in der CSU eingeführt. Gegen den erklärten Willen der Generation, die davon profitieren soll.

Und mit gönnerhafter Geste stimmen inzwischen auch Männer in die Forderung ein. Ja, da können sie sich so richtig gut fühlen. Mal ganz doll frauenfreundlich sein. Macht sich gut, wegen der Soft Skills im Lebenslauf. *Ist doch kein Problem, Mädchen, ich helf dir doch gern, du schaffst das ja nicht allein.* Tatsächlich wird jedoch damit die Frau für immer eine Stufe tiefer einzementiert, denn nur durch die großzügige Kollaboration des Mannes wurde sie nach oben durchgelassen. Vielleicht ist die Frauenquote damit sogar die perfideste Form der Unterdrückung durch das Patriarchat.

Frauen auf dem Vormarsch

Dabei hat sich in den vergangenen Jahren doch so viel in unserem Land getan. Die Welt wird weiblich. Ganz ohne eine Quote. Und ich wage die Prognose: Es wird sowieso das Jahrtausend der Frau. Denn sie wird gebraucht. Der Fachkräftemangel macht der Wirtschaft zu schaffen, die männlichen Ressourcen sind nahezu ausgeschöpft. Man kommt heute an den gut ausgebildeten Frauen gar nicht mehr vorbei. Eine Quotendebatte, die den Fokus auf DAX-Vorstände verengt, blendet leider große Teile unserer Gesellschaft und Wirtschaft aus, die bereits massiv im Wandel sind. Und alles ohne Quote.

Noch niemals zuvor in der Geschichte der Menschheit standen so viele junge Frauen in den Startlöchern wie heute. Die gesetzliche Gleichstellung einerseits und die massive Frauenförderung der vergangenen Jahrzehnte andererseits haben dazu geführt, dass heute mehr Mädchen und Frauen deutlich besser ausgebildet sind als Jungen und Männer. Mädchen machen mehr und bessere Schulabschlüsse, sie stürmen die Universitäten und dort auch die Lehrstühle. So stieg die Zahl der Professorinnen in Deutschland von 1992 bis 1998 um 60 Prozent, im Jahr 2009 hatten sich die Damen an den Universitäten bereits über 18 Prozent aller Stellen ergattert – das mag in Prozentwerten ausgedrückt immer noch wenig erscheinen, bedeutet aber, dass sich die Zahl der Professorinnen innerhalb von 17 Jahren verdreifacht hat. Das wiederum ist viel.

Doch auch andere Bereiche werden von Frauen eingenommen. Sie sind dabei, auf den Richterstühlen die 50-Prozent-Marke zu überschreiten und im medizinischen Bereich ebenso. Und damit meine ich nicht die weibliche Domäne der Krankenpflege, sondern die Positionen der Ärzte und Oberärzte. Sieht man sich die Familienunternehmen in Deutschland an, dann sind dort bereits heute 25 Prozent der Führungspositionen mit Frauen besetzt. Ganz ohne Quote und mit Tendenz steigend. Weil heute eben nicht nur die Söhne, sondern selbstverständlich auch die Töchter die Firma vom Vater übernehmen. Und zwar ohne gesetzlichen Druck, sondern offensichtlich durch einen Gesinnungswandel, ein Dazulernen. Und das ausgerechnet bei den alten Familienpatriarchen von früher, bei denen man es wohl am wenigsten vermutet hätte. Doch sie trauen es ihren Töchtern zu und lassen sie machen.

In der Bundesverwaltung sind bereits 58 Prozent der Berufseinsteiger Frauen. Kein Unternehmen, das etwas auf sich hält, kann heute auf ein Frauenförderprogramm verzichten – allein schon aus Imagegründen. Die Telekom machte es vor. Dort rühmt man sich aktuell mit einem weiblichen Anteil von 58 Prozent am Führungsnachwuchs. Doch inzwischen machen unzählige Unternehmen mit. Sie ziehen sich gezielt den weiblichen Nachwuchs heran und versuchen, ihn auch über die Familienphase hinaus zu halten.

Derselbe Trend zeigt sich auch in der Politik: Wir werden mit Angela Merkel von einer Frau regiert. Im Finanzsektor sitzt mit Christine Lagarde eine Frau an der Spitze des Internationalen Währungsfonds. Unzählige Frauen stehen in zahlreichen Ländern an Spitzenpositionen, sitzen auf Ministerstühlen, die vormals Männern vorbehalten waren. Sicher, sie stellen nicht 50 Prozent der Führungsriegen, doch auch hier ist es eine Frage der Perspektive, ob es viele geworden oder immer noch zu wenige sind. Denn Frauen engagieren sich generell deutlich weniger in Parteien und Politik als Männer. Ein Schema, das sich auch in Deutschland quer durch alle Parteien zieht. Nicht einmal die Doppel-Spitzen-Grünen schaffen es bei den Mitgliedern auf einen paritätischen Frauenanteil. Durchschnittlich liegt der Frauenanteil aller politischen Parteien bei 29 Prozent der Mitglieder, wobei die Grünen mit 37 Prozent Spitzenreiter sind und die FDP mit 22 Prozent das Schlusslicht bildet.

Niemand hindert Frauen daran, sich zu engagieren, doch man kann sie auch nicht zwingen. Politikerinnen verschiedener Parteien haben mir berichtet, wie schwer es ist, andere Frauen für ein Engagement in einer Partei zu gewinnen. Nicht selten bekamen sie auf die Frage, ob die Angesprochene für einen Posten kandidieren würde, die Antwort: „Das kann ich nicht. Das traue ich mir nicht zu." Eine Abgeordnete, die seit 20 Jahren politisch aktiv ist, erzählte wiederum, dass es ein Märchen sei, dass mehr Frauen in der Politik automatisch noch mehr Frauen nachziehen würden. Sie habe zigfach erlebt, dass weibliche Kandidatinnen nicht einmal die volle Stimmenzahl der anwesenden Frauen erhalten haben. Frau wählt nicht automatisch Frau.

Und selbst bei der Wahlbeteiligung der letzten Bundestagswahlen lag der Frauenanteil grundsätzlich unter dem der Männer. Hat irgendjemand sie am Wahllokal abgewiesen oder sind sie gar nicht erst hingegangen? Man kann also nicht monieren, dass noch zu wenige Frauen an der Spitze sind. Denn wenn sich weniger Frauen engagieren als Männer, kommen eben auch deutlich weniger oben in der Führungsetage an. Aber diejenigen Frauen, die sich reinhängen, schaffen es heute bis an die Spitze.

Betrachtet man die Breite der Gesellschaft, kann man also durchaus von einem Siegeszug der Frauenbewegung sprechen – auch wenn die Diskussion noch nicht beendet ist, ob die Entwicklung bereits ausreicht, noch weitergeführt werden muss oder in manchen Bereichen gar schon über das Ziel hinausgeschossen ist. Es kommt auf die Perspektive an. In der Frauenquoten-Debatte wird immer der Frauenanteil in den DAX-Vorständen als Gradmesser genommen und demzufolge gibt es noch viel zu tun. Auch hier ist übrigens wieder die Perspektive relevant. Denn zwischen Januar 2011 und März 2013 hat sich der Frauenanteil in den Vorständen und Aufsichtsräten der 160 im DAX, MDAX, SDAX und TecDAX notierten Unternehmen von 6,5 Prozent auf 11,1 Prozent erhöht und wird sich zum Jahresende 2013 vielleicht sogar verdoppelt haben. Das ist viel. Für die bekannteste Lobbygruppe der Quote, „Frauen in die Aufsichtsräte" (FidAr), ist es hingegen nur eine „marginale Verbesserung".

Eine zahlenmäßige Unterrepräsentanz von Frauen in manchen Bereichen bedeutet nicht zwangsweise eine Diskriminierung, sondern ist eine logische Folge der Tatsache, dass Frauen zwar unaufhaltsam auf dem Vormarsch sind, sich aber gesellschaftlich betrachtet erst „vor Kurzem" auf den Weg in die bislang männlich dominierten Bereiche gemacht haben. Eine jahrhundertlange Vorherrschaft der Männer, die lange Zeit auch gesetzlich zementiert war, lässt sich nicht innerhalb von wenigen Jahrzehnten komplett auf den Kopf stellen. Und in manchen Bereichen wollen Frauen auch überhaupt nicht mitmischen.

Sie können, aber sie wollen nicht
Dass aber Frauen möglicherweise gar nicht so oft nach oben streben, darf man in unserem Land nicht laut sagen. Dann gibt es ebenfalls sofort wieder einen *#aufschrei*. Es ist ein emanzipatorisches No-Go, auszusprechen, dass nicht alle Frauen Führungspositionen anstreben und es dementsprechend auch nicht genug Frauen gibt, die man nach oben befördern könnte.

Besonders eklatant zeigt sich das immer wieder bundesweit im Grundschulbereich, einer absoluten Frauendomäne. Nicht selten ist dort der einzige Mann an der Schule gleichzeitig der Schulleiter. Nicht, weil niemand die Frauen ranlässt, sondern, weil sie den Job überhaupt nicht wollen. Hunderte von unbesetzten Schulleiterposten gibt es derzeit einfach deswegen, weil niemand die Führungsposition einnehmen will – und das in einem Bereich, in dem fast ausschließlich Frauen arbeiten. Hartnäckig hält sich stattdessen das Märchen, dass eine Armada williger Frauen mit gut lackierten Fingernägeln an den gläsernen Decken der Vorstandsetagen kratzen, man sie aber dort bei Wasser und Brot verhungern lässt. Fragt man jedoch diejenigen, die auf der Suche nach zu vermittelnden Frauen sind, dann sieht die Realität anders aus.

In der Branche der Headhunter hält man sich in der Regel bei diesem Thema bedeckt. Es ist ein Geschäft, das von Diskretion lebt, da hängt man sich nicht so weit aus dem Fenster und plaudert auch nicht aus dem Nähkästchen. Unter vier Augen und dem Siegel der Verschwiegenheit reden die Herrschaften aber doch. Ich habe mit verschiedenen großen Agenturen gesprochen. Sie alle würden gern noch viel mehr qualifizierte Frauen in ihre Karteien aufnehmen, weil derzeit nahezu alle großen Unternehmen, die etwas auf sich halten, ihren Frauenanteil freiwillig erhöhen. Wirklich niemand versucht dort, Frauen aus den

Vorstandsetagen fernzuhalten, ganz im Gegenteil, sie werden händeringend gesucht.

„Bringt mir eine Frau" – so lautet der Schlachtruf. Nicht selten ist das kaum möglich, weil es Branchen gibt, in denen Frauen eben nicht so oft vertreten sind. Und weil sie ihre Berufe anders wählen als Männer. Nicht, weil sie dazu gezwungen werden, sondern, weil sie es so wollen. Es ist ein Phänomen von Wohlstandsgesellschaften, dass gerade dort Frauen noch stereotyper ihre Ausbildung wählen, sogar mehr als in Dritte-Welt-Ländern. Auch die skandinavischen Gender-Musterländer mussten sich damit abfinden, dass ihre Frauen trotz gendersensibler Erziehung und Ermutigung zu neuen Berufsfeldern eben doch und immer noch am liebsten frauentypische Berufe wählen. Niemand zwingt sie, Lehrerin zu werden statt Ingenieurin, sie machen es einfach gern. Und sie können es sich in den reichen westlichen Ländern eben auch leisten.

Länder wie Russland, China oder Indien haben nicht deswegen mehr Frauen in naturwissenschaftlichen und technischen Berufen, weil die Frauen dort heiß darauf sind, sondern, weil sie ihre Berufswahl strategischer angehen. Weil sie in diesen Ländern wissen: Sie müssen etwas „Vernünftiges" lernen, um als Frau notfalls auch allein durchzukommen, während man es sich bei uns eben leisten kann, den Beruf nach persönlicher Neigung auszusuchen.

Frauen stellen zwar bei uns mit 60 Prozent die deutliche Mehrheit der Hochschulabsolventen dar, allerdings dominieren sie Bereiche wie Jura, Medizin, Tiermedizin, Architektur, BWL, Sprachen, Lehramt – und natürlich Genderstudies. Es fehlt der technische und naturwissenschaftliche Bereich. Eine Studie der Universität Frankfurt[26], die die Unterrepräsentanz von Frauen in Management-Positionen untersuchte, kam zu dem Ergebnis, dass die Hauptursache dafür in der Wahl der Studienfächer liege. Der zweitwichtigste Faktor liegt auf der Hand: die Mutterschaft der Frauen.

Seit Jahren versucht man in Deutschland, mit dem sogenannten „Girls' Day" Mädchen für einige bislang männertypische berufliche Domänen zu begeistern. Ein Himmelfahrtskommando, das bislang rund 10 Milliarden Euro verschlungen hat, an der Berufswahl der Mädchen aber kaum etwas veränderte. Die Erfolge lassen sich allenfalls im Promillebereich messen. Und deswegen wird es auch in absehbarer Zeit in typischen Männerbranchen nur wenige Frauen geben.

Die Führungsgremien der wichtigsten technischen Unternehmen im Land halten einen Männeranteil von 80 Prozent, alles Ingenieure. Ein Studiengang, bei dem der Frauenanteil nur bei 8 Prozent liegt, im Maschinenbau bei 10 Prozent. Es ist also nicht einzusehen, warum in einer Branche, in der überhaupt nur 10 Prozent Frauen arbeiten, plötzlich 50 Prozent aller Führungspositionen von Frauen eingenommen werden sollen. Man müsste sämtliche Frauen aus diesen Studiengängen ungeachtet ihrer tatsächlichen Fähigkeiten sofort nach oben befördern, wenn man den Frauenanteil erhöhen will. Was im Umkehrschluss eine faktische Diskriminierung von Männern bedeutet. Denn eine ganze Generation bestens ausgebildeter junger Männer würde bei Einführung einer Quote den Kürzeren ziehen. So viele Posten gibt es ja jährlich nicht neu zu besetzen. Und im männlichen Lager hat ein Arbeitgeber eine deutlich größere Auswahl. Da existiert keine *gläserne Decke,* da trifft keinen eine Schuld. Es gibt einfach in manchen Branchen wenig weibliches Potenzial, aus dem man als Arbeitgeber auswählen kann. Hier auf eine 50-Prozent-Quote für Frauen zu beharren, bezeugt nur totalen Realitätsverlust.

Interessanterweise wird selbst die Bundesregierung realistisch, wenn es um die Frage von Männerquoten in weiblichen Domänen geht. Als im Juni 2013 der Bericht des Beirates Jungenpolitik[27] erschien, war man sich einig, dass es möglichst mehr Männer in Erziehungsberufen geben sollte. Die Einführung einer Quote wurde von den Experten jedoch mit der Begründung verworfen, es sei wenig realistisch und könne unter diesen Bedingungen – dass sich so wenig Männer für solche Berufe interessieren – nicht erfüllt werden. Na geht doch!
Übrigens scheitern auch viele Männer auf dem Weg nach oben. Keiner von denen würde aber anschließend sagen, er sei nur deswegen nicht weitergekommen, weil er ein Mann ist – es sei denn, die Quote kommt tatsächlich, dann wäre dieser Einwand sogar sehr berechtigt. Stattdessen wird er sich fragen, was er falsch gemacht hat, was er vielleicht hätte besser machen können und wie er beim nächsten Versuch geschickter vorgeht. Insofern ist es übrigens auch ziemlich einfach, sich auf einer imaginär existierenden gläsernen Decke auszuruhen. Dann muss man sich nicht mit der lästigen Frage beschäftigen, ob man vielleicht einfach selbst Mitschuld trägt. Nahezu alle Personalberater sagen übrigens, dass die berufliche Qualifikation ab einem bestimmten Niveau sowieso nicht ausschlaggebend ist. Es müssen einfach persönliche Faktoren gegeben sein, die Chemie zwischen den Beteiligten muss stimmen. Und dabei ist es völlig unerheblich, ob es sich bei dem Bewerber um eine Frau oder einen Mann handelt.

Frauen sind auch nur Männer

„Positive Diskriminierung" wird übrigens die Methode genannt, dass man Frauen bevorzugt, auch wenn sich ein ebenso qualifizierter Mann beworben hat. Das muss so etwas wie

„positive Folter" sein – als Mittel eigentlich abzulehnen, aber geheiligt durch den Zweck. Man weiß durchaus auch im Lager der Quoten-Befürworterinnen, dass dies nicht unbedingt fair den Männern gegenüber ist und natürlich eine Diskriminierung aufgrund des Geschlechts darstellt, nur diesmal gegen Männer gerichtet. Aber man nimmt es in Kauf, weil das Ziel – mehr Frauen in die Vorstände – einfach wichtiger erscheint. Wie sich das mit dem Antidiskriminierungsgesetz verträgt, ist mir ein Rätsel.

Das Ringen um die Frauenquote ist also noch längst nicht entschieden, schon gar nicht juristisch, es wird uns noch eine Weile beschäftigen. Und nerven. Doch wir wollen mal nicht so sein, denn gleichzeitig bot der Kampf um die Frauenquote im Bundestag auch einen großartigen Anschauungsunterricht darüber, was sich ändert, wenn ab sofort mehr Frauen in Entscheidungspositionen sitzen, sozusagen an den Schalthebeln der Macht: nämlich gar nichts. Intrige, Machtkampf und Erpressung, alle Zutaten für einen ordentlichen Krimi waren vorhanden. Es fehlte nur noch Popcorn vor dem Fernseher, um dies Schauspiel angemessen zu verfolgen.

Im Kampf um die Frauenquote hat von der Leyen ein Schlachtfeld in der eigenen Partei hinterlassen. Eiskalt, risikoreich und mit dem Kopf durch die Wand, komme, was wolle, hat sie ihre Meinung durchgesetzt, mit der Opposition paktiert, ist der eigenen Kollegin in den Rücken gefallen und hat der eigenen Partei die Pistole auf die Brust gesetzt. Bravo! Damit erfüllt sie so ziemlich jedes Klischee, das einem männlichen Kollegen den Stempel *typisch aggressiv-männliches Potenzgebaren* eingebracht hätte. Immer wieder wird darüber gesprochen, dass wir dringend mehr weibliche Empathie, Teamfähigkeit und Einfühlungsvermögen in Politik und Wirtschaft brauchen. Weil wir

Frauen ja so sind: immer nur auf das Wohl der anderen bedacht, rücksichtsvoll, die Meisterinnen der Win-win-Situation. Wohlfühlpolitik mit Kuschelfaktor.

Pustekuchen! Wenn Frauen an den Schalthebeln der Macht sitzen, sind sie tatsächlich oft nicht weniger aggressiv als jeder x-beliebige Mann. Weil sie sonst auch nicht dort säßen. Gar nicht erst dort angekommen wären. Denn die Vorstandsetagen und Kabinettsräume sind ja kein Ponyhof, in dem der besteht, der den besten Kaffee kocht und besonders gut zuhören kann. Es sind Haifischbecken, in dem nur diejenigen überleben, die es können. Die auch mal andere wegbeißen und an Stühlen sägen, denn wer es hierhin geschafft hat, will auch bleiben.

Führungskompetenz ist keine Frage des Geschlechts, sondern von Zielstrebigkeit, eisernem Willen, Charakter und Stärke. Unzählige Frauen haben bereits bewiesen, dass sie das können. Oder glauben Sie etwa, Angela Merkel ist Bundeskanzlerin geworden, weil sie so sympathisch ist und ihre Soft Skills kultiviert hat? Nein, sondern weil sie die Regeln der Macht beherrscht, strategisch oft genial denkt und keine Angst davor hat, alle gnadenlos über die Klinge springen zu lassen, die ihr gefährlich werden könnten. Mein Gott, diese Frau steht echt ihren Mann! Sie hat ihre potenziellen Nachfolger entweder wegbefördert, vergrault oder abgesägt. Roland Koch, Friedrich Merz, Christian Wulff, Norbert Röttgen – alle wurden sie als Kanzleranwärter gehandelt, und wo sind sie heute? Eben.

Zuerst hat man sie als „Kohls Mädchen" unterschätzt. Das hat ihr vermutlich sogar genutzt und ihre Position gestärkt. Das hatte alles nichts mit Weiblichkeit zu tun. Ganz im Gegenteil, als Frau wird sie nun wirklich am wenigsten wahrgenommen. Erinnern Sie sich an das Raunen, das durch die Republik ging, als Angela Merkel 2008 im tief ausgeschnittenen Kleid die

Eröffnung der Osloer Nationaloper besuchte? So manch einer hatte erst angesichts dieses gewagten Dekolletés begriffen, dass sie anatomisch unverkennbar eine Frau ist – und sogar einen Ehemann hat. Weil man sie so nicht kennt, so nicht wahrnimmt. Sie ist Kanzlerin ohne weibliche Attitüde. Nein, sie ist nur optisch die bunte Henne im männlichen Gruppenbild. Auch international beißt man(n) sich an ihr die Zähne aus.

Darf man also als Frau mit den bösen, typisch männlichen Attributen kämpfen? Ja sicher, es ist absolut legitim. Es gilt sogar als fortschrittlich und tough. Männer machen es ja nicht anders. Wenn gleiches Recht für alle gilt, dann bitte auch für Frauen.

Ob es hingegen für Frau von der Leyen strategisch wirklich klug war, die halbe Partei gegen sich aufzubringen, wird sich noch zeigen. Spätestens, wenn sie mit neckischem Understatement weiterhin mit der Nachfolge von Angela Merkel als Kanzlerin liebäugelt, wird der eine oder andere mit ihr eventuell noch eine Rechnung offen haben. Aber jedenfalls hat sie Machtbewusstsein und Strategiefähigkeit bewiesen. Etwas, was man braucht, wenn man an die Spitze will, egal, ob in der Politik oder in der Wirtschaft.

Man möge mich nur bitte, bitte ab sofort mit den ständigen Hinweisen auf die besonderen Fähigkeiten und Wesenszüge von Frauen verschonen. Mit dieser Auflistung von positiven Eigenschaften, die angeblich nur wir Frauen haben und die ergo allein uns dazu befähigen, die Welt vor dem Untergang zu bewahren, Frieden zu schaffen, die Banken zu retten und die Immobilienblase am Platzen zu hindern. Ja, wirklich, da kann höchstens noch Barack Obama mithalten, aber sonst kein einziger Mann, ehrlich. Diese Liste, die immer dann aus der Schublade geholt wird, wenn als letztes Argument für eine Quote nicht einmal mehr diese ominöse *gläserne Decke* zu finden ist.

Noch sexistischer kann man eigentlich gar nicht argumentieren. Wer nämlich nur Frauen all diese positiven Eigenschaften zuspricht, der verneint sie im gleichen Atemzug beim Mann. Der spricht ihm qua Geschlecht ab, dass er genauso teamfähig, empathisch und am Gemeinwohl orientiert sein kann wie eine Frau. Stellen wir uns das mal mit vertauschten Rollen vor. Es gäbe gleich wieder einen *#aufschrei*, wenn wir mit der gleichen Selbstverständlichkeit Frauen so viele negative Eigenschaften andichten und ihnen im Gegenzug die positiven absprechen würden, einfach nur aufgrund ihres Geschlechts. Aber es handelt sich nur um Männer, da kann man das durchgehen lassen, nicht wahr?

Angeblich sind Frauen in Führungspositionen deswegen wichtig, weil gemischte Teams besser und erfolgreicher arbeiten als geschlechtshomogene Gruppen. Nun ist es ja nahezu rührend, wie sich der Feminismus um die unternehmerische Gewinnoptimierung kümmert, aber leider konnte diese schöne Behauptung bislang nicht bewiesen werden. Auch nicht durch die viel zitierte McKinsey Studie[28] zu diesem Thema, auf die man sich gern beruft. Diese zeigt zwar eine Korrelation von Zahlen, aber keine Kausalität. Durchaus kein unwichtiger Unterschied. Es konnte nicht geklärt werden, ob die Frauen den Erfolg verursacht haben oder ob man es sich durch den Erfolg leisten konnte, mehr Frauen einzustellen. Beide Möglichkeiten wären durch die Zahlen gedeckt.

Außerdem erwähnt diese Studie mit keinem Wort eine Quote für Frauen als Mittel. Dennoch gilt sie als schlagkräftigstes Argument für eine Frauenquote. Erstellt wurde sie übrigens von sechs sicher ganz neutralen Frauen, und gesponsert wurde sie, sicher genauso uneigennützig, von verschiedenen Frauenverbänden. Am besten sagt man dazu gar nichts mehr. Denn es gibt auch aktuellere Untersuchungen zu diesem Thema, wie etwa die Studie der Credit Suisse[29] oder diejenige von Prof. Sabine Boerner[30] von der Universität Konstanz, die beide zu dem Ergebnis kommen, dass die viel beschworene „Gender Diversity" in Unternehmen in keinem Zusammenhang mit dem Unternehmenserfolg steht.

Man muss auch einfach nur die Nachrichten verfolgen, um zu sehen, dass sowohl Männer als auch Frauen Fehler machen, gierig sein und einem Unternehmen schaden können. Da schmunzelt die Frauenriege zwar gern über die angeblich männliche Bankenkrise, weil Mann ja immer so risikofreudig und geldgeil ist, und manche verstieg sich sogar zu der Behauptung: „Mit den Lehman-Sisters wäre das nicht passiert!" Doch zumindest für die fünf Milliarden Dollar Verluste bei J.P. Morgan war mit der Bankerin Ina Drew, laut *New York Post* eine der mächtigsten Frauen der Finanzmetropole New York, definitiv eine Frau maßgeblich verantwortlich.

Selbst unter Gender-Aspekten verwirrt die Argumentationskette zur Frauenquote. Es ist ein ganz besonderes Paradoxon, das man vermutlich nur nach mehreren Semestern Genderstudies in Logik umwandeln kann, dass die Armada der Berufsfeministinnen hier ausgerechnet mit den weiblichen Eigenschaften argumentiert, die man uns gerade flächendeckend abzutrainieren bemüht ist. Haben wir denn nun nicht bis zum Erbrechen gehört, dass es so etwas wie *typisch weiblich* und *typisch männlich* überhaupt nicht gibt? Dass alles nur anerzogen ist und auf gar keinen Fall unserer Natur entspricht?

Alles nur anerzogen, um uns zu unterdrücken? Man will uns doch das Weibchen-Schema austreiben. Was bleibt dann aber von den weiblichen Pluspunkten zur Befriedung der Welt noch übrig, wenn man gerade dabei ist, uns genau diese guten weiblichen Eigenschaften durch gendersensible Erziehung zu nehmen? Man muss sich schon entscheiden. Entweder es gibt so etwas wie *typisch weiblich*, und es ist ein Pluspunkt, dann sollten wir um Himmels willen unsere Mädchen auch weiterhin als Mädchen großziehen und ihnen diese positiven Eigenschaften nicht rauben.

Oder es gibt das typisch Weibliche nicht, wie uns Gender-Mainstreaming erklären möchte. Dann gibt es aber auch keinen weiblichen „Standortvorteil" und auch kein Argument, um mehr Frauen in Spitzenpositionen zu bekommen. Denn wenn das Geschlecht sowieso keine Kategorie mehr sein soll, warum will man dann gerade ein Gesetz einführen, dass explizit nach Geschlecht unterscheidet? Merke: *Typisch weiblich* ist immer dann gut, wenn es uns nützt, und immer dann schlecht, wenn es uns schadet.

Und nicht zuletzt schadet eine Quote uns Frauen auch noch in ganz anderer Weise: Sie kann dazu führen, dass man sich in der Politik anschließend gemütlich zurücklehnt: *Seht her, so viel haben wir für die Frau getan, jetzt ist aber auch mal gut.* Dabei hat man nur einer Minderheit zu mehr Privilegien verholfen. Der Masse der Frauen bringt eine Quote nämlich rein gar nichts. Sie ist das Bonbon für eine kleine Frauenelite in Wirtschaft und Politik. Ein elitärer Girls' Club wird davon profitieren, und zwar ausgerechnet die Frauen, die unsere Hilfe am allerwenigsten brauchen. Wenn man Anwärterin auf eine solche Position in einem Vorstand oder in einem Aufsichtsrat ist, dann hat man es auf der Karriereleiter schon sehr weit nach oben geschafft. Und zwar ganz allein. Ganz ohne Quote, einfach durch gute Leistung. Die Quote würde nur dazu dienen, diesen Frauen die letzte Tür zum gelobten Land der Vorstandsetagen zu öffnen. Also eine reine Klientelpolitik für erfolgreiche Karrierefrauen. Brauchen wir dafür allen Ernstes ein Gesetz?

Wohin das führt, kann man sich übrigens sehr schön im Quoten-Musterland Norwegen anschauen. Dort gibt es bereits seit Jahren den spöttischen Begriff der „Goldröcke", weil sich dort in der Tat so ein Girls' Club den Lebensabend mit mehreren hoch dotierten Posten vergoldet. Man hat nämlich auch in Norwegen Mühe, genug Frauen zu finden für all die zu besetzenden Vorstandsposten. Weil es nicht viele Frauen gibt, die die nötige Qualifikation und auch den Willen aufbringen, haben zahlreiche Damen gleich drei oder mehr Vorstandsposten, die sie bekleiden. Auch hier lohnt einmal kurz die Hypothese, es handele sich um Männer: Die Feministinnen wären die Ersten, die eine derartige Ämterhäufung anprangern würden, aber weil es Frauen sind, ist es offenbar in Ordnung.

Auch in Norwegen konnte übrigens ein Zusammenhang zwischen Unternehmenserfolg und Frauenanteil nicht erwiesen werden. Eine Studie der Universität Michigan[31], die sich explizit mit der wirtschaftlichen Entwicklung norwegischer Unternehmen nach Einführung der Quote befasste, kam zu dem Ergebnis, dass der Unternehmenserfolg zunächst sogar geringer ausfiel. Demnach waren Anleger verunsichert, die Kurse fielen, da mit einem Schlag viele Posten mit neuen und entsprechend unerfahrenen weiblichen Führungskräften besetzt wurden. Manche Unternehmen wechselten laut Studie die Rechtsform und wichen damit geschickt dem Gesetz aus, um ihre Ruhe zu haben. Andere verlegten den Sitz einfach gleich ins Ausland.

In manchen Bereichen grenzt der ideologisch vorangetriebene Wunsch nach einem höheren Frauenanteil auch schon an Leichtsinn. Zum Beispiel, wenn Leistungsstandards gesenkt werden, damit mehr Frauen den Zugang schaffen. In Jobs, in denen körperliche Kraft eine wichtige Rolle spielt, bei der wir Frauen nun mal in der Regel mit unserer Statur im Nachteil sind.

Zum Beispiel beim Militär, bei Polizei oder Feuerwehr. Aber fragen wir mal so: Wenn es brennt, wollen Sie dann, dass jemand kommt, der Sie sicher aus dem Haus trägt, oder wollen Sie unbedingt von einer Frau gerettet werden? Ich weiß, es gibt Frauen, die solche Berufe gerne ausüben wollen, und wenn sie den körperlichen Anforderungen gewachsen sind, dann bitte schön, gern. Aber ideologische Wunschvorstellungen dürfen nicht auf Kosten der Sicherheit gehen. Damit ist niemandem geholfen.

Mutterschaft ist die größte Bremse
Sieht man sich die Gründe an, warum die Karrieren von Frauen stagnieren oder auch, warum sie weniger verdienen als Männer, kommt man übrigens immer an den gleichen Punkt: Sie werden Mütter. Es sind die Mütter, die durch ihre Teilzeitarbeit weniger verdienen; es sind die Mütter, die durch lange Auszeiten vom Beruf bei Beförderungen übergangen werden; es sind die Mütter, die seltener in den Chefetagen ankommen. Darüber dürfen auch prominente Gegenbeispiele nicht hinwegtäuschen. Die Wahrscheinlichkeit, dass eine Frau Kinder bekommt, sinkt statistisch mit jeder Stufe auf der Karriereleiter.

Alljährlich rechnet man uns zum sogenannten *Gender Pay Day* erneut vor, wie sehr Frauen im Beruf benachteiligt werden. Niemand differenziert dabei. Auch in diesem Jahr machten die Frauen wieder mobil und trommelten gegen die himmelschreiende Ungerechtigkeit, dass Frauen angeblich 25 Prozent weniger verdienen als Männer. Und während selbst das Statistische Bundesamt in Wiesbaden nur auf einen Lohnunterschied von 11 Prozent kommt, der bereinigt – also, wenn man nicht Äpfel und Birnen vergleicht, sondern gleiche Branche, gleiche Erfahrung usw. – sogar nur noch bei 8 Prozent liegt, überraschte das Kölner Institut der deutschen Wirtschaft sogar mit der Zahl 2.

Diese Kölner Studie[32] stellt eindeutig fest, dass das größte Problem und die wichtigste Ursache für die Lohnunterschiede die Mutterschaft ist. Ein Ergebnis, das auch die oben genannte Studie der Universität Frankfurt bestätigt. Wer also wirklich etwas gegen die verbleibenden Ungerechtigkeiten auf dem Arbeitsmarkt tun will, muss sich die Ursachen genau ansehen. Denn berücksichtigt man die Betriebszugehörigkeit, den Bildungsstand und eine eventuelle Teilzeitbeschäftigung, schrumpfen die besagten 25 Prozent Lohnunterschied schnell auf 11 Prozent zusammen. Die Lohnlücke schrumpft weiter, wenn Frau ihren Job nur maximal 18 Monate wegen der Kinder unterbricht. Dann liegt der Unterschied gerade noch bei 2 Prozent. Voilà.

Nun muss man wissen, dass die durchschnittliche Mutter in Deutschland eben nicht nur 18 Monate lang ihren Job für die Kinder unterbricht, sondern sogar 46 Prozent dieser Frauen bis zum 6. Lebensjahr ihrer Kinder gar nicht mehr berufstätig sind, wie der Familienreport 2012 bestätigte. Weitere 43 Prozent sind auch mit über sechs Jahre alten Kindern nur in Teilzeit beschäftigt und haben somit schlechtere Karrierechancen. Dass Frauen weniger verdienen als Männer, hat demnach zur Ursache Nummer 1 die Mutterschaft und nicht böse patriarchale Strukturen.

Es sind die Mütter, die lange Unterbrechungen in der Erwerbsphase haben. Je mehr Kinder, je länger. Sie haben in dieser Zeit nicht weniger, sondern überhaupt kein Einkommen. Es sind die Mütter, die im Vergleich zu anderen eine kürzere Betriebszugehörigkeit vorweisen können, ergo auch deshalb weniger Geld bekommen als andere. Es sind die Mütter, die dann über Jahre wegen der Kinder in Teilzeit arbeiten, ergo weniger Geld. Es sind nicht zuletzt ebenfalls die Mütter, denen man den Wiedereinstieg nach der Kinderphase schwer macht, ergo auch wieder weniger Geld. Wenn man also wirklich etwas gegen die

Lohnunterschiede von Mann und Frau tun will, dann muss man die Mütter fördern. Und zwar nur die Mütter. Wer heute weiblich, ledig, jung und dazu auch noch kinderlos ist, ist auf dem Arbeitsmarkt heiß begehrt und kann sich uneingeschränkt um die Karriere kümmern. Diese Frauen sind schon lange nicht mehr die Opfer, sondern die Gewinner des Systems.

Wäre ich keine überzeugte Quoten-Gegnerin, so würde ich sagen: Eine Mütterquote ist das Einzige, was in dieser Debatte auch nur ansatzweise Sinn hat. Die Idee hat Charme. Leider wäre eine Mütterquote aber genauso unsinnig wie eine Frauenquote, weil der Akt des Gebärens allein nichts aussagt und es nur eine Frage der Zeit ist, bis wir dann über Väterquoten, Migrantenquoten und sonstige Quoten diskutieren.

Die Berliner Grünen-Politikerin Marianne Burkert-Eulitz forderte zwischenzeitlich eine Pummelchenquote für Miss-Wahlen, um weniger schlanke Frauen nicht auszugrenzen. Und Peer Steinbrücks Wahlkampf-Netzexpertin Gesche Joost forderte in einem Interview mit dem *Spiegel*[33] gar eine Frauenquote für Talksendungen. Wir sind also schon auf dem besten Weg in einen Quoten-Staat. Am Ende bekommt ein heterosexueller gut aussehender deutscher Mann ohne Kinder nirgendwo mehr einen vernünftigen Job. Lassen wir also den Quotenaspekt weg.

Der Grundgedanke ist jedoch gut, auch wenn man sich damit nicht viele Freundinnen macht. Denn innerhalb der Gruppe der Frauen zu differenzieren, kommt nicht gut an bei den Geschlechtsgenossinnen, wie ich schon mehrfach feststellen musste.

München, Medientage 2012, eine Podiumsdiskussion zur Frauenquote in den Medien. Im Publikum nur Frauen, zwei Quotenmänner, allein daran ist schon sichtbar, was für eine Relevanz das Thema offensichtlich in den Redaktionsstuben hat.

Wieder Schnappatmung im Publikum, inzwischen freue ich mich immer schon darauf, wenn ich die hypothetische Idee einer Mütterquote ins Spiel bringe. Ich solle doch jetzt hier bitte nicht die Frauen „gegeneinander ausspielen", tönt es sofort. Wieso nicht? Warum darf man nicht darauf hinweisen, dass Mütter eine andere Politik brauchen als kinderlose Frauen? Genauso, wie übrigens auch Väter eine andere Politik brauchen als kinderlose Männer. Vor allem, wenn wir wollen, dass sie sich mehr an der Erziehung beteiligen. Weil sie andere Bedürfnisse haben und andere Verpflichtungen. Weil sie nicht so flexibel sind und im ständigen Wettkampf um die längste Arbeitszeit den Kürzeren ziehen. Das mache überhaupt keinen Unterschied für die Frauenfrage, ob man Kinder habe oder nicht, legt die Dame nach. Doch, tut es, und das sogar gravierend. Man will es nur nicht hören, denn auch dies gefährdet wieder unser ominöses Frauenkollektiv.

Denn auch in dieser Debatte gibt es eben nur *ein* richtiges Frauenbild: das der berufstätigen Frau. In diesem Chor singt inzwischen auch Bundeskanzlerin Angela Merkel. Am 14. Mai 2013 hatte sie zum Frauengipfel ins Bundeskanzleramt geladen, um zu diskutieren, wie mehr Frauen in Führungspositionen zu bekommen seien. Dort beklagte sie, Topmanagerinnen hätten „Seltenheitswert" in der Wirtschaft, und dies sei „eine Vergeudung von menschlichen Möglichkeiten". Damit ist klar: Wer es nicht nach oben schafft, vergeudet sein Potenzial. Die Frau zu Hause, die Frau, die keine Top-Position hat, die erziehende Mutter, die Arbeitslose, die ehrenamtlich engagierte Frau – alles „vergeudete menschliche Möglichkeiten". Da fehlen einem die Worte.

7. Von Eltern und anderen Erziehungs-Dilettanten

Kaum ein Thema konnte in den vergangenen zwei Jahren besser veranschaulichen, wie ideologisch um die Rolle der Frau in der Öffentlichkeit und der Politik gekämpft wird, als das Ringen um das Betreuungsgeld. Auch in diesem Fall war es wieder eine symptomatische Debatte, die, ähnlich wie beim Sexismus, die wahren Themen im Hintergrund ließ. Tatsächlich ging es um viel mehr als nur das *Ja* oder *Nein* zu 150 Euro mehr oder weniger im Monat für Familien. Geld, das auch jetzt noch nicht sicher ist, selbst wenn das Gesetz beschlossen wurde. Die SPD hat bereits eine Verfassungsklage gegen das Betreuungsgeld angekündigt und will es wieder abschaffen, sollte sie im September 2013 die Wahl gewinnen. Offensichtlich hat man in der SPD schon lange vergessen, dass man diese finanzielle Förderung einst in der großen Koalition mit der CDU selbst mit beschlossen hatte.

Hier prallen ideologische Welten aufeinander. Es stellt sich die Grundfrage zum Verhältnis zwischen Staat und Bürger. Was darf der Staat von Eltern verlangen, was soll er selbst an Hilfe leisten, was *muss* er sogar leisten? Wem gehört letztendlich die „Lufthoheit über den Kinderbetten", wie es der SPD-Politiker Olaf Scholz einst unverblümt formulierte?

Aber es geht auch darum, was der Staat bislang versäumt hat. Nicht umsonst ist die Debatte verbal derart aufgeheizt. Die

Frauenfrage steht auf dem Spiel, die Emanzipation, die Gleichberechtigung von Mann und Frau – auch auf dem Arbeitsmarkt, die Förderung der Ehe zwischen Mann und Frau, die Kindererziehung – wer soll sie gewährleisten? – und natürlich die geschlechtergerechte Rollenteilung zwischen Büro und Küche. Alles heiße Eisen. Die 150 Euro erscheinen in der Tat nur noch als Nebenkriegsschauplatz angesichts der großen Fragen, um die es in dieser Diskussion tatsächlich geht.

Sieht man sich zunächst die Begrifflichkeiten an, die im Zusammenhang mit dem Betreuungsgeld mit im Spiel sind, wird schnell klar, wie sich der politische Jargon in dieser Sache über die Jahre zugespitzt hat. In einer preisgekrönten Chronologie hat der Journalist Robin Alexander in der *Welt*[34] zusammengetragen, wie die Politik ihre Sprache der Schärfe der Debatte anpasste und die Schrauben immer weiterdrehte.

Dabei handelte es sich doch zunächst nur um eine Familienleistung, die einst auf Drängen der CSU als Alternative für diejenigen Eltern gezahlt werden sollte, die nicht in den „Genuss" der Krippen-Offensive im Land kommen oder kommen wollen. Ein legitimer Grundgedanke, dass nicht nur einseitig subventioniert wird, sondern alle Eltern berücksichtigt werden sollen. Was ursprünglich als Kompensation, als ausgleichende Gerechtigkeit gedacht war, endete schnell in einem Wettkampf um den Begriff mit dem höchsten Beleidigungsfaktor.

Den Ausdruck „Herdprämie" brachte ausgerechnet Ursula von der Leyen im Jahr 2005 im Interview mit dem *Spiegel*[35] ins Spiel. Sie sagte, das geplante Elterngeld solle keine „Herdprämie" werden. Auf keinen Fall sollte der Eindruck erweckt werden, man wolle hier dieses böse traditionelle Familienbild fördern, das man doch einhellig abschaffen will. Damit war der Kampf um den heimischen Herd eröffnet und mit ihm natürlich das

Heimchen wieder präsent, das am selbigen steht und von dort befreit werden muss. Wobei mir bis heute noch niemand erklären konnte, warum wir uns über jeden Vater öffentlich freuen, der sich an den Herd stellt, während wir bei jeder Mutter, die das Gleiche tut, die Hände über dem Kopf zusammenschlagen. Vielleicht, weil selbst der *Duden* es laut Definition weiß: Das „Heimchen am Herd" ist „eine naive, nicht emanzipierte Frau, die sich mit ihrer Rolle als Ehefrau zufriedengibt", wahlweise auch eine „unscheinbare, unauffällige, unbedeutende Frau (umgangssprachlich abwertend)". Also eine Frau wie ich.

Ja, so steht das wirklich im Duden, dem Standardwerk für unsere schöne deutsche Sprache. Und deswegen ist es kein Zufall, sondern Strategie, dass der heimische Herd und die Frage, wer an ihm steht, Mittelpunkt der Schlacht ist. Von der „Herdprämie" war es dann nicht mehr weit bis zu zahlreichen weiteren beleidigenden Begriffen. „Schnapsgeld" – der Ausdruck stammt von der FDP-Staatsministerin im Auswärtigen Amt, Cornelia Piper. Damit war klar, Eltern versaufen das Plus in der Familienkasse, während es bei Cem Özdemir von den Grünen als „Schnapsidee" bezeichnet wurde, also mehr den Alkoholismus in den Reihen der Ideengeber, ergo der CSU, nahelegte.

Doch auch Frau von der Leyen warnte schon 2007 vor Investitionen in unsachgemäße materielle Werte. Das an die Eltern gezahlte Geld dürfe nicht in „noch größere Flachbildschirme oder Playstations im Kinderzimmer"[36] fließen. Gut, dass sie das noch mal erwähnte. Deswegen wurde zwischenzeitlich auch ein Gutschein-Modell statt Bargeld diskutiert, um die Sippenhaft für unzurechnungsfähige Eltern zu unterstreichen. Die heutige stellvertretende NRW-Ministerpräsidentin Sylvia Löhrmann von den Grünen brachte es gar in Zusammenhang mit Gewalt in Familien. Im Landtag von Nordrhein-Westfalen erklärte sie in einer Plenumssitzung[37] zum Betreuungsgeld: „Das Aufdecken familiärer Gewalt" werde durch solche „Heim- und Herdprämien" schwieriger. Damit rückte sie die Familie wortwörtlich an den Gewalt-Herd.

Nachdem die „Herdprämie" durch ihre Ernennung zum *Unwort des Jahres 2007* nicht mehr so richtig zur Diffamierung ganzer Gesellschaftsschichten taugte, kamen andere Begriffe ins Spiel. Die *FAZ* begab sich direkt in die Landwirtschaft und machte sie zur „Aufzuchtprämie".[38] Das sollte lustig daherkommen, in einer Glosse, ja, wirklich, sehr witzig. Die *TAZ* nannte es ein „Gluckengehalt"[39], weil ja klar ist, dass es nur etwas für diese anstrengenden Supermuttis ist, die ihre Kinder wie übereifrige Hühner von der Außenwelt fernhalten. Das leitete dann sofort weiter zu dem bislang beliebtesten Begriff, der „Fernhalteprämie" der SPD, die damit artikulieren will, dass Eltern durch dieses Geld dazu verleitet würden, ihre Kinder von der wertvollen Krippen-Bildung fernzuhalten. Weil aber auf der Diffamierungsskala nach oben hin noch Platz war, wurde es getoppt von Dr. Jörg Dräger, Vorstandsmitglied der Bertelsmann Stiftung, der es konsequenterweise gleich als eine „Verdummungsprämie"[40] für Kinder titulierte. Anscheinend führt das Zuviel an Heim und Herd dazu, dass die Mütter keinen klaren Gedanken mehr fassen können. Ihre Gehirnzellen fallen allesamt vom Wickeltisch und damit selbstredend auch die ihrer Kinder, die dann zu Hause zu verdummen drohen. Konsequent also nur, dass SPD-Kanzlerkandidat Peer Steinbrück in der Bundestagsdebatte 2013 zum Betreuungsgeld noch die „bildungspolitische Katastrophe" daraus machte, womit er kuschelig nah an Ursula von der Leyen rückte, der Begriff stammt nämlich von ihr.

Keine Frage also – es droht mindestens der Untergang des Abendlandes, und das mitten in Deutschland, wenn Eltern tatsächlich auch weiterhin das machen, was sie seit Bestehen der Menschheitsgeschichte tun: ihre Kinder selbst erziehen, und dabei mit der gewaltigen Summe von 150 Euro im Monat unterstützt werden. Es muss wirklich schlimm um unser Land bestellt sein, um unsere Kinder und natürlich auch um die Frauen, wenn so viele Warnsignale aus allen Richtungen kommen. Da stellt sich jedoch die Frage, wie wir eigentlich zum Land der Dichter und Denker geworden sind, obwohl Goethe und Schiller nicht in den Genuss einer umfassenden Krippenbildung gekommen sind und ihre Butterbrote vermutlich von ihren eigenen Müttern geschmiert bekamen. Eine ganze Nation diskutiert über das Für und Wider eines Betreuungsgeldes, ein Ende ist noch nicht in Sicht. Schließlich geht es um die Kinder, um die Zukunft unseres Landes. Und natürlich auch um die Kinder, die einfach nicht geboren werden, obwohl wir doch vordergründig anscheinend alles dafür tun, um Eltern für das Projekt „Kind" zu begeistern.

Zwei große Probleme beschäftigen die Politik in Deutschland massiv: zum einen der demografische Wandel, der unsere Gesellschaft dramatisch altern lässt. Statistisch bekommt eine Frau durchschnittlich nur noch rund 1,4 Kinder. Es müssten aber mehr als zwei Kinder pro Frau sein, um unseren Bevölkerungsstand und damit auch unseren Wohlstand langfristig sicherzustellen. Viel mehr Kinder müssen her. Wir brauchen sie als Steuerzahler und als Garanten der sozialen Sicherungssysteme, die jetzt schon unter der Last von immer mehr Anspruchsberechtigten zusammenzubrechen drohen. Hier sind also die Frauen gefragt, nur sie können die Kinder gebären.

Gleichzeitig macht uns der Fachkräftemangel zu schaffen. Die Humanressourcen im Land sind auf männlicher Seite so weit ausgereizt, dass Frau es jetzt auch hier richten soll. Wie bereits erwähnt, wird in diesem Zusammenhang gern von

„vergeudeten Potenzialen" gesprochen, wenn Frauen zu Hause Kinder erziehen, obwohl sie doch auf dem Arbeitsmarkt bestens zu gebrauchen wären.

Kinder müssen her, sollen aber bitte schön nur noch als Durchlaufposten zu Hause betreut werden, um den Weg für die Arbeitskraft ihrer Mütter frei zu machen. Längst steht im Fokus der Frauen- und Familienpolitik nicht mehr die Mutter, die sich um den Fortbestand der Generationen kümmert, sondern die Frau in der Arbeitswelt.

Frauenquoten, Frauenförderung in der Wirtschaft, flächendeckender Kita-Ausbau, Ganztagsschulen und sogar das Elterngeld, das nicht etwa wie früher als Erziehungsgeld, sondern neuerdings als „Lohnersatzleistung" für den „Schadensfall Kind" definiert wurde – alles Instrumente zur Förderung der berufstätigen Frau. Schön, klug und vom Manne unabhängig – so soll sie sein. Dafür hat der Feminismus jahrelang gekämpft. Endziel Frauen-Vollbeschäftigung. Statistisch bringt Frau jedoch immer weniger Kinder zur Welt, je mehr sie beruflich tätig ist und je höher sie auf der Karriereleiter steigt. Damit ist das Dilemma perfekt.

Was das alles mit dem Betreuungsgeld zu tun hat? Eine Unterstützungsleistung für Eltern, die selbst erziehen, würde faktisch viele Frauen für Jahre vom Arbeitsmarkt fernhalten. Denn es sind ja fast ausschließlich die Frauen, genauer gesagt, die Mütter, die in der Regel den Großteil der Erziehungsarbeit leisten und dafür im Beruf kürzertreten. Die meisten machen das übrigens sehr gern. Da sich aber nicht nur unsere Bundesregierung, sondern auch zahlreiche andere europäische Regierungen die Erhöhung des Frauenerwerbsanteils – aus nicht ganz uneigennützigen Gründen – auf die Fahnen geschrieben haben, würde dies Ziel durch ein Betreuungsgeld konterkariert.

Also drängte sich zuletzt die Gleichstellung der Frau ebenfalls als maßgebliches Argument gegen ein Betreuungsgeld in den Kontext von Demografie und Fachkräftemangel. Das Schlagwort der Stunde ist dabei die „Wahlfreiheit" der Frau. Tatsächlich wird es jedoch sehr einseitig verwendet, es steht nur für die Freiheit, sein Kind in eine Krippe geben zu können. Bekanntlich haben wir ja angeblich nicht genug Plätze – ergo hat die Frau gar nicht die Möglichkeit, sich zwischen Kindererziehung zu Hause oder Erziehung in der Krippe zu entscheiden. Nach der Logik der „Es ist noch nicht genug"-Fraktion hätten wir also erst dann eine volle Wahlfreiheit der Mütter und Väter verwirklicht, wenn für jedes Kind ein Krippenplatz zur Verfügung stünde und Eltern sogar die Wahl hätten, diesen schnöde auszuschlagen.

Die Wahlfreiheit, die Kinder selbst zu erziehen, steht also gar nicht zur Debatte, mehr noch, sie verhindert angeblich das Verfassungsziel „Gleichstellung der Frau". Ja, wirklich, die Gegner argumentieren, das Betreuungsgeld dürfe deswegen nicht eingeführt werden, weil Frauen dann dazu verleitet würden, es am Ende gar tatsächlich in Anspruch zu nehmen. Damit zementierten sie wiederum das traditionelle Familienbild mit seiner klassischen Rollenteilung, und deswegen sei es verfassungswidrig. Frau müsse daran gehindert werden, mit ihrem freien Willen die Gleichberechtigung zu unterlaufen. So wurde allen Ernstes in der Expertenanhörung vor dem Familienausschuss des Bundestages argumentiert.

Auch Andrea Nahles von der SPD hatte sich zu dem Satz hinreißen lassen, dass das Betreuungsgeld in die Wahlfreiheit der Familien eingreife[41]. Ja, ich musste es zweimal lesen. Es war kein Tippfehler. Dass ich nun als Frau die Wahl habe zwischen 150 Euro in bar oder einem Krippenplatz, engt mich in meiner Entscheidungsfreiheit ein. Vorher hatte ich die Wahl zwischen einem Krippenplatz und 0 Euro, das war natürlich ein bunter Strauß an Vielfalt.

Weswegen auch hier wieder ein passender Begriff gefunden wurde, um das Betreuungsgeld noch einmal zu umschreiben. Es ist nämlich ein „Fehlanreiz". Weil die Mütter sich dann böswilligerweise vom Arbeitsmarkt fernhalten und sich lieber an den üppigen 150 Euro bereichern. Wo kommen wir denn da hin, wenn Mutti einfach zu Hause bleibt, wo sie sich doch so schön aufreiben könnte zwischen Job und Familie, damit wir einen Teil der Krippenkosten über ihre Steuern wieder hereinholen? Eine Erwartungshaltung, die in der Regel sowieso nicht erfüllt wird, da ein Krippenplatz für ein einjähriges Kind nicht bedeutet, dass die Mutter automatisch erwerbstätig sein wird. Dies sind ja keine Bedingungen, die aneinander gekoppelt sind.

Sprich, ich hätte mir ja auch einen subventionierten Krippenplatz sichern können, um mich dann den ganzen Tag zu Hause an Latte macchiato zu laben – etwas, das Bascha Mika übrigens sowieso vermutet. Hat die ehemalige Chefredakteurin der *TAZ* in ihrem Buch „Die Feigheit der Frauen: Rollenfallen und Geiselmentalität"[42] doch ausführlich dargelegt, wie wir Frauen uns einfach nur bequem und feige hinter unseren Versorgern, sprich unseren Ehemännern, verstecken und uns der Emanzipation verweigern. „Latte-macchiato-Mütter", so nennt sie diese Frauen, weil sie angeblich nichts weiter tun, als ständig Kaffee zu trinken und sich hinter dem Kinderkriegen zu verkriechen. Immerhin gibt sie wenigstens zu, dass es diese Mütter gibt, die nicht in den Beruf streben, die damit glücklich sind, „nur" Kinder zu kriegen, „nur" dem Mann den Rücken frei zu halten. Aber klar ist natürlich auch, dass dies zu verurteilen ist.

Auch bei ihr findet sich wieder die Geiselmentalität, das Stockholm-Syndrom, und zwar diesmal bereits im Titel. Weil wir Frauen mit unseren männlichen Unterdrückern kollaborieren. Es mutet deshalb schon fast wie eine Erlösungsreligion an, wenn man betrachtet, mit welcher Vehemenz man uns Mütter aus unserer selbst gewählten Unmündigkeit am Herd oder wahlweise am Sandkastenrand herausführen will. Tatsächlich bedient eine Politik, die Frauen unbedingt und möglichst schnell nach der Geburt in eine Berufstätigkeit drängen will, nichts anderes als wirtschaftliche Interessen. Und so betätigt sich hier ausgerechnet der Feminismus als Steigbügelhalter für einen Kapitalismus übelster Ausprägung, in dem nur noch derjenige etwas zählt, der zum Bruttosozialprodukt beiträgt, nicht aber derjenige, der unbezahlte oder gar ehrenamtliche Arbeit leistet.

Selbst die Bundesarbeitsgemeinschaft kommunaler Frauenbüros marschiert in dieser Argumentation an vorderster Front. Was mich persönlich nicht wundert, aber insofern ärgerlich ist, weil man sich doch dort angeblich auf die Fahnen geschrieben hat, für „die Frauen" zu kämpfen. Unbeirrt hält man unter den gleichstellungsorientierten Damen übrigens am Begriff „Herdprämie" fest, auch ohne relativierende Gänsefüßchen. Mehr noch, man protestierte sogar dagegen, dass dieser Begriff zum *Unwort des Jahres* erkoren wurde. Sorgen sich die Damen doch darum, dass „die Wirtschaft angesichts der demografischen Entwicklung nur mit mehr weiblichen Fachkräften wettbewerbsfähig" sei. Auch hier wieder die rührende Sorge um die stagnierenden Gewinne der Wirtschaft. In ihren Kreisen weiß man auch, dies führe „zwingend zu der Gewissheit, dass die traditionelle Frauenrolle und das Ernährermodell der Vergangenheit angehören"[43]. Nun denn.

Mit in dieses Schema passt abschließend auch die aktuelle Forderung nach einem „Recht auf Vollzeitarbeit" gerade für

Frauen. Ein Recht, das niemand gefordert hat, das aber neuerdings einhellig von Familienministerin Kristina Schröder und Arbeitsministerin Ursula von der Leyen als Segen für die Frau angepriesen wird. Nachdem wir also erst vor wenigen Jahren mithilfe der Frauenpolitik das „Recht auf Teilzeitarbeit" erkämpft haben, weil nachweislich die allermeisten Frauen gern nur in Teilzeit erwerbstätig sein wollen, wenn sie kleine Kinder haben, sollen wir nun das Recht auf Vollzeitstellen bekommen. Nicht, weil Mütter es neuerdings wollen, sondern, weil sie es sollen.

Eifrig zitiert man in diesem Zusammenhang übrigens eine Studie des Allensbach-Instituts, erwähnt im oben genannten Familienbericht, nach der ein Drittel aller Mütter ihre Arbeitszeit gerne ausweiten würden und man deswegen – natürlich – mehr Krippenplätze brauche. So weit, so gut. Man könnte Böswilligkeit unterstellen, zumindest aber Unredlichkeit, weil im Familienbericht verschwiegen wird, dass in der identischen Allensbach-Studie zwei Drittel, also doppelt so viele Mütter angeben, dass sie ihre Arbeitszeit gern zugunsten der Kindererziehung *reduzieren* würden. Diese Frauen werden im gesamten Familienbericht nicht einmal erwähnt. Und damit schließt sich der Kreis beim „Recht auf Vollzeit", das uns Müttern jetzt als Wohltat verkauft werden soll, aber leider nichts mit dem zu tun hat, was Mütter tatsächlich wollen.

Damit also Frauen fortan die *richtige* Wahl treffen und die „Geiselhaft am Herd" verlassen, haben wir den Rechtsanspruch auf einen Krippenplatz bekommen. Grundsätzlich ist ein Rechtsanspruch eine gute Sache, viele Eltern wollen ja tatsächlich einen Krippenplatz, sehr viele brauchen ihn einfach. Wobei „wollen" und „brauchen" durchaus ein Unterschied ist. Besser wäre jedoch ein Rechtsanspruch auf Unterstützung bei der Erziehung der Kinder gewesen – ganz unabhängig davon, wie Eltern dies im Einzelnen umsetzen wollen. Diese Definition wäre dann auch konform mit der Forderung unseres Bundesverfassungsgerichtes, das bereits im Jahr 1998 in einem Urteil[44] sehr klar und eindeutig formuliert hat, dass eine Kinderbetreuung in der „jeweils von den Eltern gewählten Form" ermöglicht werden muss.

Ja, wirklich, das Bundesverfassungsgericht vertraute damals noch auf die Urteilskraft der heutigen Erziehungs-Dilettanten, der Eltern. Die Form der staatlichen Unterstützung ist weder durch das Grundgesetz noch vom Bundesverfassungsgericht definiert worden. Auch nach langem Suchen habe ich das Wort „Krippe" in unserem Grundgesetz nicht gefunden. Wohl aber in der Bibel, dort ist es eine Notunterkunft, weil nichts Besseres zu finden war, das aber nur am Rande.

Die Frage, welche Hilfe man Eltern also zuteilwerden lässt, ist ein Spielball der Politik. Man könnte auch gar keine Krippen bauen und stattdessen nur Betreuungsgeld in hoher Summe auszahlen. Das wäre mit unserem Grundgesetz vereinbar. Das Bundesverfassungsgericht hat ebenfalls definiert, dass der Staat den Eltern nicht nur die Freiheit lassen muss, ihre Familie eigenständig zu organisieren, sondern dass er auch die „tatsächlichen Voraussetzungen" dafür schaffen muss. Und zwar für verschiedene Möglichkeiten, nicht nur für die Möglichkeit „Krippe". Ein kleiner, aber feiner Unterschied. Denn wie oft bekommt man doch als Frau zu hören: „Du kannst doch zu Hause bleiben, es hindert dich ja niemand daran!" Sicher – wenn ich es mir aber nicht leisten kann, habe ich keine Wahl. Dann gerät es zum finanziellen Luxus, wenn eine Familie sich noch selbst um die Erziehung ihrer Kinder kümmern kann. Eine Realität, die sich in Deutschland allein schon daran zeigt, dass Familien ab dem dritten Kind in der Regel statistisch an der Schwelle zur Armut stehen.

Das Bundesverfassungsgericht hat die Entscheidung explizit in die Hand der Eltern gelegt und erklärt, dass der Staat nicht das Recht habe, eine bestimmte Lösung zu favorisieren oder gar einseitig zu fördern. Der Staat muss sich also neutral verhalten. Nun sind leider sämtliche Urteile des Bundesverfassungsgerichts, die Ungerechtigkeiten in Bezug auf Familie anprangern, nicht das Papier wert, auf dem sie stehen, denn die Politik tut genau das Gegenteil.

Es ist doch bezeichnend, dass der Staat sich jetzt gesetzlich verpflichtet hat, jedem Kind einen Krippenplatz zu stellen und somit durchschnittlich 1 200 Euro pro Kind und Monat an diese Institution zu überweisen. Man ist also bereit, 1 200 Euro auszugeben, wenn Eltern ihren Anspruch geltend machen. Die Frage, die der Staat nie gestellt hat, ist jedoch diese: „Wir sind bereit, 1 200 Euro monatlich pro Kind auszugeben, um allen Familien gleich viel bei der Erziehung und Betreuung ihres Kindes zu helfen – wie würdet ihr dieses Geld am liebsten einsetzen, liebe Familien?"

Wie gesagt, diese Frage ist Fiktion, sie wurde nie gestellt und wird auch nie gestellt werden. Weil man das Ergebnis gar nicht hören will und weil man sich diese Ausgaben auch gar nicht leisten möchte. Es wäre aber die einzig richtige Frage, wenn man die Rechtsprechung des Bundesverfassungsgerichtes ernst nimmt.

De facto kommt der Staat mit dem Rechtsanspruch auf einen Krippenplatz finanziell sensationell gut weg. Man wusste ja aufgrund der eigenen Bedarfserhebung des Familienministeriums schon vorher, dass sich nur 35 Prozent aller Eltern dafür entscheiden, und spart somit das Geld, das man ausgeben müsste, würde man tatsächlich eine Lösung einführen, die 100 Prozent aller Eltern berücksichtigt. Es ist eine Art „Friss-oder-stirb"-

Mentalität, bei der Eltern die Wahl zwischen einem Krippenplatz oder eben gar nichts haben. Eltern, die aber finanziell keine andere Möglichkeit haben, als berufstätig zu sein, und deswegen eine Betreuung für ihr Kind brauchen, haben keine Wahl – sie müssen nehmen, was sie kriegen können. Und zwar egal, in welcher Qualität.

Zu Beginn des Jahres 2012 hatte die Bundesregierung ihren Familienbericht[45] mit dem Titel „Zeit für Familie" veröffentlicht. Auch dort findet sich noch einmal der Hinweis auf den massiven Ausbau der U3-Krippen, weil ja 35 Prozent aller Eltern einen Platz wollen und dies bei Weitem noch nicht erreicht worden ist. Der Familienbericht stellte auch fest: Eltern wünschen sich eher mehr Zeit für die Familie als mehr Geld. Man konnte förmlich das Aufatmen von Bundesfinanzminister Wolfgang Schäuble hören – doch leider ist in diesem Fall Zeit eben doch Geld. Denn jede weitere Stunde, die Eltern mit den Kindern verbringen und dafür nicht am Arbeitsplatz sitzen, bedeutet für die Familie einen Verdienstausfall. Das ist schon fast eine Binsenweisheit in einer Gesellschaft, die ständig an der Optimierung ihrer Produktionsprozesse arbeitet. Wenn wir Familien tatsächlich mehr Zeit mit den Kindern verschaffen wollen, dann müssen wir den Einkommensausfall ausgleichen, der sich dadurch ergibt. Davon fehlt im Bericht jede Spur und dazu auch noch jeglicher Wille.

Man könnte ja tatsächlich die Frage der Notwendigkeit eines Betreuungsgeldes überdenken, wenn unter Eltern und vor allem unter den betroffenen Müttern ein großer Konsens herrschen würde, dass man die Erziehung und Betreuung abgeben möchte und dafür staatliche Hilfe benötigt. Zwar wäre dann immer noch nicht die Frage geklärt, wie sich das emotional und intellektuell auf die Kinder auswirkt, aber zumindest die Eltern wären zufriedengestellt. Tatsächlich ist aber anhand verschiedenster Zahlen und Statistiken sehr klar erkennbar, dass Eltern und gerade auch Mütter diese Verantwortung und auch die große Freude, die sie mit ihren Kindern zusammen erleben, überhaupt nicht abgeben wollen.

Sieht man nämlich im Umkehrschluss zu den 35 Prozent der Eltern, die einen Krippenplatz brauchen oder wollen, die andere Seite, bleiben 65 Prozent, die die Krippe *nicht* wollen. Das ist die Mehrheit aller Eltern in Deutschland. Reicht das als Argument heutzutage nicht mehr aus? Die Krippenoffensive ist anhand der Zahlen eine Minderheitenpolitik. Nahezu jedes Magazin und jede Zeitung hat im vergangenen Jahr eine Umfrage zum Thema Betreuungsgeld gestartet, immer mit gleichem Ergebnis: Ablehnung in der Mehrheit.

Nun verwundert es nicht, dass neue Kosten bei Bevölkerungsgruppen auf Ablehnung stoßen, die sich nur als Zahler sehen und selbst nicht von einer staatlichen Leistung profitieren würden. Interessant ist aber doch in Fragen der Familienpolitik, was die Betroffenen selbst wollen. Man muss also auch hier differenzieren und diese selbst befragen.

Dazu findet sich in einer Umfrage des Magazins *Der Stern*[46] in Zusammenarbeit mit dem Sender RTL – beides Medien, die nun wirklich nicht in Verdacht stehen, fundamentalistische Krippengegner zu sein – ein aufschlussreiches Ergebnis: Auch dort stellt sich die Mehrheit aller Befragten gegen ein Betreuungsgeld. Sieht man sich jedoch die Altersklasse der 18- bis 29-Jährigen an, also genau die Menschen, die potenzielle Familiengründer sind oder bereits Kinder haben, dann findet sich sogar eine Mehrheit von 51 Prozent *für* ein Betreuungsgeld. Ist das irgendwo in der Politik zur Kenntnis genommen worden?

Und selbst wenn es nicht eine Mehrheit, wenn es nur 35 Prozent wären, hätten sie denn kein Recht darauf, dass man Politik für sie macht? Gleichzeitig geben wir doch Milliardenbeträge aus, um die Minderheit von 35 Prozent aller Eltern zufriedenzustellen, die einen Krippenplatz wollen.

Gleiches Recht für alle sieht anders aus. So schaffen wir de facto Eltern erster und Eltern zweiter Klasse. Die einen werden unterstützt, die anderen nicht.

Jedes Unsinns-Argument ist recht

Da also die Behauptung „Eltern wollen lieber Krippenplätze" nicht nur nicht bewiesen, sondern sogar widerlegt werden kann, müssen andere Begründungen herhalten, um eine Förderung des traditionellen Familienmodells zu unterlaufen.

Da haben wir zum Beispiel das Argument, 150 Euro seien sowieso nicht genug, um eine alternative Betreuung zu organisieren oder gar den Lohnausfall auszugleichen. Anstatt dann jedoch in logischer Konsequenz eine erhöhte Summe auszuzahlen, wird dies als Begründung benutzt, um das Betreuungsgeld gar nicht erst einzuführen. Seltsamerweise hört man solche Schlussfolgerungen niemals in Diskussionen um andere soziale Leistungen des Staates. Seit Einführung der Hartz-IV-Leistungen gibt es auch die dazugehörige Debatte, dass dieser Regelsatz zu gering für das Existenzminimum sei. Als Konsequenz forderte man immer eine Erhöhung. Wirklich nirgendwo ist mir bislang der Vorschlag begegnet, dass man die Leistungen ganz abschaffen sollte, weil das Geld sowieso nicht zum Leben reiche.

Dann gibt es auch das Unsinns-Argument, es sei kein Geld vorhanden, und wir müssten schließlich sparen. Betreuungsgeld sei also nicht bezahlbar. Wenn es denn wirklich so ist, dass die Kassen leer sind und wir uns in Sachen Kinderbetreuung keine Ausgaben leisten können, warum subventioniert der Staat dann explizit und sehr einseitig ausgerechnet die kostspieligste Form der Kindererziehung in Deutschland? 1200 Euro pro Kind pro Monat! Man kann es gar nicht oft genug wiederholen. Das ist eine Menge Geld. Unser aller Geld. Davon könnte man jedem Kind ein persönliches Kindermädchen bezahlen. Und zwar individuell zu den Zeiten, in denen es die Eltern brauchen, und auch dort, wo sie es gerade brauchen. Doch so viel muss es ja nicht einmal sein. Selbst wenn man nur die Hälfte der Summe nimmt, die ein Krippenplatz kostet, und 600 Euro monatlich als Betreuungsgeld veranschlagt, gäbe es bereits eine echte Wahlfreiheit für die Eltern, und der Staat würde dennoch Geld sparen.

Wie groß wäre wohl noch der Krippenbedarf in Deutschland, wenn Eltern eine finanzielle Alternative geboten bekämen, die ihren Namen auch verdient? Wie viele Eltern bräuchten noch die Krippe für 1200 Euro, wenn sie monatlich 600 Euro mehr hätten, bis das Kind drei Jahre alt ist? Ein Betrag, bei dem man auf Augenhöhe anfangen könnte, über Gerechtigkeit zu diskutieren. Aber da ist sie wieder, diese Frage, die nicht gestellt wird. Es ist eigentlich ein Witz, dass wir jetzt die Mehrheit der Eltern mit 150 Euro abspeisen.

Krippenpolitik ist realitätsfern

Mit einem deutlich höheren Betreuungsgeld von 600 Euro wäre übrigens auch all den Eltern geholfen, die mit den Öffnungszeiten einer Kinderkrippe beruflich sowieso nichts anfangen können und allein schon deswegen niemals diese Möglichkeit in Anspruch nehmen könnten, selbst wenn sie es wollten.

Dazu zähle auch ich selbst. Denn auch mein Mann und ich brauchten immer wieder Betreuung für unsere Kinder, bevor sie drei waren und in den Kindergarten kamen. Wir haben über die Jahre Tausende von Euro in Babysitter und eine Tagesmutter investiert, damit unsere Kinder zu Hause bleiben, mit ihren Geschwistern spielen und im eigenen Bett schlafen können, auch wenn Mama und Papa wegen einer zeitkritischen Arbeit bis nach Mitternacht im Büro festhängen. Unterstützt hat uns der Staat dabei nicht, obwohl gerade ich doch genau das gemacht habe, was man neuerdings von Frauen fordert: Kinder kriegen und trotzdem versuchen, beruflich am Ball zu bleiben.

Was ist mit der wachsenden Zahl von Eltern, die im Schichtdienst arbeiten und deren Arbeitszeiten teilweise wöchentlich variieren? Was ist mit den Eltern, die schon sehr früh morgens aus dem Haus müssen, denen dann aber eine Betreuung fehlt? Was ist mit denjenigen, die spätabends oder am Wochenende arbeiten müssen? All diesen Eltern hat unser einseitiges Krippensystem nichts anzubieten außer neuerdings die 24-Stunden-Kitas, in denen man Kinder auch mitten in der Nacht abgeben kann, nachdem man sie aus dem Schlaf gerissen hat. Da fehlt in der schönen neuen Krippenwelt wirklich nur noch ein Revival der DDR-Wochenkrippen.

Gerade hier zeigt sich, dass es ja im Grunde genommen gar nicht nur um die Eltern in traditioneller Rollenverteilung geht, die sich komplett und ausschließlich um die Kindererziehung kümmern wollen, sondern auch um die vielen Berufstätigen, die eine Alternative zu einer Krippe brauchen und diese organisieren würden – dafür jedoch auch Geld benötigen. Alle Alternativen wie zum Beispiel Nachbarn, Babysitter, Kindermädchen, Au-pair-Mädchen oder andere Privatinitiativen werden aber als privater Luxus, als teures Hobby angesehen, das man sich erst einmal leisten können muss.

Am schönsten, weil am absurdesten, ist jedoch dieses Gegenargument zum Betreuungsgeld: dass man ja schließlich auch anderswo kein Geld zurückbekommt, wenn man eine staatlich subventionierte Leistung nicht in Anspruch nimmt. Der berühmte Platz in der Oper, für den ich schließlich nicht das Eintrittsgeld erstattet bekomme, wenn ich nicht in die Oper gehe. Es gibt nahezu keinen SPD-Politiker, der dieses hanebüchene Beispiel noch nicht öffentlich zitiert hat. Ein Argument, dessen Blödheit nur durch seinen Zynismus übertroffen wird.

Der Argumentationsstrang hangelt sich etwa so entlang: Wir zahlen Subventionen sowohl für Krippen als auch für die zahlreichen Opernhäuser, Theater und Schwimmbäder in Deutschland. Wer nicht in die Oper, das Theater oder das Schwimmbad geht, bekommt schließlich für sein Fernbleiben keine Prämie ausgezahlt – also sollen auch Eltern, die die Kita nicht nutzen, keine „Fernbleibeprämie" bekommen.

Nun werden die Dinge ja nicht wahrer, nur weil man sie ständig wiederholt. Tatsächlich ist die Gleichstellung der liebevollen Erziehung eines Kindes zu Hause mit einem leeren Klappstuhl in einer hoch subventionierten Oper eine einzige Frechheit und ein Schlag ins Gesicht aller Eltern, die sich täglich intensiv um ihre Kinder kümmern. Genauso gut könnte man Kinder gleichsetzen mit Solarstrom oder Butterbergen. Die Oper und das Schwimmbad stehen also grundsätzlich nur beispielhaft für eine beliebige Subventionierungsmaßnahme, die von unser aller Steuergelder bezahlt wird.

Falsch ist das Argument auch, weil die richtige Frage nur lauten könnte: Nach welchen Kriterien verteilen wir grundsätzlich Subventionen? Konsens ist: Kultur braucht Subvention, weil sich Kunst in der Regel für den Künstler erst post mortem rechnet. Aber wieso subventionieren wir eigentlich die Opern und die Staatstheater, nicht aber den brotlosen Kleinkünstler in der Fußgängerzone von Duisburg? Die Antwort ist einfach: Die einen halten wir für künstlerisch wertvoll und unterstützenswert, die anderen nicht. Die einen sind professionelle Darsteller, die anderen nicht. Wenn man also einzelne Subventionen in der politischen Debatte gegeneinander ausspielt, dann müssen sie schon aus dem gleichen Topf stammen. Beim Kulturtopf ist klar: Oper ja, Fußgängerzone nein.

Und damit sind wir auch direkt beim Unterschied zwischen erziehender Krippe und erziehenden Eltern. Nennen wir die Geldquelle in diesem Fall mal den Erziehungstopf. Auch hier müssen wir uns das Gesamtvolumen der Subventionen für Betreuung und Erziehung von Kindern vornehmen und schauen, in welche Teller die Suppe ausgeteilt wird. Man ahnt es schon: Die Kita ist die Oper – die Eltern sind die brotlosen Kleinkünstler: irgendwie sympathisch, aber nur ein paar Cent im Vorbeilaufen wert.

Immerhin, auch dieses Argument hat es bis in die Expertenanhörung des Bundestages geschafft. Ausführlich erklärte dort ein Rechtswissenschaftler, warum es kein Geld für die Nicht-Nutzung einer staatlichen Leistung geben darf. Was an sich schon schwierig in der Argumentation ist, denn ein ähnliches Prinzip existiert bereits beim Pflegegeld, und dort hat noch nie jemand die Legitimität angezweifelt. Ausgespart hat der Rechtsexperte stattdessen die Frage, ob die einseitige Subventionierung von Krippen und die gleichzeitige Nicht-Subventionierung von elterlicher Erziehung überhaupt rechtlich legitim sind. Das Bundesverfassungsgericht jedenfalls sagt, das ist es nicht. Man darf ja nicht vergessen: Wir alle bezahlen durch unsere Steuergelder, die man uns zwangsweise abnimmt, sämtliche Subventionen im Land. Es muss also für die Legitimation einer Subvention ein gesamtgesellschaftliches Interesse an den Dienstleistungen geben, die wir auf diese Art und durch gemeinsame Anstrengung über Wasser halten.

Doch in den Genuss der Subventionen im U3-Ausbau der Kitas kommt nur eine Minderheit von 35 Prozent der Eltern, während die übrigen 65 Prozent – nicht zu vergessen: die Mehrheit! – diese Form der Subvention gar nicht wollen, sie aber dennoch über ihre Steuern mitfinanzieren müssen.

Es stellt sich also zum Schluss noch einmal die nach wie vor unbeantwortete Frage, wieso wir uns eigentlich erlauben, das gesamte Volumen an Betreuungssubventionen, das wir zu vergeben haben, für eine Minderheit der Eltern auszugeben, obwohl die Mehrheit der Eltern sich für eine andere Betreuungsform ausspricht.

Wenn also beispielsweise die SPD-Politikerin Manuela Schwesig aus Peer Steinbrücks Kompetenzteam fordert, das geplante Betreuungsgeld komplett einzustampfen und stattdessen 120 000 neue Krippenplätze zu schaffen, ist das nichts als eine weitere Enteignung der Mehrheit zugunsten einer Minderheit. Und wenn Peer Steinbrück im Wahlkampf großspurig verspricht, im Falle seiner Kanzlerschaft die Kita-Gebühren abzuschaffen, muss auch dies von allen Eltern über die Steuern finanziert werden – auch von denjenigen, die die Einrichtungen gar nicht nutzen wollen. In letzter Konsequenz würden wir also sogar der viel zitierten „Millionärsgattin" einen kostenlosen Kindergartenplatz bezahlen, die dann in der Zeit in Ruhe auf den Golfplatz fährt und sich sogar ein Kindermädchen leisten könnte. Was daran sozial sein soll, muss mir Herr Steinbrück erst noch erklären.

Es ist überhaupt keine Frage, ob ein Betreuungsgeld berechtigt ist. Im Gegenteil, es ist längst überfällig und rechtlich geboten. Es stellt sich auch nicht die Frage, was Eltern mit ihrem Nachwuchs tun sollten, denn sie haben das Recht, dies selbst zu entscheiden. Die einzige Frage, die sich noch stellt, ist: Wann wird es endlich ein Betreuungsgeld geben, das auch in der Höhe der Summe seinen Namen verdient?

Was brauchen Kinder wirklich?
Bei alledem ist noch nicht viel über die Kinder gesprochen worden. Darüber, was Kinder wirklich brauchen, oder gar darüber, was Kinder wollen. Wir reden viel über Fraueninteressen und meinen, die Kinder dabei mit zu berücksichtigen. Doch ähnlich wie in der Frage der Frauen und der Mütter kann man dies nicht über einen Kamm scheren. Fraueninteressen sind nicht gleich Familieninteressen und schon gar nicht gleich Kinderinteressen. Manchmal widersprechen sie sich sogar explizit.

Um das mal vorwegzuschicken: Kein einjähriges Kind, dem man wirklich die Wahl lässt, verbringt den Tag lieber mit zwei Dutzend Fremden als mit seiner Mutter oder seinem Vater. Diese Wahl lassen wir den Kindern aber nicht. Zwar geben alle Politiker vor, sie sorgten sich in dieser Sache allein um das Kindeswohl, doch in Wirklichkeit sollen Kinder heute nur noch funktionieren, müssen sich vom ersten Atemzug an bilden lassen und dürfen vor allem ihren berufstätigen Müttern kein schlechtes Gewissen machen.

Deswegen ist ein Betreuungsgeld angeblich auch ein „Fehlanreiz", weil es diese wertvolle Krippenbildung verhindert, von der man so viel hört, und das vor allem bei Kindern aus „Problemfamilien" mit „Migrationshintergrund" aus „bildungsfernen" Schichten.

Nun haben wir uns bereits daran gewöhnt, dass man in diesem Land beispiellos schlecht über Mütter reden darf, das stört nicht einmal Frauenrechtlerinnen. Es ist jedoch erstaunlich, wie einhellig und pauschal in dieser Sache über Familien mit Migrationshintergrund geurteilt wird, gern auch im Zusammenhang mit „bildungsfernen" Familien – in einem Land, das sonst sehr bemüht ist, jeden Eindruck von Ausländerfeindlichkeit zu vermeiden. Ist eine Mutter, die kein Deutsch spricht, automatisch eine schlechte Mutter? Ist ein Vater mit geringer Bildung automatisch ein schlechter Vater?

Fast wie ein Stigma wird der Migrationshintergrund inzwischen benutzt, um die besondere Notwendigkeit von Förderung zu betonen, ohne zu beachten, dass es auch innerhalb der Migranten völlig unterschiedliche Gruppen gibt. Unter denen benötigen manche überhaupt keine Förderung und integrieren sich bestens, andere jedoch verweigern sich konsequent. Ich stamme beispielsweise laut Definition ebenfalls aus einer Familie mit Migrationshintergrund, obwohl meine Muttersprache Deutsch ist, und selbst unsere Kinder werden immer noch in den Statistiken „mit Migrationshintergrund" geführt, einfach nur, weil ihre Mutter nicht seit ihrer Geburt einen deutschen Pass besitzt.

Davon einmal abgesehen: Ja, sicher, es gibt diese Familien, in denen die Kinder nicht so umsorgt werden, wie es nötig wäre. Das betrifft auch deutsche Familien, gebildete Familien und reiche Familien. Der mittellose, ungebildete Klischee-Migrant hält darauf kein Monopol, denn emotionale Verwahrlosung von Kindern schafft man auch auf hohem intellektuellem und finanziellem Niveau.

Ohne Zweifel muss sich unsere Gesellschaft um diese Kinder kümmern. Was wir jedoch tatsächlich machen, ist, eine ganze Generation von Eltern in Sippenhaft zu nehmen wegen der wenigen Eltern, die ihrer Aufgabe nicht gerecht werden. Ein unsäglicher Generalverdacht wird hier über Eltern ausgebreitet, sie könnten 150 Euro mehr im Monat nicht sinnvoll nutzen, das Geld käme nicht bei den Kindern an, es werde in Flachbildschirme investiert oder gar gleich versoffen. An seriöse Zahlen zu kommen, wie viele Familien denn tatsächlich ihren Erziehungsauftrag vernachlässigen, ist dabei überhaupt nicht so einfach. Es existieren nur Schätzungen, die zwischen 5 und 10 Prozent schwanken. Es sind deswegen Schätzungen, weil offenbar niemand wirklich repräsentative Zahlen besitzt. Nicht einmal die Mitglieder des Familienausschusses unseres Bundestages können darüber verbindliche Auskunft geben; ich habe versucht, es zu erfragen! Das ist auch nicht verwunderlich, denn dafür müsste man die Zahlen ja erheben, Familien bewerten, sie sortieren zwischen Gut und Schlecht. Welcher Politiker wagt sich da heran? Es wäre ein politisches Minenfeld. Da ist es doch sehr viel einfacher, lieber alle über einen Kamm zu scheren und alle Kinder in die Krippen zu schicken, in der Hoffnung, dass es denen, die es nötig haben, etwas nützt und denen, die es nicht nötig haben, nicht allzu sehr schadet.

Ungeklärt bleibt aber auch in diesem Zusammenhang, was wir dadurch nachhaltig bewirken. Mir hat noch kein Experte bestätigen können, dass die elterliche Kompetenz dadurch gestärkt wird, dass man Kinder und Eltern so früh wie möglich voneinander trennt. Erziehungsexperte wird man als Vater oder Mutter ja nicht im Kreißsaal, sondern durch das Bewältigen immer neuer Probleme. Denn daran wachsen wir als Eltern. Dadurch lernen wir dazu. Und Eltern sind nicht perfekt. Sie müssen es nicht mal sein. Auch ich bin als Mutter nicht unfehlbar. Ich bin manchmal genervt und manchmal schreie ich sogar rum. Erziehen kann ganz schön anstrengend sein. Ständig muss man Entscheidungen treffen, verhandeln über Nutella-Verbrauch, TV-Programm, Nach-Hause-komm-Zeiten. Über die Anschaffung teurer, dafür nutzloser Dinge, über Umgangsformen, unaufgeräumte Zimmer, einfach über alles. Und manchmal ist es gar nicht so einfach, konsequent zu bleiben, wenn so ein süßes Ding mit hollywoodreifem Augenaufschlag vor einem steht.

Doch wir lernen als Eltern nichts, wenn Fremde für uns die Probleme lösen und uns die Anstrengung abnehmen. Wenn wir also in diesen Familien etwas ändern wollen, dann müssen wir *in* die Familie hineingehen und ihnen dort helfen, anstatt die Kinder *aus* den Familien herauszuholen.

Konsequent werden Warnungen vonseiten der Wissenschaft ignoriert, die inzwischen weltweit in verschiedenen Studien[47] nachgewiesen hat, dass allzu früher und allzu langer Aufenthalt in einer Krippe die Kinder massiv mit dem Stresshormon Cortisol belastet und dies selbst in der Pubertät immer noch messbar sei. Und noch keine einzige Studie hat nachweisen können, dass die Krippenerziehung der normalen elterlichen Erziehung überlegen sei. Dennoch wird so getan, als ob.

Was wir jedoch wissen, ist, dass die Qualität der allermeisten Krippen in Deutschland leider schlecht ist. Die *Deutsche Liga für das Kind* hat bereits 2010 in einer Untersuchung festgestellt, dass nur zwei Prozent aller Krippen in Deutschland die Note „sehr gut" verdienen. Die große Masse sei gerade mal ausreichend in der Qualität und ein Drittel eindeutig mangelhaft. Nur, um das richtig einordnen zu können: Die *Deutsche Liga für das Kind* ist ein klarer Befürworter von Krippen und hat sich inhaltlich gegen ein Betreuungsgeld positioniert. Sie wollen nichts schlechtreden, sie benennen nur die Fakten.

An der schlechten Qualität der Krippen tragen übrigens nicht die Erzieherinnen die Schuld, die dort täglich harte Arbeit leisten. Auch das muss einmal klar ausgesprochen werden. Sie machen das Beste aus dem, was wir ihnen an Rahmenbedingungen stellen. Und zu mehr reicht es oft einfach nicht.

Seit nunmehr 12 Jahren haben wir als Familie mindestens ein Kind in einem Kindergarten untergebracht. Ich habe Erzieherinnen mit Burn-out erlebt. Erzieherinnen, die sechs Monate lang allein mit 24 Kindern durchhalten mussten, weil die Kollegin krank war und nirgendwo ein Ersatz herkam. Ich habe hoch motivierte Erzieherinnen erlebt, die sich ständig freiwillig fortbilden, obwohl niemand ihnen dafür auch nur einen Cent mehr bezahlt. Aber auch Erzieherinnen, die morgens nicht mal Guten Tag zu den Kindern sagen. Es arbeiten auch hier nur Menschen und sie haben nur zwei Hände. Ich weiß aus eigener Erfahrung, wie laut und anstrengend vier Kinder sein können, oder sechs oder sieben, wenn noch Freunde unserer Kinder im Haus sind. Die Personalschlüssel in den Krippen sind unwürdig, für die Erzieherinnen und auch für die Kinder. Seit Jahren wird bemängelt, dass die Gruppen zu groß sind und sich zu wenige Erzieherinnen um zu viele Kinder kümmern müssen. Geändert hat sich jedoch nichts.

Gerade in den U3-Gruppen sollte sich eine Erzieherin laut Expertenempfehlung um nicht mehr als 3 bis 4 Kinder gleichzeitig kümmern. Tatsächlich liegt der Betreuungsschlüssel in der Realität nicht selten bei 6 bis 8 Kindern pro Erzieherin. Und das in einer Altersklasse, in der Kinder wirklich für alles noch Hilfestellung brauchen. Es sind Babys und Kleinstkinder. Zwischen Anziehen, Ausziehen, Füttern und Wickeln reicht die Zeit oft nur für Sauber-sicher-satt. Mit Bildung hat dies alles nichts zu tun.

Es wäre also noch einmal deutlich mehr Geld und deutlich mehr Personal nötig, um die Krippen überhaupt erst auf den Standard zu bringen, von dem man Eltern immer erzählt. Stattdessen reden wir aber nur über die Quantität der Plätze, die Qualität wird nicht einmal diskutiert.

Doch selbst bei hoher Qualität von Krippen sind die Eltern in der Regel immer noch die bessere Alternative, denn sie haben einen unschlagbaren und uneinholbaren Vorsprung: Sie lieben ihr Kind. Sie halten es für das Schönste, das Klügste, das Einzigartigste auf der ganzen Welt. Und das ist einfach nicht zu ersetzen.

Doch halt, die deutsche Sprache kommt an dieser Stelle der Diskussion immer wieder als Einwand. Die muss doch gelernt werden, und das geht angeblich nur in der Krippe. Was schon wieder falsch ist, denn vor allen Dingen muss ein Kind überhaupt erst einmal *eine* Sprache erlernen, und das darf auch ruhig die Muttersprache sein – sollte dieses Wort in absehbarer Zeit noch existieren, denn es ist hochgradig genderunsensibel.

Haben Sie schon mal einem Kind das Sprechen beigebracht? Es ist sehr zeitintensiv. Wenn die Kleinen erst einmal richtig loslegen, reden sie in der Regel Kauderwelsch wie am Fließband. An manchen Tagen hatte ich meinen Tagesbedarf an Worten schon um die Mittagszeit erreicht. Und das bei einem heimischen Personalschlüssel von 1:1. Ein Kind lernt ja nicht durch Frontalunterricht, sondern durch ständiges Wiederholen, durch Nachahmen, durch erneutes Versuchen, durch Verbessern und noch mal Nachsprechen. Alle unsere Kinder konnten innerhalb kürzester Zeit bis 17 zählen, sobald sie der Sprache mächtig waren. Nicht, weil es eine besondere Zahl war, sondern genau die Anzahl der Treppenstufen von einer Etage zur nächsten in unserem Haus. Weil wir jedes Mal zählen mussten. Rauf und runter. Das ist zeitraubend, alles dauert länger, und manchmal wäre es einfacher gewesen, das Kind einfach unter den Arm zu klemmen und es die Treppe hochzutragen. Hätte aber nicht so viel Spaß gemacht und kleine Erfolgserlebnisse verhindert, die jedes Kind braucht auf dem Weg ins Leben und in die Sprache.

Deswegen können sich Kinder in der U3-Gruppe ja auch nicht gegenseitig das Sprechen beibringen. Sie brauchen einen Erwachsenen als Korrektiv, aber auch als Motivation. Jemanden, der intensiv auf das Kind eingeht und heraushört, was es meint, jemanden, der es ermutigt, sich besser, anders auszudrücken. Wie das eine Erzieherin mit derart vielen Kindern neben dem, was sie sonst noch alles machen muss, auch noch bewältigen soll, ist mir als Mutter jedenfalls ein Rätsel.

Die Wissenschaft weiß, dass ein Kleinkind emotional belastet ist, wenn die erste Bezugsperson, in der Regel die Mutter, für das Kind tagsüber nicht verfügbar ist.[48] Ein Kind ist ein soziales Wesen, es will sich binden und versucht es mit demjenigen, der gerade verfügbar ist. Und so ist die Theorie von der sogenannten „Quality Time" zwar toll, um unser schlechtes Gewissen als Eltern zu beruhigen, wenn wir tagsüber fehlen, sie hat aber nichts mit den tatsächlichen Bedürfnissen von Kindern zu tun. Gemeinhin wird nach dieser Theorie so getan, als sei es völlig unerheblich, wie viel Zeit Eltern täglich mit ihren Kindern verbringen, wichtig sei nur, dass auch die wenige Zeit „qualitativ" hochwertig sei – was immer das auch bedeuten soll. Kinder sparen sich ihre Bedürfnisse und Erlebnisse nicht für die paar Stunden auf, in denen sie uns als Eltern möglicherweise zwischen der Abholung aus der Krippe und dem Zubettgehen erleben. Sie brauchen eine direkte Reaktion, dann, wenn sie danach fragen, dann, wenn etwas passiert, wenn sie etwas freut, etwas ärgert, etwas belastet. Und wenn in diesem Moment gerade niemand als Ansprechpartner da ist, dann erfahren wir es als Eltern nie, auch nicht ein paar Stunden später während unserer „Quality Time".

Die Bindungsforscher Karin und Klaus Grossmann haben in ihren Studien herausgefunden, dass sich bereits ein 10-monatiges Baby im Zeitraum von 45 Minuten im Schnitt ca. 270-mal artikuliert[49], den Blickkontakt zur Mutter sucht, als Bestätigung, als Rückendeckung, als Ermutigung. Wie oft schaut ein Kind in einer Krippengruppe ins Leere, weil einfach gerade niemand Zeit hat?

Im Mai 2013 erreichten uns die alarmierenden Zahlen, die belegten, dass immer mehr Migrantenkinder bei Schuleintritt keine ausreichenden Deutschkenntnisse hätten. Was man immer vergisst hinzuzufügen: Nahezu alle diese Kinder haben mindestens drei Jahre im Kindergarten verbracht, viele sogar mehr. Ihren Deutschkenntnissen hat das kaum etwas genutzt, denn Sprachentwicklung braucht viel intensivere und andere Förderung, was in diesen Rahmenbedingungen gar nicht möglich ist. Und es gleicht nicht aus, dass zu Hause kein Deutsch gesprochen wird.

Was wir hier also gerade erleben, ist der Versuch, mithilfe von Krippenpolitik eine jahrelang verfehlte Integrationspolitik auszubügeln. Es ist nahezu heuchlerisch, wenn gerade SPD und Grüne heute unermüdlich betonen, wie wichtig der Erwerb der deutschen Sprache für Einwandererkinder sei, während noch vor und unter der Regierungszeit von Rot-Grün verpflichtende Deutschkurse als „Zwangsgermanisierung" verunglimpft wurden. Zumindest der ehemalige SPD-Bildungssenator von Berlin, Klaus Böger, hat das öffentlich eingestanden und begrüßt es, dass heutzutage alle akzeptieren, „dass Deutsch zu erlernen, keine Zumutung, sondern ein selbstverständlicher Anspruch ist".[50] Hätte man sich schon vor 20 oder 30 Jahren darauf einigen können, wie eine vernünftige Integrationspolitik aussehen müsste, hätten wir nicht ganze Generationen verloren, deren Kindern wir nun heute selbst mühsam Deutsch beibringen müssen, weil wir bei ihren Eltern einst nicht darauf bestanden haben.

Konsequenterweise müssten wir mal Klartext reden und den Krippenausbau endlich aus den Etats jener politischen Ressorts bezahlen, in die er gehört. Die einen wollen Integrationspolitik betreiben: Sozialministerium, Innenministerium. Die nächsten wollen Bildung daraus machen: Schulministerium. Die meisten jedoch wollen den Arbeitsmarkt auffrischen: Wirtschaftsministerium, alternativ Arbeitsministerium. Dann bezahlt das Ganze bitte auch – damit wären dann im Familienressort auch wieder Kapazitäten frei für die Dinge, die Familien wirklich brauchen.

8. Auf die Barrikaden!

Immer, wenn hierzulande über die großartigen, vielfältigen und selbstverständlich kostspieligen Ausgaben für Familien debattiert wird, sind wir als Eltern geneigt, uns sofort dankbar in den Staub zu werfen ob dieser großzügigen Leistungen, die die Gesellschaft für uns bereithält. Liebe Familien: Hört endlich auf damit, schüttelt den Schmutz ab und stellt Forderungen! Es ist ein Mythos, dass der Staat die Familien am Leben erhält und unterstützt. Genau genommen ist es genau anders herum. Ohne Familie kein Staat, keine Freiheit, gar nichts.

Mutter-Vater-Kind – solange es in diesem Land noch möglich ist, ohne sich strafbar zu machen, werde ich nicht aufhören, das als *normale Familie* zu bezeichnen. In ein paar Jahren müssen wir dafür vermutlich nachts raus, um es heimlich an Wände zu sprühen. Aber ich bleibe dabei. Nicht, weil ich andere Lebensformen für „unnormal" halte oder weil ich ignoranterweise nicht zur Kenntnis nehmen will und kann, dass es auch andere Formen menschlichen Zusammenlebens gibt, sondern, weil *Mutter-Vater-Kind* die Mehrheit und damit der Normalfall ist. Nicht nur in Deutschland, sondern weltweit. Immer noch.

Familie ist ein vorstaatliches Gebilde, die kleinste Zelle jeder Gesellschaft und völlig unabhängig von der Staatsform. Familie gab es schon immer und wird es immer geben. Männer und Frauen tun sich zusammen und bekommen Kinder, dafür braucht man keine Rechtsprechung und auch keinen Artikel 6 im Grundgesetz, wo es in Absatz 1 so schön heißt: „Ehe und Familie stehen unter dem besonderen Schutze der staatlichen Ordnung." Damit kann der Staat Ehe und Familie zwar schützen, aber er schafft sie nicht. Es gab sie schon lange vor unserer lieb gewonnenen demokratischen Grundordnung.

Heiraten, Kinder kriegen. Nach wie vor ist das der Wunschtraum der allermeisten Menschen. Immer wieder bestätigt sich dies auch in den Shell-Jugend-Studien, wenn man die Zukunft unseres Landes befragt, was sie sich so wünscht in ihrem Leben. Es ist das, was junge Menschen anstreben – auch wenn sie es zunehmend weniger schaffen. Aber es bleibt ein Ideal.

Niemand zieht los mit dem Wunsch, später alleinerziehend zu sein. Dennoch gibt es immer mehr alleinerziehende Mütter und Väter. Niemand zieht los mit dem Wunsch, mal eine Patchworkfamilie zu haben. Dennoch gibt es immer mehr und neue Konstellationen. Niemand heiratet mit dem Wunsch, sich später scheiden zu lassen. Dennoch trennen sich immer mehr Familien. Es ist das eine, diejenigen zu berücksichtigen, die anders leben als die Mehrheit, aber etwas ganz anderes, den Idealfall aus den Augen zu verlieren. Am Anfang jeder Alleinerziehenden- oder Patchwork-Konstellation steht leider in der Regel das Scheitern mindestens einer normalen Familie, das Scheitern eines Ideals. Und deswegen befremdet es etwas, wenn manche Politiker es auch öffentlich nahezu feiern, dass die traditionelle Familie ein „Auslaufmodell" sei und sie sich immer weiter auflöst, denn dies ist oft der Beginn von Problemen, Sorgen und Kosten für die Allgemeinheit.

Nicht umsonst gelten die Alleinerziehenden im Land als die Problemkinder der Familienpolitik. Nicht umsonst dreht sich die staatliche Interventionsspirale dort am weitesten, wo

Familien auseinanderbrechen. Familiengerichte, Jugendämter, Sozialkassen – sie alle müssen dort aktiv werden, wo traditionelle Familienbande reißen.

Es ist gut, Ideale zu haben. Wir werfen sie auch an anderer Stelle nicht einfach deswegen über Bord, weil sie nicht erreicht werden. Ansonsten könnten wir beispielsweise auch unser Rechtssystem ersatzlos abschaffen, denn trotz des Ideals von Recht und Ordnung wird es ständig und massenhaft unterlaufen. Ein Staat, der sich nicht mehr traut, auch im Fall der Familie dieses Ideal zu definieren, gibt seine Zukunft auf. Vor lauter Angst, irgendjemanden aus dem modernen Familien-Happening auszuschließen oder, Gott behüte, gar jemanden dadurch zu diskriminieren, tut sich die Politik in vorauseilendem Gehorsam immer schwerer damit, auch nur zu benennen, was denn Familie im Sinne unseres Grundgesetzes überhaupt sei.

Vor Bundestagswahlkämpfen ist es immer wieder interessant, bei den Parteien nach solchen Definitionen zu suchen. Für die CDU etwa ist Familie überall dort, „wo Eltern für Kinder und Kinder für Eltern dauerhaft Verantwortung übernehmen"[51]. Damit kommt sie zumindest auf dem Papier einem traditionellen Familienbild durchaus nahe und erhält zusätzlich den Preis für die einzige Partei, die eine Blutsverwandtschaft noch halbwegs für relevant hält. Bei Weitem keine Selbstverständlichkeit mehr.

Bei der SPD sind Begriffe wie *Kinder* oder *Eltern* nicht mehr zwingend notwendig, dort sind „alle *Menschen*, die dauerhaft füreinander Verantwortung übernehmen" bereits Familie. Weiter heißt es: „Dazu gehören Paare – ob mit oder ohne Kinder und Trauschein – ebenso wie Alleinerziehende, Patchwork- oder Regenbogenfamilien sowie Großeltern und Menschen, die für ihre pflegebedürftigen Eltern sorgen. Zur Familie gehören Jung und Alt."[52] Na hoffentlich hat man niemanden vergessen in der Aufzählung, es könnte sich sonst jemand diskriminiert vorkommen. Selbst lebenslange Sicherungsverwahrung ist demnach noch eine Familie, ist es doch eine dauerhaft übernommene Verantwortung, wenn auch nicht immer ganz freiwillig. Aber hey, es ist doch Familie, das ist den Insassen der Haftanstalten sicher ein Trost.

Ins gleiche Horn bläst wenig überraschend Die Linke: „Familie ist da, wo Menschen Verantwortung füreinander übernehmen, egal, ob als Lebensgemeinschaft, als Klein- oder Großfamilie, als Ehepaar, als Mehrgenerationenhaushalt oder in anderen Formen der Gemeinschaft. Familie ist, wo Menschen, egal, welcher sexuellen Orientierung, füreinander da sind."[53] Jede Studenten-WG könnte damit Familienstatus beanspruchen, denn bei der Linken wird bereits auf eine gewisse Dauerhaftigkeit einer Verbindung verzichtet. Damit aber auch jeder weiß, was die Linke *nicht* weiter fördern will, welche Familienform trotz der weitläufigen Definition nicht gemeint ist, wurde das sicherheitshalber extra festgeschrieben: „Keine staatliche Subventionierung des überholten Familienmodells mit dem Mann als Ernährer und der Frau als Zuverdienerin" wird da gefordert. Die Mehrheit der deutschen Familien gelten also als überholungsbedürftig … meine auch. Fast bin ich geneigt, mich für eine Weile beschämt in die Ecke zu stellen, so als verheiratete Frau mit vier Kindern, und alle auch noch vom selben (!) Mann. Nicht einmal ein uneheliches Kind oder wenigstens eine kleine bisexuelle Eskapade hätte ich anzubieten, um einigermaßen den Anschluss an eine moderne Familienform nachzuweisen.

Für die Grünen wiederum ist Familie überall dort, „wo Kinder sind"[54]. Ein Slogan, der jahrelang auch bei der SPD ein großer Renner war, leider aber auch die Slums von Indien und die

Straßen von Rumänien als Familie definiert. Denn auch da leben überall Kinder, nur leider ist dort von Familie oftmals weit und breit keine Spur. Doch keine Angst, auch die Grünen lassen keinen zurück, und so heißt es weiter: „Egal, ob in klassischer Ehe, Ein-Eltern-Familie, unverheirateter oder gleichgeschlechtlicher Partnerschaft: Kinder und Familien stehen im Mittelpunkt unserer Politik." Damit ist auch hier die Gesamtbevölkerung abgedeckt, niemand muss sich ausgeschlossen fühlen. Wirklich kuschelig.

Am schönsten aber definiert es die FDP[55], denn die Schizophrenie der Familien-Definitionskette ist bei ihr am deutlichsten herausgearbeitet. Es ist nämlich so, die „liberale Politik schützt in besonderem Umfang vielfältige Lebensformen und Lebensentwürfe – und damit ein angstfreies Anderssein." Angstfrei, ja, das klingt gut. „Familie bedeutet heute nicht mehr nur die Lebensgemeinschaft von leiblichen Elternpaaren mit ihren Kindern." Es folgt die übliche Aufzählung von Alleinerziehenden, Patchworkfamilien oder gleichgeschlechtlichen Paaren mit Kindern. Liberale möchten allen Menschen ermöglichen, sich für eine Familie und damit für die Verantwortung für Kinder zu entscheiden. Ihr „Bild von Ehe, Familie und anderen Verantwortungsgemeinschaften" bleibt aber offen. „Alle Paare sollen die Ehe eingehen können." Weil aber auch Menschen ohne verwandtschaftliche oder geschlechtliche Beziehung zueinander Gemeinschaften bilden, die auf Dauer angelegt sein können, plädiert man bei der FDP dafür, das Rechtsinstitut der „Verantwortungsgemeinschaft" einzurichten, das mit den Rechten und Pflichten der Ehe ausgestattet ist. Doch Moment – wenn alle Menschen sowieso die Ehe eingehen dürfen, wozu braucht es noch ein weiteres Rechtsinstitut? Und wenn diese „Verantwortungsgemeinschaft" dann mit den Rechten und Pflichten der Ehe ausgestattet wird, wo ist dann noch der Unterschied zur Ehe, und wofür braucht man hier zusätzlich eine andere Form?

Immerhin hat man bei der FDP erkannt, dass die eingetragene Lebenspartnerschaft homosexueller Paare tatsächlich sogar eine Privilegierung unter den Minderheiten in unserem Land darstellt und man deswegen zum Beispiel für die Rentner-WG am Lebensabend konsequenterweise auch ein Rechtsinstitut finden muss. Denn wieso muss man für „eine Familienform" noch eine sexuelle Beziehung vorweisen, wenn es den Staat nichts angeht, welche sexuelle Orientierung ein Mensch hat oder ob er überhaupt eine hat? Gender-Mainstreaming lässt grüßen.

Nicht wenige Ehen sind mit zunehmender Dauer sowieso frei von Geschlechtsverkehr, deswegen nehmen wir ihnen ja trotzdem nicht den Status der Ehe. Vorbei sind die Zeiten, als diese noch „vollzogen" werden musste. Warum also muss eine eingetragene Partnerschaft eine homosexuelle Beziehung vorweisen? Es geht den Staat doch nichts an, wer noch mit wem in einem Bett schläft, mit wie vielen oder ob immer mit demselben. Wenn schon, dann konsequent, da hat die FDP völlig recht.

Nahezu alle Definitionen landen de facto dabei, dass alle Menschen irgendwie Teil der Familie sind. Was zwar einerseits richtig ist, denn wir alle werden irgendwann von einem Vater gezeugt und einer Mutter geboren, doch wenn alle von jung bis alt, von verheiratet bis unverheiratet, über geschieden und alleinerziehend, von mit Kindern bis ohne Kinder, von homosexuell bis heterosexuell im bunten Regenbogen der Diversity-Gesellschaft im Familienbegriff vereint sind – dann stellt sich die Frage, wer denn überhaupt noch von der besonderen Förderung der Familie nach Artikel 6, Absatz 1 Grundgesetz ausgeschlossen bleibt. Die Antwort ist leicht: niemand.

Und somit wäre es nur konsequent, diesen Artikel abzuschaffen, denn damit ist das Grundgesetz auf Grund gelaufen. Eine leere Worthülse können wir nun wirklich nicht länger gebrauchen. Eine Familienpolitik, die ihre Zielgruppe nicht mehr zu benennen wagt, kann diese auch gar nicht mehr gesondert unterstützen. Folgt man den freien Familiendefinitionen, lässt sich übrigens in letzter Konsequenz nicht einmal die Monogamie unter Erwachsenen noch als zwingende Grundlage für eine Ehe und Familie halten. Neue Lebensgemeinschaften? Das kann alles sein. Wenn sie nicht diskriminiert werden dürfen, wenn sie der Ehe ohne Wenn und Aber gleichgestellt werden müssen, dann auch hier: ganz oder gar nicht. Wer den Familienbegriff derart freigibt und überall dort Familie erahnt, wo es sich ganz doll danach anfühlt, der kann auch Beziehungen mit mehr als zwei Erwachsenen irgendwann den Ehestatus nicht mehr vorenthalten. Denn was geht es den Staat an, ob ich einen Mann, zwei Männer oder zwei Frauen liebe und mit ihnen zusammenleben will? We are family! Wer fordert, dass wir alles mit Ehe und Familie gleichsetzen müssen, wo die Liebe eben hinfällt, der wird sich noch wundern, wo sie dann landet.

Hans-Christian Ströbele von den Grünen beispielsweise möchte die Strafbarkeit von Inzest endlich abschaffen[56], weil das Verbot von Geschwisterliebe für ihn ein Relikt alter Zeiten ist. Mit welchem Recht darf man Geschwistern dann noch die Ehe verbieten? Ein Mann und eine Frau in Liebe verbunden. Voilà – und sie sind sogar schon mal blutsverwandt, könnte man makaber nachschieben. Was ist mit dem muslimischen Einwanderer und seinen drei Ehefrauen? Mit welchem Recht verweigern wir ihm dann noch die offizielle Ehelichung all seiner Frauen auch in Deutschland, wenn der Staat sich doch andernfalls der Diskriminierung schuldig macht? Wir wollen doch tolerant sein, nicht wahr?

Wer das rechtliche Tor einmal öffnet, bekommt es nie mehr geschlossen. Inklusive aller Rechte von Eheleuten bis hin zur Adoption von Kindern. Was wir derzeit noch im Zusammenhang mit homosexuellen Paaren diskutieren, wird damit konsequenterweise ein Feld für viel breitere Bevölkerungsschichten. Das Wohl von Kindern steht ja bereits sowieso nicht mehr im Vordergrund. Allgemein diskutieren wir ja nicht das Recht von Kindern auf Mutter und Vater, sondern das Recht von Homosexuellen auf ein Kind.

Nun gibt es jedoch kein Recht auf ein Kind. Nicht für homosexuelle und nicht für heterosexuelle Paare. Und das ist auch gut so. Denn Kinder sind kein Selbstzweck, kein weiteres Accessoire, mit dem man sich schmückt, nachdem auch der letzte Zipfel der Erde bereist ist und sich langsam innere Leere breitmacht. Kein Instrument im Kampf um rechtliche Gleichstellung, auch wenn sich der Gedanke angesichts der hart und ideologisch geführten Debatte durchaus aufdrängt. Es gibt gute Gründe dafür, Kinder möglichst bei einem Vater *und* einer Mutter aufwachsen zu lassen, wenn wir das möglich machen können. Und das Schöne ist: Wir können es tatsächlich!

Es gibt viel mehr Eltern (Tausende!), die gern ein Kind adoptieren würden, als Kinder, die zur Adoption frei sind. Mit welchem Recht nehmen wir ihnen die Erfahrung, sowohl mit männlicher als auch mit weiblicher Bezugsperson groß zu werden? Ein Recht, das sie zumindest laut Sozialcharta der EU schon seit 1995 verbrieft haben. Dort sind die sozialen Rechte von Waisenkindern festgeschrieben. Warum sollten sie diese Rechte verlieren, wenn sie das Waisenhaus verlassen? Sie wurden von einem Vater gezeugt und einer Mutter geboren. Sie sollten auch bei einem Vater und einer Mutter groß werden. Bei jedem Hundewelpen plädieren wir auf artgerechtere Haltung als bei unseren Kindern.

Selbst unser Familienministerium weist immer wieder und gern darauf hin, dass es unseren Kindern – vor allem den Jungs – an männlichen Bezugspersonen mangelt, mit steigender Tendenz. Durch wachsende Scheidungszahlen fehlt zunehmend der Vater in der Familie. Dies ist ein Grund, warum Kristina Schröder das Programm „Mehr Männer in Kitas" aufgelegt hat. Damit die fehlende männliche Komponente im Leben der Kinder zumindest teilweise ausgeglichen werden soll. Wo ist die männliche Komponente bei einem Kind, das von zwei Frauen großgezogen wird? Wo die weibliche Komponente, wenn ein Kind bei zwei Vätern groß wird? Da wird das dann plötzlich irrelevant, weggeredet, weil das „Recht" auf ein Kind auf einmal schwerer wiegt.

Rührende Geschichten von lesbischen und schwulen Paaren, die sich aufopferungsvoll um ihr Kind kümmern, werden uns an dieser Stelle gern in Talksendungen präsentiert. Ja, sind denn zwei Väter schlechter als ein alleinerziehender Vater oder gar keine Eltern? Oder zwei Mütter schlechter als eine alleinerziehende Mutter, wird dann gern gefragt. Nein, natürlich nicht. Ich bin sicher, sie tun alles für ihr Kind, so, wie die allermeisten anderen Eltern auch. Sie lieben es, so, wie ich meine Kinder liebe. Aber auch zwei liebende Mütter werden niemals ein Vater sein und zwei Väter werden niemals eine Mutter ersetzen. Das kann man sich nun schönreden, es ändert aber an der Faktenlage nichts.

Ebenfalls gern wird auf die neue, idyllische Konstellation verwiesen, bei der zwei schwule Männer und zwei lesbische Frauen mit vereinten Kräften und Erbmaterial ein Kind zeugen und dann gemeinsam großziehen. Man teilt sich also zu viert ein Kind. In Großstädten kann man das schon lange mit Autos machen. Mehrere Menschen teilen sich je nach Bedarf ein fahrendes Objekt und die Kosten dafür. Das nennt sich dann Carsharing. Was wir hier erleben, ist also konsequenterweise ein „Child-Sharing", allerdings mit lebendem Objekt, auch Kind genannt. Wie praktisch.

Es ist richtig, dass wir die Möglichkeit geschaffen haben, dass Kinder, die faktisch in einer homosexuellen Beziehung leben – in der Regel stammen sie aus vorherigen heterosexuellen Beziehungen –, nun vom zweiten Elternteil adoptiert werden können. Sollte der leiblichen Mutter oder dem leiblichen Vater etwas passieren, sollen diese Kinder bei ihrer anderen Bezugsperson bleiben können. Aber es ist etwas ganz anderes, ob wir diese Situation künstlich vermehrt schaffen wollen. Ich verstehe den dringenden Wunsch nach Kindern, und ich bin dankbar, vier zu haben, kenne ich doch zahlreiche heterosexuelle Paare, denen der Kinderwunsch versagt blieb, die darunter leiden, mit ihrem Schicksal hadern. Manche Ehe hat das nicht überstanden und ist heute geschieden. Doch auch sie haben kein *Recht* auf ein Kind. Aber Kinder haben ein Recht auf Vater und Mutter.

Im Übrigen schließt sich in diesem Bereich auch wieder der Kreis zum Gender-Mainstreaming und seinen Bemühungen, nicht nur das soziale Geschlecht, sondern auch die „soziale Elternschaft" salonfähig zu machen. Wo männlich und weiblich als irrelevantes Konstrukt definiert wird, dort gibt es keine Notwendigkeit mehr dafür. Vor allem nicht bei der Erziehung der Kinder. Damit ist der Weg frei für eine Elternschaft, die man sich frei auswählt, die austauschbar ist und somit von jedem wahrgenommen werden kann – völlig unabhängig davon, wie oder ob überhaupt ein Verwandtschaftsverhältnis zum Kind vorliegt.

Dass natürliche Familienbande aufgelöst werden, Verwandtschaft zur Wahlveranstaltung verkommt und Kinder zum Spielball politischen Kalküls und persönlicher Bedürfnisse werden, hat also nichts mit rechtlicher Gleichstellung zu tun, sondern mit der Auflösung dessen, was wir noch als traditionelle Familie kennen. Sie ist zu vielen ein Dorn im Auge. Zur Frage der dahinterliegenden Motivation werden wir später noch kommen.

Fakt bleibt: Obwohl totgesagt, existiert Familie munter weiter. Besteht, obwohl als altmodisch gebrandmarkt mit ihrer traditionellen Rollenzuweisung. Sie lässt sich nicht einfach abschaffen. Deswegen macht man es ihr neuerdings schwer – wie etwa mit dem bereits erwähnten Unterhaltsrecht, das sie gerade für Frauen zum finanziellen Risiko werden lässt. Oder man höhlt sie aus, indem man alles zur Familie erklärt und ihr das Alleinstellungsmerkmal nimmt.

Auch hier ist es schizophren, dass die Homosexuellenbewegung plötzlich für ein Recht auf genau die Ehe kämpft, die man doch als veraltetes Lebensmodell eigentlich ablehnt. Ein Konstrukt traditionalistischer Kirchen, Instrument der Frauenunterdrückung, lustfeindlich – und trotzdem wollen plötzlich alle heiraten. Gleiches gilt beim Ehegattensplitting für eingetragene Lebenspartnerschaften – obwohl man das Splitting grundsätzlich kritisiert, weil es die Einverdienerehe fördert, die doch so furchtbar und frauenfeindlich ist. Klar erkennbar ist die Strategie: Was man nicht abschaffen kann, das wird eben ausgehöhlt, bis nichts mehr davon übrig ist. Gleichheit für alle, keine Privilegien mehr. Auch ein Weg, die Ehe und die Familie zu zerstören. Und das nachhaltig.

Ein erster Schritt auf diesem Weg war die Entscheidung des Bundesverfassungsgerichtes im Juni 2013, das Ehegattensplitting auch auf homosexuelle Lebensgemeinschaften auszuweiten. Ich bin sehr gespannt, wie man in Karlsruhe zukünftig noch „Familie" im Sinne des Artikels 6 Grundgesetz definieren will. Wenn erahnte Diskriminierung demnächst das neue Totschlagargument wird, ist es nur eine Frage der Zeit, bis auch in Karlsruhe jeder unter die Familiendefinition fällt. Interessant ist im Zusammenhang mit dieser Entscheidung des Gerichts auch die neue Eile, mit der die Umsetzung des Urteils gefordert wird. Wir haben hier also eine familienpolitische Entscheidung zugunsten von homosexuellen Lebensgemeinschaften, die gerichtlich sogar rückwirkend umgesetzt werden muss. Die Betroffenen können, rückwirkend bis zum Jahr 2001, zu viel gezahlte Steuern einfordern, das Urteil muss also sofort umgesetzt werden.

Dem stehen vier Urteile in Sachen Familienpolitik gegenüber, die traditionelle Familien fördern würden, die niemals ein Ultimatum hatten und niemals umgesetzt wurden. So etwa das Urteil zum steuerfreien Existenzminimum vom 29. Juni 1990, das Familien Steuerfreiheit auch für das Existenzminimum ihrer Kinder zusichert.[57] Das ist 23 Jahre her. Frist? Keine. Umgesetzt? Nein. Ein Teil davon wird, wie bereits beschrieben, in Form von Kindergeld zurückgezahlt und gleichzeitig als großzügige „Familienförderung", als Geschenk an die Eltern deklariert. Eine Frechheit.

Das „Trümmerfrauenurteil" vom 7. Juli 1992[58] forderte „eine familienorientierte Gestaltung der Sozialpolitik im Hinblick auf die leistungsbegründende und angemessene Berücksichtigung der Kindererziehung" in der gesetzlichen Rentenversicherung, weil es eine Benachteiligung der Familien sei, „wenn die Kindererziehung (…) mit Einbußen bei der späteren Rente bezahlt wird, obwohl Kinder die Voraussetzung dafür sind, dass die Rentenversicherung überlebt". Unglaublich, dass man so etwas noch irgendwo lesen darf! Das Urteil ist 21 Jahre alt. Frist: Keine. Umgesetzt: Nein. Bis heute haben wir noch nicht einmal erreicht, dass Frauen, die vor 1992 Kinder bekommen haben, gleich viel Rente erhalten wie Frauen, die später entbunden haben. Es ist eine Schande!

Das Kinderbetreuungsurteil vom 10. November 1998[59] sicherte den Familien nicht nur die Wahlfreiheit bei der Ausgestaltung ihres Familienlebens zu, sondern verpflichtete den Staat dazu, alle Entscheidungen der Eltern „in ihren tatsächlichen Voraussetzungen" zu fördern. Es ist das Urteil, das als Alternative zur massiven Krippenförderung ein Betreuungsgeld nahezu zwingend einfordert und die „Lufthoheit über den Kinderbetten" sehr eindeutig in die Hand der Eltern legt. Dies Urteil ist 15 Jahre alt. Fristsetzung: Keine. Umsetzung: 150 Euro Betreuungsgeld, das vielleicht kommt, im Gegensatz zu 1200 Euro Krippen-Förderung, die sogar mit Rechtsanspruch garantiert wird. Gleichwertig sieht anders aus.

Und zuletzt wäre da noch das „Pflegeversicherungsurteil" vom 3. April 2001[60], das exemplarisch die Berechnung der Beitragssätze als nicht konform mit dem Grundgesetz deklarierte, „allein schon, weil Versicherte, die Kinder erziehen und damit neben dem Geldbeitrag einen generativen Beitrag zur Funktionsfähigkeit eines umlagefinanzierten Sozialversicherungssystems leisten, mit dem gleichen Beitrag belastet werden wie Mitglieder ohne Kinder". Das Gericht empfahl zusätzlich, alle anderen Beiträge in soziale Sicherungssysteme ebenfalls auf ihre Familienfreundlichkeit hin zu überprüfen. Dieses Urteil wiederum ist 12 Jahre alt. Eine Fristsetzung gab es auch hier nicht. Umsetzung: Eltern zahlen inzwischen stolze 0,25 Prozent weniger in die Pflegeversicherung ein als Nichteltern. Ja, das ist wirklich enorm großzügig umgesetzt, kompensiert aber leider nicht im Ansatz die über 100 000 Euro, die Eltern investieren, bis ein Kind aus dem Haus ist.

Wenn sich also Volker Beck nach der Ehegattensplitting-Entscheidung des Bundesverfassungsgerichtes öffentlich mit den Worten „Wir werden gut von Karlsruhe regiert"[61] über einen „Sieg auf der ganzen Linie" freute, so ist zunächst beängstigend, wie leichtfertig ein Bundestagsabgeordneter unseres Landes die Gewaltenteilung in unserem Land beerdigt und seine eigene Funktion als Volksvertreter aufgibt. Wenn es denn aber so sein soll, dann wäre es ganz großartig, wenn Karlsruhe mit der gleichen Vehemenz darauf pochen würde, dass auch alle anderen Familienurteile mehr sind als ein beschriebenes Stück Papier und jetzt endlich in der Politik Taten folgen müssen – und selbstverständlich rückwirkend bis zum ersten Urteil vor 23 Jahren. Leider habe ich dazu aus Karlsruhe noch nichts gehört.

Der Staat fördert nicht, er profitiert
Dabei gibt es für den Staat eigentlich gute Gründe, die traditionelle Familie zu schützen. Da über zwei Drittel aller Kinder nach wie vor bei ihren verheirateten Eltern groß werden, ist es nahezu zwingend notwendig, diese Familienform zu unterstützen, wenn man tatsächlich die Geburtenrate im Land erhöhen will. Die Wahrscheinlichkeit, dass eine Frau Kinder bekommt, erhöht sich um ein Vielfaches, wenn sie verheiratet ist. Vergessen Sie Krippenplätze; es gibt keinen besseren Kindergaranten als die Ehe. Eine intakte Familie benötigt auch keine staatliche Intervention, denn sie verursacht keine Zusatzkosten. Sie beschäftigt im Idealfall keine Sozialämter und keine Familiengerichte, ist also ein Gewinn für die Gesellschaft, weil stabil und zukunftsfördernd. Genau genommen sind die lebenslange Solidarität innerhalb einer Familie, die gewachsenen Beziehungen

und die Verantwortung füreinander mit keinem Geld der Welt zu bezahlen. Wer eine Familie hat, auf die er sich auch finanziell verlassen kann, der braucht im Notfall nicht die Hilfe des Staates, nicht sein Geld.

Und damit sind wir wieder bei der Förderung für Familien, die alles andere als uneigennützig ist und zudem genau genommen für den Staat eine recht profitable Angelegenheit darstellt. Sollten Sie sich immer noch der Illusion hingeben, dass der Staat deswegen Familien mit Kindern unterstützt, weil er so generös ist und sich mit uns an unseren Kindern freut, sollten Sie sich von dem Gedanken langsam verabschieden. Der Staat *braucht* unsere Kinder. Dass wir die Geburtenrate erhöhen müssen, dient nicht der Steigerung der Glückseligkeit, sondern der Sicherung unseres Wohlstands. Was könnten Familien alles fordern, wenn ihnen das endlich klar wäre und sie sich nicht von dem Geschwätz der Förderung einlullen lassen würden. Auf die Barrikaden, liebe Familien, ihr habt nichts zu verlieren, nur zu gewinnen!

Anfang des Jahres 2013 geisterte wieder die Zahl 200 Milliarden Euro durch den Raum. Das ist angeblich die Summe, die der Staat in seiner grenzenlosen Großzügigkeit jährlich für seine über 150 verschiedenen familienpolitischen Instrumente ausgibt. Aufgelistet hatte dies die *Prognos AG*[62], die im Auftrag des Familien- und des Finanzministeriums die Wirksamkeit der familienpolitischen Leistungen überprüfen sollte.

Die *Prognos AG* berät in der Regel Unternehmen bei der Optimierung ihrer Gewinne. Prinzip: möglichst wenig investieren bei maximalem Profit. Erstaunlich ist allein schon der Ansatz, dass Familie als Produktionsprozess behandelt wird, den es zu optimieren gilt. Familienpolitik soll also nicht mehr der Familie selbst nützen, sondern dem Staat und der Wirtschaft. Familie soll sich rechnen.

Schön an dieser Offenheit ist, dass wir uns als Familien auch nicht mehr bedanken müssen, denn der Staat erwartet schließlich etwas von uns: Kinder und Arbeitskraft möglichst gleichzeitig. Es ist ein Geschäft und ein Kampf um Fachkräfte. So hat auch das Institut der deutschen Wirtschaft im Mai 2013 die Ergebnisse seiner Erhebungen veröffentlicht[63], wonach von den 200 Milliarden dieses Etats leider nur 12 Prozent, sprich 23 Milliarden Euro, auf Maßnahmen entfallen, die sich positiv auf die Fachkräftesicherung auswirken. Dazu gehören unter anderem das Elterngeld, BAföG und Kindertagesbetreuung. Dazu hat man auch gleich ausgerechnet, wie viele Fachkräfte man aus dem „weiblichen Humankapital" noch generieren könnte, wenn wir endlich eine flächendeckende Ganztagsbetreuung hätten: 56 000 Mütter mit Hochschulabschluss und 188 000 Mütter mit Berufsausbildung liegen zu Hause als ungenutztes Potenzial brach, statt in Vollzeitstellen zu arbeiten. Kein Wunder also, dass alle diese Studien immer wieder zu dem gleichen Ergebnis kommen: dass jeder Cent, der direkt und bar an Familien fließt, leider fehlgeleitet – und jedes Geld, das in Infrastruktur wie Krippenplätze fließt, angeblich familienpolitisch von hohem Nutzen sei.

200 Milliarden also, das klingt pompös, geradezu gewaltig, und macht sich auch gut im internationalen Vergleich. Es lässt Deutschland im OECD-Ranking nach oben klettern. Wen interessiert da noch, dass selbst das Familienministerium in seinem eigenen Familienreport aus dem Januar 2013 zugibt, dass die Zahl 200 Milliarden zu hoch gegriffen ist und man eigentlich nur 55 Milliarden als originäre Familienleistungen bezeichnen kann.

Damit wären wir dann im OECD-Ranking allerdings auf den unteren Rängen angekommen. Denn zum Schönrechnen der

Familienleistungen werden beispielsweise auch die 40 Milliarden für das Kindergeld angeführt. Geld, das laut Definition zum größten Teil überhaupt keine Leistung ist, sondern das Zurückzahlen von zu viel bezahlten Steuern, mit denen der Staat widerrechtlich das Existenzminimum unserer Kinder besteuert und die er uns dann anschließend wieder auszahlt. Also keine Leistung, sondern die „Rückgabe von Diebesgut", wie es der Sozialrichter Jürgen Borchert einst benannte.

Oder nehmen wir die kostenlose Mitversicherung von Familienmitgliedern in der Krankenkasse in den Blick. Was ja schon deswegen nicht als staatliche Leistung betrachtet werden kann, weil sie durch die Beitragszahler selbst erbracht wird. Und auch dann bleibt es immer noch ein guter Deal, vor allem für Kinderlose, denn das, was die beitragsfreien Kinder ein paar Jahre lang kosten, zahlen sie anschließend lebenslang und fast fünffach für die Gesundheitsversorgung der älteren Generation. Auch für die Kinderlosen unter den Älteren.

Selbst die verbleibenden 55 Milliarden tatsächliche Förderung jährlich sind für den Staat immer noch ein lohnendes Geschäft. Wie bereits verschiedene Institute ausgerechnet haben, erzielt der Staat nach Abzug aller Investitionskosten aus jedem Kind im Laufe seines Lebens einen Gewinn von rund 70 000 Euro. Kein Wort davon findet sich in dem Gutachten der *Prognos AG*, das nur die Kosten bewertet, nicht aber den Nutzen, den die gesamte Gesellschaft über Steuern und Sozialversicherungsbeiträge später wieder hereinholt. „Unredlich" ist demnach noch das freundlichste Wort, das man zu dieser Studie finden kann.

Der Staat braucht also die Familien, er braucht die Kinder, und er nutzt die Leistung, die Eltern und vor allem auch Mütter kostenlos und gern für ihre Kinder bringen, am Ende schamlos aus. Bei der Rente zeigt sich am deutlichsten, wie wenig diese Leistung geschätzt wird. Denn diejenigen, die am meisten durch das Gebären und die Erziehung der Kinder dazu beitragen, dass das ganze System funktioniert, erhalten am Schluss die kleinste Rente. Jeder Tag, der in die Erziehung der eigenen Kinder investiert wird, bedeutet für die Frauen letztlich noch weniger Rente. Wenn also im Gutachten der *Prognos AG* die kostenlose Mitversicherung von erziehenden Müttern als „besonders unwirksam" in Bezug auf Familie bewertet wird, mit der Begründung, die Mütter wären dann ja nicht erwerbstätig, zeigt sich sehr eindeutig, dass der Mensch hier nur noch nach seiner Leistungsfähigkeit für den Staat bewertet wird. Wer keine Steuern zahlt, ist unnütz.

Von der Politik bekomme ich als Mutter erklärt, meine Rettung bestünde darin, dass ich endlich ordentlich erwerbstätig sein muss, um meine eigenen Rentenansprüche zu generieren. So, als wäre dieses unfaire Rentensystem irgendwie unabwendbar als Naturgewalt vom Himmel gefallen.

Tatsächlich ist es nur ein Gesetz, das wir ändern könnten, wenn wir denn wollten. Will man aber nicht. Dabei hat auch in diesem Fall schon das Bundesverfassungsgericht festgestellt, dass Eltern allein schon durch das Großziehen der Kinder einen „generativen Beitrag" zum Rentensystem geleistet haben. Wir haben also allein dadurch schon unsere Schuldigkeit für den Generationenvertrag getan und dies müsste bei unseren Beiträgen in die Sozialversicherungssysteme finanziell berücksichtigt werden. Dennoch werden erziehende Eltern bei der Rente nicht etwa belohnt, sondern bestraft. Denn was nichts kostet, ist nichts wert. Nirgendwo wird dieses Sprichwort stringenter umgesetzt als in unserem Rentensystem.

Beginnend mit dem fatalen Irrtum Adenauers: „Kinder bekommen die Menschen immer", wurde bereits 1957 der Grundstein für ein System gelegt, bei dem Kinderkosten privatisiert, Kindernutzen aber vergesellschaftet wurden. Galt Kinderreichtum bislang als Garant für ein Auskommen im Alter, ist es seither der größte Risikofaktor für Altersarmut, gerade für Frauen.

Ja, da höre ich sofort die Feministinnen rufen: „Genau, die Männer müssen deswegen mehr Erziehungsarbeit übernehmen, damit die Frauen mehr erwerbstätig sind." Falsch! Denn dadurch stürzen einfach nur mehr Männer in Altersarmut und weniger Frauen. Macht sich statistisch wunderbar, die Gleichstellungsbeauftragten wären zufrieden, der „gender gap" getilgt. Tatsächlich wäre es aber nur eine Verschiebung. Eine Angleichung des Rentenniveaus von Männern und Frauen, indem das der Männer sinkt. So kann man Probleme auch lösen.

Doch derjenige, der heute noch Kinder erzieht, bliebe immer noch der Dumme – egal, ob Mann oder Frau. Kann mir einer erklären, wie wir Väter verstärkt zur Erziehung der eigenen Kinder animieren wollen, wenn wir ihnen im Gegenzug nichts weiter anbieten möchten als die Diffamierung als Weichei „Hausmann", die Geringschätzung der Gesellschaft und eine neue, diesmal männliche Armut im Alter?

Die besondere Absurdität dieser Bewertung von familiärer Erziehungsleistung wird dann deutlich, wenn man realisiert, dass jede andere Erziehungsleistung selbstverständlich bezahlt wird, anerkannt ist und Rentenansprüche produziert. Niemand verlangt schließlich, dass Erzieherinnen in Krippen und Kitas, Kindermädchen, Tagesmütter, Lehrer, Aufsichtspersonen in den Ganztagsschulen, Babysitter und sogar Au-pair-Mädchen ohne Lohn arbeiten. Selbstverständlich werden sie bezahlt, sie leisten ja etwas!

Nur wenn Frau die eigenen Kinder großzieht, ist es nichts wert, leistet sie keinen Beitrag ans System. Wenn ich mir meine eigenen Erziehungsjahre mit meinen vier Kindern ansehe, dann habe ich jetzt schon seit 14 Jahren nahezu nichts geleistet. Und ich werde auch die nächsten 10 Jahre vermutlich kaum etwas leisten. Denn diese Zeit werde ich mindestens noch brauchen, bis auch meine Jüngste halbwegs auf eigenen Beinen steht. Hätte ich jedoch mit meiner Nachbarin die Kinder getauscht, hätte sie meine vier und ich ihre vier Kinder großgezogen und hätten wir uns gegenseitig für diese Arbeit als Tagesmütter bezahlt, dann wären wir voll berufstätig gewesen und bekämen die Anerkennung der Gesellschaft und der Rentenkasse. Nein, Sie müssen das nicht verstehen, ich verstehe es auch nicht.

Es gilt als Tabu in der Rentendiskussion, dass man Menschen, die Kinder großgezogen haben, mehr Rente auszahlt als Menschen, die keine Kinder großgezogen haben. Auch hier gibt es sofort wieder einen Aufschrei! Es sei „Bestrafung" von Kinderlosen, eine „Schlechterstellung". Die Frage ist jedoch, wieso man diejenigen ohne eigene Kinder besserstellt als Eltern, die Kinder großgezogen und damit zusätzliche Leistungen erbracht haben.

Ich bin es leid. Ich habe keine Lust mehr, mich dafür zu rechtfertigen, dass ich so blöd war, die Kinder großzuziehen, die anderen die Rente erwirtschaften werden. Es sind zwar meine Kinder, aber eure Renten. „Selbst schuld als Mutter, dass man so unvernünftig war", ist alles, was man zu hören bekommt. Hätte ich doch was Richtiges gemacht in meinem Leben.

Um es mal klar zu sagen: Das Einzige, was wir uns nicht leisten können, sind Mütter, die fortan darauf verzichten, Kinder zu bekommen. Es sind leider oftmals Frauen, die das Gebären und Großziehen von Kindern schlechtreden, kleinreden, als unnütz darstellen. Es ist ein Erbe des Feminismus, der ganz vorne mitmarschierte und die Befreiung von dieser Last mitpropagierte, sie forderte. Nun haben wir den Salat, statt dass wir dieses

Machtpotenzial genutzt hätten. Wir hätten als Frauen durchaus gute Karten in der Hand. Die Reproduktion unserer Gesellschaft, unser ganzer Wohlstand, der Bestand der sozialen Sicherungssysteme hängt von unserer Gebärfreudigkeit ab. Und was tun wir?

Wir reden es schlecht, entschuldigen uns für unsere „Untätigkeit" als Hausfrauen und lassen uns auch noch beschimpfen. Ein Irrsinn, propagiert ausgerechnet von Frauen. Wäre ich ein Mann, ich würde mich amüsiert zurücklehnen. Und eines kann ich Ihnen versichern, liebe Damen Feministinnen: Würden Männer die Kinder bekommen, sie wären nicht so blöde, diesen Trumpf wegzuwerfen; sie würden sich stattdessen das Kinderkriegen schon lange bezahlen lassen.

Was kommt, wenn Familie geht?

Warum nur sind alle so versessen darauf, Familienstrukturen zu zerstören, Familie aufzulösen, zu ersetzen und die Kinder nach einem Jahr in staatliche Obhut zu geben? Was kommt denn, wenn Familie geht? Hat das schon mal jemand zu Ende gedacht?

Was für eine Gesellschaft wird das sein, in der wir alle nur noch marktoptimiert funktionieren? Wo die Zeit für Familie zum Luxus geworden ist? Stück für Stück lagern wir bisherige familiäre Erziehung, soziales Lernen und damit eine gesellschaftliche Selbstverständlichkeit in die Kindergärten und Schulen und somit an den Staat aus. Wohl wissend, dass wir ohne diese Strukturen überhaupt nicht auskommen. Denn was auf der einen Seite zusammenbricht oder absichtlich finanziell ausgehungert wird, muss an anderer Stelle mühsam und kostspielig wieder aufgebaut werden: Die Mutter soll heute nicht mehr zu Hause sein, sondern berufstätig; dafür haben wir jetzt Tagesmütter, die wir bezahlen. Die Väter fehlen zunehmend in den Familien, es gibt immer weniger männliche Vorbilder; dafür haben wir jetzt das Programm „Mehr Männer in Kitas". Die Kinder haben keine Geschwister mehr; dafür sollen sie jetzt Sozialkompetenzen in der Krippe und in Spielgruppen aller Art lernen. Familien essen immer seltener gemeinsam an einem Tisch; dafür wird das jetzt in kleinen Tischgruppen in der Ganztagsschule vollzogen. Kinder lernen nichts mehr über Lebensmittel und ihre Zubereitung oder gar gesunde Ernährung, weil zu Hause keiner mehr Zeit zum Kochen hat; dafür machen wir jetzt Ernährungs- und Kochkurse in der Schule. Die Kinder kennen immer weniger die Großfamilie; dafür bauen wir jetzt Mehrgenerationen-Häuser. Die Großeltern wohnen weit weg; dafür gibt es jetzt Leihopas und Leihomas, die man engagieren kann. Die Kinder haben zu Hause bei berufstätigen Eltern keine Vorbilder mehr; dafür gibt es jetzt Benimm-Unterricht in der Schule. Wieso unterstützen wir nicht einfach das Original, anstatt Familienersatzstücke künstlich aufzubauen?

Das Private ist politisch – das war einer der Slogans der 68er-Bewegung. „Nein!", möchte man rufen. Denn wenn das Private politisch ist, was ist dann noch privat? Wir sind auf dem besten Weg, jede Privatsphäre, jeden Schutzraum der Familie Stück für Stück zurückzuschrauben. Natürlich immer unter der Prämisse, dass es das Beste für uns sei.

Männer und Frauen sollen zunächst gemeinsam unter das Joch der Arbeit gezwungen, um dann in sozialistischer Romantik kollektiv daraus befreit zu werden. In Wahrheit ist es jedoch staatliche Lenkung, bei der wir die Freiheit aufgeben, selbst zu entscheiden, wie wir unser Leben führen möchten. Das Private muss verteidigt werden, heute mehr denn je. Die Familie ist dabei das letzte Bollwerk, das noch gegen die Allmacht des Staates steht, der sich zunehmend in den privaten Raum drängt –

derzeit am massivsten im Bereich der Kindererziehung. Es geht tatsächlich um die „Lufthoheit über den Kinderbetten".

Wussten Sie, dass die SPD schon im Jahr 2006 hat prüfen lassen, ob man nicht alle Kinder zwangsweise zur Kita verpflichten könnte? Unter dem schönen Titel „Prüfung der Verbindlichkeit frühkindlicher staatlicher Förderung" hatte die Berliner Justizsenatorin der SPD, Dr. Lore Maria Peschel-Gutzeit, in einem Gutachten ergründen lassen, ob man auch gegen den Willen der Eltern eine Kindergartenpflicht einführen kann. Ergebnis: Man kann nicht, das blöde Grundgesetz und sein Artikel 6, Absatz 2 steht im Weg. Denn dort ist dummerweise festgehalten, dass die Eltern in Erziehungsfragen in der Rangordnung vor dem Staat stehen. Allerdings könnte man über die Bildung eine Hintertür finden. Weil der Staat das Bildungsmonopol besitzt. Daraus leitet sich ja auch die Schulpflicht ab. Könnte man also die Kitas zu Bildungseinrichtungen umdeuten, im Sinne von Schulen, dann hätte der Staat wieder das Sagen und könnte eine Kita-Pflicht daraus ableiten – auch gegen den Willen der Eltern. Hat irgendjemand noch Fragen, warum wir also ständig über Bildung in der Krippe reden? Strategisch ist das ständige Gerede über angebliche Bildung schon für 12-monatige Babys also einfach eine Vorstufe zum Endziel der staatlichen Zuständigkeit für Kinder, nur leider reicht es ja nicht einmal zu einer ordentlichen Verschwörungstheorie. Dies würde voraussetzen, dass in unserem Land raffinierte, kluge, mächtige Menschen im Hintergrund daran arbeiten, uns wie Marionetten tanzen zu lassen. Menschen, die langfristig denken, Strippen ziehen und den großen Plan vorantreiben. Wer soll das bitte sein? Ursula von der Leyen, Claudia Roth oder etwa Manuela Schwesig? Oder vielleicht Olaf Scholz mit seiner „Lufthoheit"? Strippenzieher? Geheimbünde? Dafür taugen sie alle nicht.

Am ehesten ist also davon auszugehen, dass sie es tatsächlich gut meinen mit ihren Ansichten über die Beziehung von Staat und Individuum. Dass sie wirklich glauben, uns damit etwas Gutes zu tun. Nur bin ich mir in dem Fall nicht sicher, ob mir dann nicht doch die Verschwörung lieber wäre.

Allgemein wird, wenn gar kein Argument mehr zu finden ist, das schöne afrikanische Sprichwort zitiert, demzufolge es für die Kinder gut sei, in den Armen der Gesellschaft groß zu werden, weil es ja „ein ganzes Dorf braucht, um ein Kind großzuziehen". Aber wir brauchen keine afrikanischen Dörfer. Wir brauchen mehr gallische Dörfer. Widerstandsnester, eigenwillig, unbeugsam, egal, was Rom oder in dem Fall Berlin gern möchte. Wir brauchen individuelle Erziehungsstile, verschiedene Wertvorstellungen, wir brauchen die Freiheit, selbst zu entscheiden, was wir für wichtig halten und was wir an die nächste Generation weiterreichen.

Stattdessen treiben wir alle Kinder zusammen in Krippen, in Kitas, in Ganztagsschulen, wir bilden nach DIN-Norm und fördern nach Schablonen und Leistungskurven. „Um ein tadelloses Mitglied einer Schafherde sein zu können, muss man vor allem ein Schaf sein", hat es Albert Einstein einst treffend formuliert. Da reden wir ständig von individueller Förderung und ziehen doch gleichzeitig alle Kinder möglichst frühzeitig in Gruppen zusammen. Wir wollen doch die Leitwölfe in unserer Gesellschaft, in der Wirtschaft, in der Politik – dennoch zwingen wir alle erst einmal in eine Herde, wo sie am besten funktionieren, wenn sie sich konform in die Gruppe eingliedern. Wie viele Einsteins werden wir aus diesen Herden wohl zukünftig noch generieren? Wie viele Sophie Scholls und von Stauffenbergs?

Wo sind die Liberalen, wenn man sie mal braucht? Das freie Bürgertum? Ob FDP-Vorsitzender Philipp Rösler auf langen

Nachtflügen ab und zu schlaflos überlegt, wer in 20 Jahren noch seine Partei wählen wird, wenn wir alle im staatlichen Kollektiv versunken sind? Freiheit, das ist doch mehr als die Abschaffung der Praxisgebühr oder der reibungslose Warenverkehr zwischen den Ländern. Sie ist in allererster Linie die Freiheit des Einzelnen. Weil wir in Deutschland nicht das Kollektiv schützen und den Markt, sondern erst einmal uns selbst. Sie und mich und unsere Kinder und all die anderen. Und zwar jeden einzeln.

Was ist mit den Grünen passiert? War das nicht früher die Partei der „Kinderläden", wo Kinder sich frei entfalten sollten, frei von Autorität, kreativ? Heute versuchen sie wie alle anderen, bereits Einjährige mit staatlicher Bildung zu belästigen, und man wäre froh, wenn ein Kind mit sechs Jahren noch seinen Namen tanzt, statt nachmittags Chinesisch zu üben.

„Auf die Barrikaden mit euch!", möchte man allen Eltern zurufen. „Ihr allein seid es, die die Freiheit eurer Kinder schützen könnt. Ihr seid es, die in euren Kindern etwas ganz Einzigartiges sehen. Die sie lieben und nicht fallen lassen, auch wenn sie aus der Reihe tanzen. Wenn sie an den Leistungsanforderungen zu scheitern drohen. Ihr entdeckt ihre verborgenen Talente, oder gar niemand. Ihr glaubt an sie, auch wenn sie nicht sozialkonform auf dem Schulhof spielen und die nächste Fünf in Mathe droht. Ihr habt es in der Hand, lasst es euch nicht wegnehmen!"

Wir brauchen keine Gesellschaft, in der alle gleich sind, das Gleiche wollen, das Gleiche denken und das Gleiche anstreben. Wir brauchen die Freigeister, die Gegen-den-Strom-Schwimmer, die schwarzen Schafe, die Individualisten, die Träumer, die Visionäre, die Widerständler und auch ein paar Wahnsinnige im besten Sinne. Das Private ist nicht politisch, es ist und bleibt privat.

Was kommt also, wenn Familie geht? Die Einheitserziehung in Kindergärten und Schulen? Und nach welchem Wertekanon wird dort vorgegangen? Und weil wir doch so unglaublich viel Wert legen auf Vielfalt, auf „Diversity" und Multikulti, fragt man sich, wo denn die Vielfalt überhaupt noch herkommen soll, wenn alle einheitlich groß werden. Wie und wo Vielfalt noch gelernt und gelebt werden kann.

Ohne Familie wird unsere Gesellschaft ärmer werden. Ärmer an Zuwendung, ärmer an Mitgefühl, ärmer an Toleranz, ärmer an Liebe. Und allen, die heute ihre Kinder möglichst frühzeitig „in professionelle Hände" in der Krippe geben wollen, lege ich nahe, einmal darüber nachzudenken, mit welcher Berechtigung wir noch erwarten können, dass sich unsere Kinder selbst an unserem Lebensabend um uns kümmern, anstatt uns ebenfalls „professionellen Händen" zu überlassen.

9. Echte Männer braucht das Land

Pinke Hemden sind für Manager tragbar, Brad Pitt wurde als sechsfacher Vater zum „Sexiest Man Alive" gewählt, echte Kerle widmen sich mit Hingabe dem Kochen und tauschen Rezepte aus, mit Barack Obama ist ein schmusiger Kandidat zum amerikanischen Präsidenten gewählt worden – keine Frage, unser Männerbild ist im Wanken. Konnte der Mann früher noch damit punkten, dass er Geld verdient und die Familie ernährt, unterdrückt er damit heute die Bestrebungen seiner Frau nach einer eigenen Karriere. Konnte er früher noch auf seine hohen Positionen in der Politik verweisen, verweigert er damit heute den Frauen den Zugang zur Macht. Konnte er früher mit schönen Frauen angeben, ist er damit heute ein unverbesserlicher Sexist. Konnte er früher wenigstens noch mit körperlicher Stärke glänzen, ist er heute nur noch ein Relikt aus testosterongeschwängerten Höhlenzeiten. Der Jäger ist out. Heute zählen neue Eigenschaften. Oder scheint es nur so?

Glaubt man den Feuilletons, dann haben die Zeiten ihn jedenfalls überholt, den Mann von gestern. Er hat ausgedient. Der breitbeinig gehende Kerl mit Macht, klischeehaft strotzend vor Testosteron, die Waffe im Anschlag. Aggressiv, selbstverliebt. Es ist kein Platz mehr für ihn in der schönen neuen Welt der Gleichstellung. Er ist eine aussterbende Art, und nicht wenige würden rufen: „Gut so!" Schließlich ist er die Quelle allen Übels.

Er ist der Inbegriff der Unterdrückung, des männlichen Potenzgebarens, der Allmacht über Frauen. Er ist derjenige, der die Finanzmärkte stürzt, der die Kriege führt. Er ist an allem schuld, und deswegen muss er weg.

Ganz wie in dem Zitat aus dem alten Parteiprogramm der SPD: „Wer die menschliche Gesellschaft will, der muss die männliche überwinden."[64] – Ja, wir sind auf dem besten Weg, den Mann von Gestern zu überwinden. Doch auch hier stellt sich die Frage: Was kommt, wenn er weg ist? Ohne Zweifel, die Geschlechterrollen verschieben sich. Alte Rollen werden aufgebrochen, doch die neuen sind noch nicht gefunden. Es wird das Jahrtausend der Frau, die Welt wird weiblich, wir sind nicht zu stoppen. Vor allem aus einem Grund: Es gibt keine nennenswerte Gegenwehr.

Und so sieht man heute überall dort Frauen, wo einst männliche Domänen waren. Schön ist das immer wieder in der alltäglichen Werbeberieselung im Fernsehen zu sehen. Während Vati mit den Kindern Kuchen backt, regelt sie die Bankgeschäfte für die Familie. Während er über seine müde Haut philosophiert und sich die pflegende Men-Edition ins Gesicht schmiert, deckt sie sich im Baumarkt für das nächste Projekt ein. Während er über das beste Waschmittel für weiße Hemden sinniert und die BHs seiner Frau aufhängt, testet sie den neuen Wagen. Manchmal geht es dann so gar so weit, dass Männer neben ihren Frauen schon fast als Idioten dargestellt werden, natürlich mit Humor, wie lustig, haha, aber so manch einem erstickt dann doch das Lachen in der Kehle. Denn die Botschaft ist klar: Männer, packt euch warm ein, hier kommen die Frauen mit all ihren neuen – männlichen – Kompetenzen und kümmern sich jetzt selbst um alles. Brauchen wir die Kerle überhaupt noch …?

Wann ist ein Mann ein Mann? Wann ist eine Frau eine Frau? Das grundsätzliche Problem im Umgang zwischen den

Geschlechtern besteht inzwischen nicht mehr in ihrer Unterschiedlichkeit, sondern in unserer Unfähigkeit, diese zu akzeptieren. Nur eine aufgebrochene Geschlechterrolle ist heute noch eine gute Rolle. Das macht die Dinge kompliziert, denn die meisten Menschen leben nach wie vor innerhalb klassischer Rollenstereotypen. Schlimmer noch: Sie gefallen sich sogar darin! Damit sind sie höchst unmodern und gelten als überholungsbedürftig. Verhaftet in traditionellen Klischees, wo Männer Frauen noch die Tür aufhalten und Frauen Männer die Rechnung bezahlen lassen. Wie altmodisch!

Sozialkonformes Verhalten besteht also inzwischen darin, sich dem jeweils anderen Geschlecht im Verhalten anzunähern. Es zu kopieren. Damit Frau bloß nicht typisch weiblich daherkommt und Mann vermeiden sollte, als typisch männlich zu gelten. Frau ist angesehen, wenn sie möglichst einen typisch männlichen Beruf hat, Karriere macht, Macht ausübt, sich durchsetzt und auf keinen Fall diesem Klischee von Weiblichkeit entspricht, in dem überbordende Gefühle eine Rolle spielen. Ja, dieses Weib steht ihren Mann!

Der gute Mann von heute arbeitet hingegen an seinen Soft Skills und seiner Teamfähigkeit. Er kann zuhören, seine Gefühle zeigen, senkt die Stimme und das Haupt, schleppt sein Kind im Wickeltuch vor dem Bauch herum und interessiert sich sehr für soziale Pflegeberufe. Typisch weiblich ist also nur noch dann akzeptabel, wenn Mann es ausführt, typisch männlich, wenn Frau es sich als Verhaltensweise aneignet. Während also eine Frau eine Heulsuse ist, wenn sie öffentlich weint, zeigt ein Mann endlich Gefühle, wenn er vor versammelter Mannschaft Tränen fließen lässt. Bravo! Während eine Frau als stark gilt, wenn sie sich mit Ellenbogen durchsetzt, ist ein Mann unbelehrbar aggressiv, tut er das Gleiche. Wenn eine Frau sich einen Mann für eine

Nacht holt, ist sie selbstbewusst und sexy, wenn ein Mann einen One-Night-Stand hat, ist er ein Schwein.

Hat das Gender-Mainstreaming mit seiner Strategie der Angleichung der Geschlechter und der Nivellierung der Unterschiede etwa den Siegeszug durch die Institutionen geschafft und damit begonnen, die öffentliche Wahrnehmung zu dominieren? Es heißt ja immer, alles Neue aus den USA schwappe irgendwann zu uns herüber. Das gilt nicht nur für Cola und Burger, sondern vielleicht auch für die Politik.

Barack Obama machte vor, wie man als „neuer Mann" die Politik erobert. Während seine parteiinterne Herausforderin Hillary Clinton sich einst ständig selbst darin übertraf, möglichst hart, überlegt, rational und eben männlich rüberzukommen, glänzte Obama mit weiblicher Weichheit. Statt sich wie seine Amtsvorgänger Carter, Reagan oder Bush mit Pferden, Werkzeugen oder Waffen aller Art ablichten zu lassen, posierte er auf Fotos mit Töchtern und Pudeln. Sein Wahlkampf über das Internet, über Blogs war weiblich kommunikativ und irgendwie sympathisch, und während er damit kokettierte, dass sie eigentlich „die Toughere" sei, diskutierte die Welt über die muskulösen Oberarme seiner Frau Michelle. Verkehrte Welt, möchte man meinen, aber er hat damit gewonnen. Es gibt kaum ein besseres Beispiel dafür, wie man den Unterschied der englischen Begriffe Sex und Gender besser erklären kann. Letztendlich sind damals mit Hillary Clinton und Barack Obama zwei Frauen gegeneinander angetreten. Die eine war tatsächlich eine, der andere hat die weibliche Rolle einfach adaptiert.

Allerorten wird das Hohelied auf den „neuen Mann" gesungen. Weil Frau angeblich auf ihn steht. Ursula von der Leyen gab sogar in einem Interview zum Besten, die Geschichte habe gezeigt, dass jemand, der zu sehr an tradierten Rollenbildern klebe, heute Schwierigkeiten habe, einen Partner zu finden.[65] Dennoch sind die Feuilletons seltsamerweise voll mit der immer wieder neu gestellten Frage, wo denn die Männer hin seien. Denn nachdem wir jahrelang gefordert haben, dass der Mann sich ändern soll, beschweren wir uns jetzt, dass der echte Kerl nur noch so schwer zu finden ist. Eine ganze Zunft von Frauenmagazinen beschäftigt sich nach wie vor mit Tipps für die Suche nach dem einen zum Heiraten und Kinderkriegen.

Doch der neue Mann bindet sich nicht mehr so schnell, zieht immer später aus dem Hotel Mama aus. Das Statistische Bundesamt bestätigt, dass 47 Prozent der 18- bis 26-jährigen Frauen bereits ihr Elternhaus verlassen haben, während zwei Drittel der jungen Männer im gleichen Alter heute immer noch bei Mutti zu finden sind.[66] Ist ja auch so herrlich bequem.

Unvergessen bleibt mir der Sohn unserer ehemaligen Nachbarn. Pünktlich einmal die Woche fuhr er auch mit sichtbar mindestens 40 Jahren seinen breiten BMW vor, um bei Mama schmutzige Wäsche abzuladen und den Korb mit der frischen Bügelwäsche zusammen mit ein paar Töpfen frisch Gekochtem abzuholen. Wenn das der neue Mann ist, dann danke, nein. Entsprechend gehen diese Männer auch immer später familiäre Bindungen ein, obwohl sie statistisch viel früher finanziell besser dastehen als die gleichaltrigen Frauen. Bei ihnen tickt ja auch keine biologische Uhr, könnte man sagen.

Geändert haben sich zahlreiche Männer also definitiv. Es hat seine Vorteile, wenn Rollen aufbrechen, das eröffnet neue Möglichkeiten, sowohl für Männer als auch für Frauen. Zum Problem wird es nur, wenn der „neue Mann" zum neuen alleinherrschenden Modell erklärt wird, man also seine alte Rolle aufbrechen muss, um noch gesellschaftlich mithalten zu können. Dann haben wir auch an der Männerfront nicht mehr erreicht, als vom Regen in die Traufe zu kommen. Denn auch Männer haben unterschiedliche Rollenvorstellungen, Lebensvorstellungen und Wünsche an Frauen.

Ich will es ja nicht schlechtreden, der neue Mann hat seine Vorteile, er ist ja auch ganz nett. Er trägt diese metrosexuellen Schals, Ringelpullover und Retrobrillen. Er ist gebildet und wortgewandt. Aber ist er nun so, wie wir ihn haben wollten? Wissen wir überhaupt genau, wie der perfekte Mann sein soll? Und wenn wir es als Frauen nicht wissen, wie soll er wissen, wie er zu sein hat?

Es ist nicht die Schuld der Männer, dass wir uns zwar mit dem sensiblen Philosophen prächtig unterhalten, anschließend aber dennoch bei demjenigen mit dem schickeren Auto einsteigen. Ein Kollege aus den USA erzählte mir von seinen Erfahrungen an der kalifornischen Westküste. Junge Frauen an der Bar, die den Parkplatz beobachten und die anfahrenden Autos samt Fahrer kommentieren. Zitat: „Mit diesem Wagen würde ich gern mal ausgehen!" Geht es um die Paarung, sind wir nämlich trotz Gleichstellungsbeauftragten noch nicht ganz von den Bäumen runter.

Gern wird im Zusammenhang mit dem angeblich stoischen Dinosaurierverhalten unverbesserlicher Männer von der „verbalen Aufgeschlossenheit bei weitgehender Verhaltensstarre" gesprochen. Der Soziologe Ulrich Beck hat diese Umschreibung geprägt für die Männer, die sich zwar vordergründig gegenüber emanzipierten und auch finanziell eigenständigen Frauen aufgeschlossen geben, aber letztlich dann real eine Frau als Partnerin wählen, die ihnen in Sachen Karriere, Bildung und Finanzen unterlegen ist. Also alles beim Alten.

Zahlreiche Studien bestätigen jedoch, dass Frau genau das gleiche Verhalten an den Tag legt. So wird zwar der „neue

Mann" als einzig möglicher Partner diskutiert, real aber immer noch versucht, gesellschaftlich nach oben zu heiraten. Dass bei dieser Diskordanz zwischen Reden und Handeln die Partnersuche nicht gerade einfacher geworden ist, liegt auf der Hand. Man könnte auch böse hinzufügen: Wir Frauen haben es nicht anders verdient. Denn wir versuchen ja nichts Geringeres als die Quadratur des Kreises: Wir wollen immer noch zu ihm aufsehen können, er darf aber nicht auf uns herabblicken.

Dr. Catherine Hakim von der *London School of Economics* wies 2011 in der Studie „Feminist Myths and Magic Medicine"[67] nach, dass die Zahl der Frauen, die gesellschaftlich „nach oben" heiraten, in den vergangenen Jahrzehnten sogar angestiegen ist. Zahlen aus England zeigen, dass sich der Anteil dieser Frauen zwischen 1949 und dem Beginn dieses Jahrtausends von 20 auf 38 Prozent fast verdoppelt hat. Hakim bestätigt, dass sowohl in den meisten europäischen Staaten als auch in den USA und Australien Gleiches zu beobachten sei. Und das, obwohl wir uns als Frauen selbst auf der gesellschaftlichen und finanziellen Leiter massiv nach oben bewegt haben und somit immer mehr auf Augenhöhe ankommen könnten, wenn wir wollten.

Frauen lieben also nach wie vor Statussymbole, sie versuchen, nach oben zu heiraten, und setzen sich dafür in Szene. Wir lieben Geld und wir lieben Macht, und nicht wenige Frauen sind bereit, im Gegenzug das alte Weibchenschema nicht nur einzusetzen, sondern sogar damit glücklich zu sein. Auch das bestätigt der Bericht von Dr. Hakim: dass Frauen gern als Hausfrauen leben, sich aber schwertun, dies öffentlich zuzugeben.[68] Auch die zuvor erwähnte Studie aus Österreich kam zum gleichen Ergebnis. Wir erinnern uns: Die Hälfte der jungen Frauen in Österreich gab an, überhaupt kein Problem damit zu haben, als Hausfrau mit einem Mann als Ernährer leben zu wollen, wenn der

Partner genug verdient. Und so ergibt sich das Dilemma, dass zwar propagiert wird, die Frau suche nach dem neuen Mann – und manche glaubt das vermutlich auch von sich selbst –, die alten Haudegen aber eine deutlich höhere Anziehungskraft auf sie haben, als ihr klar oder gar lieb ist. Willkommen in der Biologie.

Wir sind also nicht wirklich weitergekommen in der Frage, wie der Mann nun sein soll, und ehrlicherweise können wir die Geschlechterfrage gar nicht lösen ohne den Mann. Ohne dass er sich an dieser Debatte beteiligt, seine Standpunkte festlegt, Grenzen verteidigt. Männlich ist. Das tun wir doch als Frauen auch. Wir wollen selbst definieren, was wir wollen, wie wir sein und wie wir leben wollen. Was weiblich ist. Wir würden es als anmaßend betrachten, würde Mann uns das vorschreiben. Wieso erlauben wir uns dann, die Männlichkeit definieren zu wollen? Wäre das nicht Sache der Männer?

Denn wenn wir es ernst meinen mit der Gleichberechtigung, dann muss sie auf Augenhöhe passieren. Theoretisch war es ja auch so gedacht. So steht es sogar im Amsterdamer Vertrag der EU in Sachen Gender-Mainstreaming. Demnach soll es „die unterschiedlichen Lebensbedingungen von Frauen und Männern und die Auswirkungen auf beide Geschlechter berücksichtigen". 16 Jahre später ist klar: Das war nur rhetorisch gemeint. Wie eine heilige Kuh wird die alleinige Benachteiligung der Frau gehegt. Halten Frauen allein die Deutungshoheit darüber, was in der Geschlechterfrage genehm ist. Die „Es ist noch nicht genug"-Fraktion hat die Oberhand. Fakt ist, dass auch Männer Benachteiligungen erleben, jedoch andere als Frauen.

Doch wer vertritt eigentlich die Sache der Männer? Ein Grund, warum Frauen das Feld dominieren, ist wohl, dass man von den Männern so wenig hört. Dies liegt nicht nur an der viel beklagten Schweigsamkeit von Männern, sondern auch daran, dass jeder Mann, der sich gegen Forderungen von Feministinnen stellt, öffentlich keinen leichten Stand hat. Ist man doch als Mann schnell in der Chauvi-Ecke festgenagelt. Und institutionell sind wir männliches Brachland. Wir haben in Deutschland über 1900 kommunale Frauen- und Gleichstellungsbüros, auf Männerseite: null. Obwohl, doch, im Familienministerium existiert seit 2009 ein „Referat Männer". Immerhin, könnte man sagen, wenn es nicht so ein Trauerspiel wäre. Keine zehn Leute sitzen dort als Vertretung der halben Landesbevölkerung, und geleitet wird das Ganze – Sie ahnen es sicher schon – von einer Frau. Würden wir uns das als Frauen bieten lassen? Minimale Repräsentanz, und das mit einem Mann an der Spitze?

Gemeinhin wird ja auf Frauenseite immer so getan, als bräuchte man eine Gebärmutter, um die Interessen von Frauen zu vertreten, auch wenn man diese nicht zwangsläufig nutzt. Wie sieht es bei den Männern aus? Sollten es nicht wenigstens Männer sein, die die Sache der Männer vertreten, und was dürfen sie dann sagen? Das Männerreferat des Familienministeriums fiel seit seiner Einführung im Wesentlichen durch zwei Themen auf: das Programm „Mehr Männer in Kitas" und die Einführung des „Boys' Day", dem Pendant zum „Girls' Day". Beides Projekte, bei dem Männer für typische Frauenberufe begeistert werden sollen. Ist das wirklich alles, was aus Männersicht zu sagen ist in unserem Land? Gibt es keine anderen Themen? Oder ist es einfach nur das, was Frau den Männern als Beschäftigungsfeld gönnt?

Denn Themen liegen genug auf der Straße. Was ist mit der steigenden Zahl von Vätern, die heute um das Sorge- und das Umgangsrecht für ihre Kinder kämpfen? Steigende Scheidungs- und Trennungszahlen bedeuten leider auch steigende Streitigkeiten unter Eltern. Nicht selten wird das Kind als Machtmittel missbraucht. Mir kommt die Wut hoch bei all den Zuschriften, die ich in den vergangenen Jahren von Vätern bekommen habe, die verzweifelt um ihre Kinder kämpfen. Wie oft habe ich schon gehört: „Ich würde die Kinder ja gern häufiger nehmen, aber sie lässt mich nicht." Auch geteiltes Sorgerecht heißt in Deutschland noch lange nicht, dass Sie als Vater auch ein angemessenes Umgangsrecht mit dem Kind bekommen. Und selbst wenn Sie dieses juristisch bekommen, heißt es nicht, dass es nicht trotzdem und ständig unterlaufen werden kann.

Das Internet ist voll von Selbsthilfegruppen für Väter, von Vereinen und Protestinitiativen. Alles Väter, die gern erziehen würden, es aber nicht dürfen. Zahlen müssen sie allerdings schon, da sind wir hart. Sie alle beklagen, dass auch die deutschen Jugendämter nahezu immer auf der Seite der Mütter stehen. Wann geben wir diesen Vätern eine Chance? Nicht nur, dass sie keine Hilfe sind, die Justiz und die Jugendämter sind den Vätern dabei oft sogar ein zusätzliches Hindernis.

Wir wollen, dass Väter erziehen? Dann müssen wir sie auch lassen. Auch wenn es schwerfällt, eigene Kompetenz- und Machtbereiche aufzugeben. Gleichstellung kann ja nicht heißen, dass wir Frauen immer mehr dazugewinnen, aber nirgendwo nachgeben.

90 Prozent aller Kinder leben nach der Trennung ihrer Eltern bei der Mutter, schon nach einem Jahr haben 50 Prozent keinen regelmäßigen Kontakt mehr zum Vater.[69] Zumindest ist inzwischen das neue Gesetz zur gemeinsamen Sorge seit 19. Mai 2013 in Kraft. Es soll die Rechte von getrennt lebenden Elternteilen bei der Kindererziehung angleichen und die bislang „mütternahe" Gesetzeslage entschärfen. Väterverbände hatten sich positiv zur Einführung geäußert, wenn auch nicht alle Ungleichheiten beseitigt wurden, aber es war zumindest auf dem Papier

ein Signal gegen die bisherige Willkür im Sorgerecht. Jetzt muss es sich in der Praxis bewähren. Natürlich gibt es die Väter, die kein Interesse haben, die leider nicht nur ihre Frauen, sondern oft auch ihre Kinder verlassen. Aber es gibt auch diejenigen, die wollen. Wer steht staatlicherseits für die Rechte dieser Männer ein? Die Gleichstellungsbeauftragten? Wohl eher nicht. Sollte Gleichstellung nicht bedeuten, dass alle Kräfte gleich stark vertreten sind? Dass es möglich wäre, Männerinteressen zu vertreten, ohne sofort als Frauenfeind dazustehen? Einfach so, als Selbstverständlichkeit. Wäre es abseits dieses Minireferats im Ministerium nicht sowieso Pflicht der Frauenministerin, sich um die Belange der Männer mit zu kümmern? Im Zweifel sogar gegen die Frauen? Es ist doch auch das Ministerium für Kinder, Senioren, Jugend und Familien. Unter den Senioren, Jugendlichen, Kindern und Familien leben 50 Prozent männliche Wesen. Tatsächlich scheint es jedoch, als sei dies ein Alles-außer-Männer-Ministerium.

Ich schreibe das nicht, weil ich Männerbeauftragte werden will, sondern vor allem, weil ich auch zwei Söhne habe. Meine Interessen als Frau lassen sich nicht von den Interessen als Mutter meiner Kinder lösen. Es ist sogar meine Pflicht, dass ich für meine Söhne genauso einstehe wie für meine Töchter. Denn es geht um ihre Zukunft. Meine Jungs sollen Männer werden, im besten Sinne. Ihre Sorgen und Nöte brauchen eine Anlaufstelle. Von wem in diesem Land werden sie gehört?

Auch wir Frauen müssen dazulernen und von den Vätern nicht nur mehr Engagement fordern, sondern es dann auch zulassen. Das Problem existiert nicht nur bei getrennten Paaren, sondern auch bei verheirateten, wo der Vater anwesend ist. Mütter haben manchmal ganz andere Vorstellungen von Erziehung, gesunder Ernährung, pädagogisch wertvollen Spielen und dem

Grad der Ordnung in Kinderzimmern als Väter. Seien Sie ehrlich, liebe Mütter, wie oft haben Sie schon in Bezug auf die Kinder etwas selbst erledigt, weil *er* es in Ihren Augen einfach „nicht richtig" macht? Väter sind anders als Mütter, das sollen sie auch sein, das macht ihre Stärke aus.

Manchmal musste ich mich auch bremsen, wenn ich geschäftlich verreist war und bei der Rückkehr das Haus in anderem Zustand wiederfand, als ich es verlassen hatte. Und manchmal ist es auch hart als Mutter, wenn man heimkommt und gar nicht vermisst wurde. Lief ja auch so bestens. Eine Erfahrung, die Väter zur Genüge kennen. Manchmal kommt sogar die Frage: „Mama, wann fährst du wieder weg?" Weil der Spaß groß war mit Papa, weil er Lieblingsessen gekocht oder gar eine Runde McDonald's ausgegeben hat, statt aufs allabendliche Aufräumen zu bestehen. Sie lieben ihren Papa. Und ich bin froh, dass er selbstverständlich einfach übernimmt, wenn ich nicht da bin, und dennoch alles reibungslos funktioniert. Aber leicht fiel mir das anfangs nicht.

Ich musste lernen, dass ich nicht weniger wichtig bin, nur weil die Kinder sich plötzlich in manchen Dingen an Papa wenden – nein, das bedeutet nur, dass er genauso wichtig ist. Kürzlich sah ich auf dem Heimweg aus dem Autofenster einen Mann mit seiner Tochter seelenruhig und geduldig auf dem Radweg Inliner fahren. Die Kleine war höchstens fünf, das Ganze fand im Schritttempo statt und war mit ihren Rollschuhen eine mühsame Angelegenheit. Er war auf den ersten Blick eher der Typ Mann, den man auf einem Bikertreffen mit einer Flasche Bier in der Hand vermuten würde: wilde Haare, tätowiert über alle Arme und Beine. Hätte ich ihn allein ohne sein Kind getroffen, ich hätte ihm niemals ein Kind anvertraut, und schon gar nicht meines. Aber da fuhr er, seine Tochter an der Hand, durch die

Abendsonne. Die Kleine redete wie ein Wasserfall, sie lachten zusammen. Ein perfekter Vater-Tochter-Ausflug. Wenn das die neuen Männer sind, dann ja, bitte, gern! Was passiert, wenn der Vater im Leben eines Kindes fehlt, lässt sich in Zahlen als Risikofaktoren auflisten. Die dramatischen Entwicklungen dieser Kinder hat der Psychoanalytiker und Psychotherapeut Horst Petri bereits 1999 in seinem Buch „Das Drama der Vaterentbehrung" zusammengefasst, in dem er auch seine Erfahrungen als Arzt einbrachte. Inzwischen dürfte die Zahl der betroffenen Kinder mit den steigenden Scheidungszahlen noch weiter gewachsen sein. Petri hat in seinem Buch statistische Zahlen aus den USA verarbeitet, die man nicht vorbehaltlos auf Deutschland übertragen kann, die seelischen Auswirkungen auf die Kinder dürften sich allerdings bei Trennungskindern weltweit nur wenig unterscheiden. Er schreibt über die USA: „Aus vaterlosen Familien stammen 63 Prozent der jugendlichen Selbstmörder, 71 Prozent der schwangeren Teenager, 90 Prozent aller Ausreißer und obdachlosen Kinder, 70 Prozent der Jugendlichen in staatlichen Einrichtungen, 80 Prozent aller Heimkinder, 85 Prozent aller jugendlichen Häftlinge, 71 Prozent aller Schulabbrecher und 75 Prozent aller Heranwachsenden in Drogenentzugszentren." Sicherlich wäre es zu simpel und auch falsch, daraus die Schlussfolgerung zu ziehen, dass jedes Scheidungskind und vaterlos aufgewachsene Kind später kriminell wird oder ausreißt, aber das Risiko steigt jedenfalls erheblich.

Man kann die Männerfrage aus zwei Perspektiven betrachten: Die eine ist die feministische, die besagt, es braucht gar keine Männervertretung, denn die Männer haben ja sowieso überall das Sagen. Es brauche also nur ein weibliches Gegengewicht gegen diese Übermacht. Wozu also Männervertretung, schließlich hat Mann eine jahrtausendealte Schuld abzuarbeiten. Jeder Widerstand gegen weibliche Errungenschaften wie etwa die Frauenquoten wird dabei als frauenfeindlich abgebügelt: „Da will wohl einer sein Revier verteidigen."

Dazu passt auch gut ins Bild, dass im November 2012 ein Expertengremium[70] des *Nordic Council*, ein geopolitischer und interparlamentarischer Rat der nordischen Staaten, empfahl, Anti-Feminismus gesetzlich gleich ganz zu verbieten. Wie praktisch, jedes männliche Widerwort ist damit eine Straftat. Aus dieser Perspektive darf Mann sich erst dann wieder zu Wort melden, wenn alle Machtpositionen dieser Welt mit mindestens 50 Prozent Frauen besetzt worden sind. Aber bitte nicht vorher. Wenn also die Partei Die Linke in ihrem Programm schreibt: „Wir geben keine Ruhe, bevor nicht alle politischen Mandate und öffentlichen Ämter mindestens zur Hälfte mit Frauen besetzt sind", dann darf das durchaus als Drohung verstanden werden.

Man könnte die Männerfrage auch aus einem völlig anderen Blickwinkel betrachten, indem man sich die Faktenlage jenseits von politischen Ämtern und gezählten DAX-Sesseln ansieht. Aus dieser Perspektive sind Männer schon lange die Verlierer. Alle Attribute, die man als typisch männlich bezeichnet, sind negativ besetzt. Gleichzeitig sprechen wir Männern massenhaft und pauschal positive Eigenschaften ab, wie gerade die Frauenquotendiskussion immer wieder zeigt. Wir feiern geradezu, dass Mädchen heute so erfolgreich sind. Die Kehrseite ist, dass die Jungs immer weiter zurückfallen. „Wenn wir wirklich wollen, dass unsere Töchter es mal leichter haben, müssen wir es unseren Söhnen schwerer machen."[71] Die Forderung stammt aus einer *Emma*-Ausgabe der 1980er-Jahre und heute sind wir anscheinend genau dort angekommen. Zahlreiche Statistiken belegen: Jungs bleiben häufiger sitzen, brechen häufiger die Schule ab, sie bleiben häufiger ohne Ausbildung, werden häufiger kriminell und verhaltensauffällig als Mädchen. Sie ecken häufiger durch ihr Verhalten an, bekommen entsprechend häufiger die Diagnose ADHS und schlucken das meiste Ritalin. Sieht irgendjemand Grund zum Handeln? Es ist die zukünftige Männergeneration, die hier heranwächst.

Dem Arztreport 2013 der Barmer-GEK[72] zufolge ist die Zahl der diagnostizierten ADHS-Fälle zwischen 2006 und 2011 um 42 Prozent angestiegen. Die Krankenkasse spricht von einer „Generation ADHS". Die Zahl der betroffenen Jungs ist dabei fast dreimal so hoch wie die der Mädchen. Das gleiche Schema zeigt sich bei den Verordnungsraten von Ritalin. Im Jahr 2011 wurde es ca. 336 000 Personen verschrieben, das meiste davon an Kinder im Schnitt von 11 Jahren. Dabei bekamen sieben Prozent aller 11-jährigen Jungs und nur zwei Prozent der gleichaltrigen Mädchen das umstrittene Medikament verschrieben. Während der Kindheit und Jugend laufen 10 Prozent aller Jungs und „nur" 3,5 Prozent aller Mädchen Gefahr, mindestens einmal Ritalin verschrieben zu bekommen. Mediziner sagen, ADHS bräuchte Therapien statt Medikamente. Diese sind oft nicht zu bekommen; es ist einfacher und schneller, die Kinder mit Ritalin ruhigzustellen. Und bei Jungs ist das anscheinend häufiger nötig als bei Mädchen.

Ist ja auch kein Wunder, sozialkonformes Verhalten ist heute weibliches Verhalten. Jede Rangelei auf dem Schulhof ist heute ein Drama. Da werden Eltern einbestellt und zähe Gespräche geführt. Wo dürfen Jungs noch Jungs sein? Ein Vater erzählte mir neulich in seinem Frust spaßhaft, er werde zur Rettung der Männlichkeit jetzt mit seinem Sohn in den Wald gehen, „Holz fällen und Tiere essen". Nur leider ist „zurück in den Wald" auch keine nachhaltige Lösung.

Die Vodafone-Stiftung hat 2011 sogar in ihrer Studie „Herkunft zensiert?"[73] festgestellt, dass Jungs allein aufgrund ihres Geschlechts im Durchschnitt schlechter benotet werden. Sowohl in der Grundschule als auch am Ende der gymnasialen Oberstufe können diese Faktoren nachgewiesen werden, die nicht durch tatsächliche Leistungsunterschiede erklärbar sind.

Die Forscher gehen davon aus, dass Mädchen sich durch ihr in der Regel besseres Sozialverhalten möglicherweise auch bessere Noten einhandeln. Menschlich verständlich, wenn ein Lehrer Schülerinnen bevorzugt, die keine Probleme machen, und mit Jungs, die sich dem System nicht anpassen, weniger nachsichtig ist. Ungerecht bleibt es trotzdem.

Bei Schulleistungen und schulischen Bewertungen lassen sich schon seit geraumer Zeit in verschiedenen Studien anhaltende und in Teilen größer werdende Geschlechterunterschiede finden. So zeigte zum Beispiel PISA 2009 bessere Lesekompetenz bei Mädchen und bessere Ergebnisse der Jungen in Mathematik. Außerdem ist zu beobachten, dass Mädchen häufiger als Jungen eine Empfehlung für höhere Bildungslaufbahnen erhalten und bei Absolventen mit Abitur überrepräsentiert sind.

Ausgehend von diesen Beobachtungen, verglichen die Wissenschaftler die tatsächlichen Notenunterschiede am Ende der Grundschulphase und konnten empirisch nicht feststellen, dass die Leistungen der Mädchen tatsächlich besser waren. Im Gegenteil, die Ergebnisse der Jungen waren im Durchschnitt sogar leicht höher in der tatsächlichen Leistung, trotzdem hatten die Mädchen bei der Benotung die Nase vorn. Der gleiche Effekt zeigte sich am Ende der Schullaufbahn, wo die Jungen ebenfalls trotz besserer Testergebnisse gerade in Fächern wie Mathematik oder auch Englisch in den Noten und Prüfungen schlechter bewertet wurden als die Mädchen, obwohl sie empirisch bessere

Leistungen erbracht hatten. Das ist Sexismus in der Schule! Würden wir das bei Mädchen hinnehmen?

Später führen Männer die Statistiken an bei Obdachlosen, bei Selbstmördern, bei Straftätern, bei Gefängnisinsassen, bei der Sterblichkeitsrate in gefährlichen Berufen, und wenn sie nicht dort umkommen, sterben sie immer noch statistisch ein paar Jahre früher als Frauen. Sie werden öfter Opfer von Gewaltverbrechen und sterben häufiger am Herzinfarkt.

Und jetzt tauschen Sie bei dieser Liste einmal das Wort „Mann" durch das Wort „Frau" aus. Wären dies alles weibliche Problemfelder, wir würden glatt noch einmal so viele Frauenbeauftragte einstellen, um „Frau der Lage" zu werden.

Stellt sich am Schluss die Frage: Wo seid ihr Männer? Wo bleibt euer Aufschrei? Der Bundespräsident lässt sich erklären, welche Worte er noch im Zusammenhang mit Frauen benutzen darf und welche nicht. Bei der Frauenquoten-Debatte seht ihr zu, wie das Leistungsprinzip für eure Söhne ausgehebelt wird, und stimmt in den Chor mit ein. Ihr seht zu, wie eure Söhne an den Schulen zurückfallen und vermehrt therapiebedürftig werden. Nicht einmal, als die Universität Leipzig beschlossen hat, euch fortan als Frauen anzusprechen, und euch somit verbal entmannt hat, war ein Aufschrei zu hören. Ihr solltet wenigstens Frauenparkplätze vor der Uni Leipzig dafür einfordern!

Es wird Zeit für eine parallele Männerbewegung, die klar artikuliert, was sie selbst will. Denn wir brauchen nicht nur neue Männer, sondern auch echte Männer.

Epilog

„Was würden Sie sich wünschen, wenn wir in zwanzig Jahren noch einmal zusammensitzen und über Frau und Familie reden?", wurde ich einmal in einer Sendung gefragt. Eine gute Frage. Meine Antwort ist: Ich fände es großartig, wenn wir uns dieses ganze Rollendenken endlich ersparen würden. Dies Aufreiben zwischen „Heimchen am Herd", „Rabenmüttern", Vollzeitmüttern, Halbtagsmüttern und was uns sonst noch alles einfällt zur Beschreibung weiblicher Lebensumstände. Weil es unrealistisches Schubladendenken ist, schwarz-weiß und oft verletzend. Weil es in der Regel der Lebenswirklichkeit von Frauen nicht gerecht wird.

Immer weniger Frauen sind heute wirklich Hausfrauen, wie sie in den Geschichtsbüchern stehen. Manche sind es nur für einige Jahre, andere für längere Zeit, manchmal sogar ihr ganzes Leben lang. Wenn ich auf mein bisheriges Leben zurückblicke, dann steckte ich zeitweise in jeder dieser Schubladen. Manchmal erfolgte der Wechsel im Wochenrhythmus. Was bin ich denn nun wirklich? Und sind manche dieser Zeitabschnitte mehr oder weniger wert als andere? Und wen geht das überhaupt etwas an?

Ich bin es leid, von Schublade zu Schublade zu springen, je nachdem, in welche mich andere gern stecken wollen, um ihr Klischeedenken zu kultivieren. Nach den üblichen Definitionen war ich zeitweise „nur" Hausfrau und „nur" Mutter", zeitweise halbtags berufstätig, zeitweise voll im Job und zusätzlich Hausfrau. Ich war in manchen Lebensphasen eine Mutter mit viel Zeit und dann wieder eine Rabenmutter mit schlechtem Gewissen. Ich bin es leid, dass mein Leben beurteilt wird, meine Mutterqualitäten bewertet werden. Ich gebe mir Mühe, es gut zu machen und dabei auch noch glücklich zu sein. Ich habe das Recht, mein Leben so zu leben, wie ich es für richtig halte. Ich will mich nicht ändern, und ich werde es auch nicht tun! Es gibt Millionen von Frauen wie mich. Wann nimmt die Politik uns endlich zur Kenntnis?

Und damit meine ich nicht den Nanny-Staat, der mir erklärt, wie ich es zu machen habe, was in meinem Leben angeblich falschläuft und wie ich es verändern muss, um endlich in der Neuzeit anzukommen. Ich habe den Volksvertreter im Blick, der das umsetzt, was das Volk, also auch ich, will. Das ist Demokratie und das ist Freiheit, alles andere ist Bevormundung.

Wir leiden in dieser Frau-Mann-Debatte an dem Irrglauben, dass sich an Äußerlichkeiten ablesen lässt, ob wir ein Recht und Macht besitzen oder ob beides sogar dasselbe sei. Macht besitzt man nicht nur durch Posten, durch Vorstandsstühle, Ministersessel, Arbeitsverträge und Gehaltsabrechnungen. Macht hat man auch durch Autorität, durch Anerkennung, dadurch, dass einem jemand folgt, obwohl er es überhaupt nicht müsste, sondern, weil er es will.

In wie vielen Ehen geht *er* zwar arbeiten, aber *sie* hat das Sagen? „Wie viele Legionen hat der Papst schon?", fragte bereits Stalin in völliger Verkennung der Tatsache, dass es keinen einzigen Soldaten braucht, keinen Zwang, keine Autorität – und übrigens auch keine Quote –, wenn es als Waffe eine Überzeugung gibt, die man im Herzen trägt. Diese wirkt viel stärker und nachhaltiger.

Auch deswegen glaube ich nicht an eine Emanzipation, die sich im Aufrechnen von Posten verliert, sondern nur an eine Emanzipation, die durch Taten überzeugt. Denn man kann zwar Gesetze erlassen, und wir können erzwingen, dass der Frauenanteil überall 50 Prozent beträgt, aber wir können uns damit keinen Respekt erkaufen.

Charles Aznavour sagte einst: „Frauen haben heute sicher mehr Rechte, aber mehr Macht hatten sie früher" – möglicherweise liegt er richtig. Nach einem über 100-jährigen Marsch durch die Welt, die Gesetzeswerke und die Institutionen hat der Feminismus viele und längst überfällige Rechte für Frauen eingefordert und errungen. Es ist dieser Bewegung zu verdanken, dass wir Frauen heute in den westlichen Industrienationen selbstverständlich gleiche Rechte haben wie Männer und dass niemand es wagen würde, uns diese wieder zu nehmen. Weltweit existieren noch zahlreiche Länder, in denen Frauen gegenüber Männern alles andere als gleichwertig behandelt werden. Länder, in denen sie schon als Kinder zwangsverheiratet werden, Länder, in denen ihr Leben nichts wert ist, wo sie kein Recht auf Bildung, eigenes Geld oder gar ein unabhängiges Leben als Frau haben. Es gibt also zumindest dort noch einiges zu tun.

Was wir verloren haben, ist die Anerkennung für das, was Frauen seit Jahrtausenden selbstverständlich tun: Kinder bekommen, sie großziehen, die Familie zusammenhalten, die nächste Generation auf den Weg bringen. Es gab Zeiten, in denen Frauen dafür geschätzt wurden. Wir Frauen sind die Einzigen, die das Leben weiterreichen können. Das ist eine großartige Erfahrung für diejenigen, die sich darauf einlassen!

Doch stattdessen wird heute gefeiert, dass man das Gebären in Zukunft vielleicht ganz in Brutkästen auslagern kann. Es ist zum großen Teil die eigene Schuld der Frauen, dass wir unsere „Hausmacht" verloren haben. Wir haben uns das selbst schlechtgeredet. Im gleichen Atemzug, in dem wir forderten, selbstverständlich alles machen zu dürfen, was Männer tun, haben wir unsere eigenen Stärken als minderwertig abgetan. Nun haben wir das Ergebnis – um nicht zu sagen, den Salat.

Das wäre nicht nötig gewesen auf dem Weg zu mehr Rechten für Frauen. Ein Kollateralschaden, den wir nun als Klotz am Bein haben. Vielleicht hätten wir beides haben können, hätten wir nicht so leichtfertig darauf verzichtet. Denn wo von Frauen selbst definiert wird, dass die Teilhabe am gesellschaftlichen Leben erst außerhalb des Hauses beginnt, dort bekommt Frau dann eben auch nur die Anerkennung und eine Honorierung für Dinge, die außerhalb des Hauses stattfinden. Auch hier gilt der alte Grundsatz: „Was nichts kostet, ist nichts wert." Damit ist alles, was aus Liebe getan wird, alles, was keine monetäre Gegenleistung fordert, das, was wir zu Hause für unsere Familie leisten, automatisch wertlos.

Nicht einmal der Status als das sogenannte „schöne Geschlecht", über Jahrtausende einer der Standortvorteile als Frau, darf unter emanzipatorisch korrekten Vorgaben heute noch unbedacht eingesetzt werden. Ja, wir beeinflussen allein durch unser Aussehen, durch unsere weiblichen Reize sehr viele Männer. Das muss einem nicht gefallen, ist aber Fakt. Die Sexismus-Debatte hat es gezeigt, auch wenn wir gern so tun, als sei das ein irrelevanter Faktor.

Im Umkehrschluss habe ich übrigens noch nie gehört, dass es einem Mann vorgeworfen wurde, wenn er gut aussieht und dadurch Vorteile erzielt, oder dass wir ihm aufgrund dessen sogar geistiges Unvermögen attestieren. Viele Frauen setzen ihr Aussehen jeden Tag strategisch ein. Manche verdienen sogar ihr Geld nur mit ihrem Körper und ihrer Schönheit. Sollen sie sich jetzt dafür noch entschuldigen? „Wie schamlos war Kleopatra wirklich?", titelte passend die *BILD*-Zeitung zur Eröffnung der großen Ausstellung in der Bonner Kunsthalle im Juni 2013. Und fügte das Zitat der Kleopatra-Biografin Stacy Schiff hinzu: „Kann von einer Frau, die mit den beiden mächtigsten Männern ihrer Zeit geschlafen hat, überhaupt etwas Gutes gesagt werden?" Ja, wirklich schlimm, sie hat ihr Aussehen eingesetzt, das schamlose Luder.

Die Liste der verfehlten weiblichen Lebensweisen wird immer länger. Muss ich mich erst in einen Jutesack hüllen, damit man meine Intelligenz wahrnimmt? Oder können wir endlich zur Kenntnis nehmen, dass Frau sowohl schön als auch klug sein kann? Doch stattdessen diskutieren wir heute, ob es noch legitim sei, dass Frau in Zeiten der Emanzipation ihr Aussehen und ihre Zuwendung gegen Vorteile oder auch Versorgung tauscht, so, als wäre das unanständig. Denn selbstverständlich unterminiert sie damit ihre ohne Zweifel ebenfalls vorhandene geistige Größe.

In den Augen der Altfeministinnen findet man sich bei solchen Diskussionen als Hausfrau schnell mal auf einem Niveau mit Prostituierten wieder. Tun denn nicht beide in übertragenem Sinne das Gleiche?, wird man dann gefragt. Lassen sich nicht beide für ihren Körpereinsatz bezahlen und finanziell aushalten? Nun, zumindest könnte die Prostituierte auf Bezahlung nach ihrem Dienstvertrag pochen und wird gewerkschaftlich bei Verdi geführt. Dafür darf die Hausfrau rechtlich den Beischlaf verweigern. Ausgleichende Gerechtigkeit. Doch beide unterwandern in den Augen des Feminismus allein durch ihre Existenz und das Verharren in ihren Rollen das Endziel – die Gleichstellung der Frau.

Merke: Egal, welche Rolle man heute einnimmt, es wird immer jemanden geben, der sich darüber aufregt. Heute stellen wir fest, dass durchaus eine nicht geringe Zahl von Männern und Frauen diese alten – man könnte auch sagen: lange bewährten – Rollenmodelle gern verlassen, sich für neue Lebensweisen entscheiden und damit glücklich sind. Nicht jede Frau will heiraten, nicht jede Frau will Kinder, nicht jeder Mann will der Ernährer der Familie sein. Das ist Freiheit und Selbstverwirklichung in einer demokratischen Gesellschaft, und niemand hindert sie daran.

Tatsächlich ist es heute ganz anders: Wir müssen inzwischen darum kämpfen, dass in der neuen Vielfalt auch das Verbleiben in dem Rollenmuster, das es seit Jahrtausenden in Form stabiler Familien gibt, immer noch möglich ist. Auch das wäre Freiheit und Selbstverwirklichung. Dieser Weg ist derzeit am meisten bedroht. Wohin sein Verlust führen würde, ist ungewiss. Welche Auswirkungen das Aufbrechen bisheriger Familienstrukturen gerade auch auf die nächsten Generationen von Kindern haben wird, werden wir erst in einigen Jahrzehnten wirklich wissen. Möglicherweise droht hier auch noch ein Kollateralschaden.

Doch welche Rollen auch immer wir uns als Frauen suchen und leben wollen, nachhaltig funktioniert es nur, wenn eine Gesellschaft es auch innerlich mitträgt, anstatt durch Gesetze dazu gezwungen zu werden. Wenn wir daran glauben, wenn wir überzeugt sind und respektieren, dass es so richtig ist. Das funktioniert in der Kindererziehung wunderbar und ist dort ebenfalls die nachhaltigste Methode. Ohne Kontrolle, ohne Zwang, ohne Strafandrohung.

Warum sollte das nicht auch bei Männern funktionieren? Wir brauchen als Frauen eine Emanzipation, die beide Seiten mitnimmt. Die Männer nicht bevormundet, sondern um ihre Einsicht kämpft, wo sie nicht sowieso schon vorhanden ist. Wenn wir also wollen, dass Männer sich um unsere Probleme kümmern, dass sie Verständnis haben, uns unterstützen, fördern, einsichtig sind, wäre es dann nicht das Mindeste, dass wir uns im Gegenzug auch um ihre Problemfelder kümmern? Auch als Frauen.

Die Stimmung könnte nämlich in naher Zukunft auch wieder kippen, und zwar bei den Männern, die wir eigentlich schon auf unserer Seite hatten, die aber gerade mit ansehen oder erfahren müssen, dass das Pendel der Emanzipation nicht nur auf der Gleichberechtigung steht, sondern in manchen Bereichen bereits zur Bevorzugung der Frauen ausgeschlagen hat. Das verletzt und ist unfair. Irgendwann werden sie sich aufrappeln und zurückschlagen.

Schon jetzt macht sich, wenn auch unterschwellig, bei vielen Männern schlechte Stimmung breit. Die Sexismus-Debatte war nur ein Vorgeschmack. Wie viele Männer waren entrüstet darüber, in Sippenhaft geraten zu sein? Sie wähnten sich als anständige Menschen, um plötzlich festzustellen, dass ihnen das keiner zugestehen wollte.

Bei Daimler Benz gab es im Frühjahr 2013 eine offene Revolte gegen die firmeninterne Frauenförderung. Der Ton war scharf. Die entmachtete Väterfront ist bereits auf den Barrikaden. Ich erlebe gerade unter den geschiedenen und von ihren Kindern getrennten Vätern teilweise blanken Hass auf alles Weibliche. Ihre schlechten Erfahrungen haben sie radikalisiert. Sie sind kaum mehr zugänglich für Argumente und legen oft die gleiche Intoleranz an den Tag, die sie ihren geschiedenen Frauen vorwerfen. Die Fronten werden dort gerade auf- und nicht abgebaut.

Wir fordern, dass die Männer sich ändern, dass sie sich mehr einbringen bei der Kindererziehung und bei der Hausarbeit. Doch was haben wir den Männern denn anzubieten bei diesem fröhlichen Rollentausch, wenn sie sich tatsächlich darauf einlassen, männliche Domänen freizugeben, um weibliche zu erobern? Schlecht bezahlte typische Frauenberufe inklusive Karriereknick und Altersarmut wegen Kindererziehung? Was bieten wir im Familienrecht an? Welche Kompetenzen wollen wir abgeben dafür, dass Männer sich mehr in die Erziehung einmischen sollen?

Richtig überzeugend ist das nicht, dass wir als Frauen nun versuchen, den Männern Bereiche schmackhaft zu machen, die wir selbst nicht wollen, die wir jahrelang schlechtgeredet und diffamiert haben. Und als Gipfel des Hohnes verkaufen wir das auch noch ernsthaft als „Männerpolitik". Wer also wirklich ein Aufbrechen von Rollenmustern will und das proklamiert, der muss allen Rollen den gleichen Rang zugestehen. Dann muss auch die Bedeutung von häuslicher Arbeit, von Erziehungsarbeit, von ehrenamtlicher Arbeit aufgewertet werden. Gesellschaftlich und finanziell. Bei Frauen und Männern.

Wer darauf hofft, dass Männer einfach nur so blöd sind, freiwillig auf ihren sozialen Status zu verzichten und widerstandslos in die zweite Reihe zurückzutreten, der wird sich noch wundern. Männer lassen sich auch zu Recht nicht einfach in Sippenhaft nehmen für die lange Unterdrückung der Frau. Sie sind eine neue Generation, sie haben keine Schuld abzuarbeiten und auch nichts wiedergutzumachen.

Bleibt am Schluss die Frage, was passiert, wenn wir alle Männer jetzt zu einem neuen Typ Mann umformen. Wo finden all diejenigen Frauen, die nach wie vor ganz freiwillig einen Ernährer für die Familie suchen, den „richtigen Mann", den, der mit ihrer traditionellen weiblichen Rolle kein Problem hat? Einen verlässlichen Partner, der seine Verantwortung als Ehemann und Vater wahrnimmt? Wir brauchen diese Männer, die den Müttern den Rücken frei halten. Den Müttern, die sich gern um die Kinder kümmern, die die Familie zusammenhalten, die kein Problem haben mit klassischer Rollenaufteilung und mit ihrer Weiblichkeit. Diese Frauen, die es millionenfach gibt, auch wenn die Politik sie lieber abschaffen würde.

Die fortwährende Diffamierung der traditionellen Rollenverteilung ist eine Anmaßung, eine Beleidigung nicht nur für Frauen, sondern auch für Männer. Wir unterstellen ja nicht nur der Frau, dass sie ein dummes „Heimchen am Herd" ist, im gleichen Atemzug machen wir den Mann auch zu einem unverbesserlichen Patriarchen, der seine Frau zu Hause an der kurzen Kette hält. Es ist eine große Verantwortung, für den Unterhalt einer Familie zu sorgen. Verbunden mit beruflichem Stress, mit Existenzängsten, mit Sorgen, mit wenig Zeit für die Familie, eben mit allem, was in der harten Arbeitswelt so dazugehört. Das sollten wir respektieren und wertschätzen, anstatt diese Männer leichtfertig als unverbesserliche Machos zu bezeichnen.

Es braucht nämlich keine Gleichstellung in allen Lebenslagen, kein Aufrechnen von Ämtern und Hausarbeit und auch kein Aufrechnen von Geld, wenn man mit Respekt und Wertschätzung zwischen Mann und Frau kommuniziert. Wir brauchen die Anerkennung der Unterschiede und keinen Gleichheitswahn, der alle dazu verleiten soll, das gleiche Leben zu führen, egal, ob Mann oder Frau. Wir brauchen keine Austauschbarkeit der Geschlechter, kein Gender-Mainstreaming, das uns einreden will, unsere angeborene Weiblichkeit sei nur ein Fehler unserer Erziehung und die angeborene Männlichkeit in der Regel ein Problem. Der „durchgegenderte", geschlechtsneutral erzogene Einheitsmensch ist kein Erfolgsversprechen, sondern eine Horrorvision.

Ist es nicht das, was die Gesellschaft doch an anderer Stelle fordert: Toleranz trotz Unterschiedlichkeit? „Diversity"?

Männer und Frauen *sind* unterschiedlich, mehr Diversität geht nicht, das biologische Schema lässt sich nur schwer durchbrechen, und selbst wenn es möglich wäre: Wozu? Ist das alles nur ein Wettkampf darum, wer mehr erreicht, wer höher nach oben kommt, wer mehr Posten ergattert? Auch hier schlägt übrigens das Gender-Paradoxon zu, dass wir einerseits versuchen, den Unterschied zwischen Frauen und Männern zu eliminieren und so die Kategorie Geschlecht im Sinne von Gender-Mainstreaming zu beseitigen, gleichzeitig aber immer noch in den Kategorien Mann oder Frau Positionen aufrechnen und dort explizit auf dem unterschiedlichen Geschlecht beharren.

Wer will sich anmaßen zu definieren, wann mein Leben als Frau erfolgreich verläuft? Nach welchen Kriterien gehen wir vor? Ruhm, Macht, Geld, Schönheit, Perfektion? Gern wird davon geredet, wie erfolgreich Frauen heute sind – weil wir ihren Erfolg in Geld, Macht und Ruhm messen, nicht in menschlichen Werten. Die 80-jährige Mutter, die mir schrieb: „Ich habe den Krieg überlebt, das Land aufgebaut, sechs Kinder großgezogen – und heute keine 200 Euro Rente." Nach diesen Kriterien hat sie nichts geleistet. Mutter Teresa, „der Engel der Armen", hat das ganze Leben ehrenamtlich gearbeitet. Nichts geleistet? Mein persönlich größter Erfolg wäre niemals ein Vorstandssessel, sondern wenn aus unseren vier Kindern später anständige Menschen werden – ja, darauf wäre ich stolz, hätte aber nach den Kriterien, die man uns täglich eintrichtern will, „nichts geleistet".

Fragt man Menschen am Lebensende, was sie rückblickend gern anders gemacht hätten, bereuen viele, dass sie zu wenig Zeit mit ihrer Familie, ihren Kindern, ihren Freunden verbracht haben. Man hört nie die Antwort: „Hätte ich doch mehr gearbeitet, um einen wichtigeren Posten zu ergattern!"

Und deswegen ist es ein Irrglaube, anzunehmen, das Leben sei ein ständiges Überholmanöver zwischen Männern und Frauen. Wir werden als Frauen nicht höherwertig, indem wir die Männer erniedrigen und ihnen ihre Männlichkeit rauben. Sie gefallen uns dann in der Regel auch gar nicht mehr. Welche ernsthaft emanzipierte Frau möchte einen Partner, dem sie nichts zutraut, den sie für weniger klug hält als sich selbst? Nichts ist weniger sexy als ein Held, der gebrochen am Boden liegt. Halten wir es doch zwischen Männern und Frauen lieber so wie in einer guten Ehe. Es geht nicht darum, am Ende sagen zu können: „Ich habe aber gewonnen", sondern darum, gemeinsam ein gutes Leben verbracht zu haben.

Wenn zwischenmenschliche Beziehungen zum Kriegsschauplatz verkommen, gibt es am Schluss keine Gewinner. Es ist Zeit, den Geschlechtergraben zuzuschütten, anstatt ihn tiefer auszuheben. Schmeißt die Schaufeln weg, die Zeit ist reif, es miteinander zu versuchen, anstatt weiter alles kleinlich gegeneinander aufzurechnen.

Was ist das doch für eine aberwitzige Gesellschaft geworden, in der wir ständig versuchen, Mädchen das Frausein auszutreiben und Jungs ihre Männlichkeit zu nehmen, um sie dann gemeinsam aus der „Kategorie Geschlecht" zu befreien? Wenn das Fortschritt sein soll, dann bin ich wirklich gern konservativ. Ich bin gern Frau und gern Mutter, gern Hausfrau und gern typisch Frau. Begreift es! Wie Millionen anderer Frauen bin ich glücklich damit, und ich habe nicht vor, mich zu ändern. Kuchenbacken und Geschichtenvorlesen hindert mich nicht daran, Geld zu verdienen und meine Autoreifen selbst zu wechseln. Ich kann beides, denn ich bin eine Frau. Was von alledem ich jedoch lieber mache – mit Verlaub, das entscheide ich selbst.

Stichwortverzeichnis

A
Abhängigkeitsverhältnis 37
Abtreibung 49, *78 f.*
Altersarmut 176
Angleichung der
 Geschlechter 187
Anti-Feminismus 197
Arbeitsmarkt 70, 74, *127*,
 135 f.
#aufschrei *16*, 22, 30, 53, 122

B
Backlash *57*, 73, 75
Berufswahl 116
Betreuungsgeld *131*, 133, 135 f.,
 140, 143, 145, 149, 170
Bevölkerungsentwicklung
 68
Bezugsperson *156*, 165, 167
Biologistisch 89
„Brutkasten" 70

C
„Dirndlgate" 35
Diversity 55, *88*, 123, 163,
 183, 210

E
Ehe 44, 58, 62, 90, 131, 159,
 162 f., 168
Ehegattensplitting 168
Einheits-Erziehung 183
Einverdienerehe *62*, 168
Elterngeld *131*, 135, 173
Elternschaft 65, *68*, 99, 107
Emanzipation 9, 11, 29, 63,
 131, 137, 203, *206 f.*
Emanzipationsverweigerer
 25
EMMA *52*, 55
Entnaturalisierung von
 Geschlecht 89
Ernährermodell 138
Erzieherin 154 f.

Erziehung 70, 90, 93, 95, 99, 116, 123, 136, 139, *140f.*, 147, 153, 175 f., 183, 208
Erziehungsgeld 135
EU 59, 87, *101*, 165, 191
Existenzminimum 144, *169*, 174

F
Fachkräftemangel 53, 111, *134*
Familiendefinition 169
Familienministerin 44, *105*, 139
Familienplanung 79
Familienpolitik 12, 68, *135*, 159, 164, 169, 172
Familienreport *127*, 173
Fehlanreiz *137*, 150
Femen 26
Feminismus 5, 8 f., 31, 40, 47, *48*, 50 f., 55, 60, 63, 78, 82, 103, 109, 135, 138, 177, 203
Förderung 130, 135, 144, 163, 170, *172*, 174, 180
Frauenanteil 113, *114*, 117, 125, 203
Frauenbeauftragte 16, *87*, 200
Frauenbewegung 29, 49, *60*, 82, 109, 114

Frauenfeind *22*, 194
Frauenförderung 12, *111*, 135, 207
Frauenkollektiv 10, 12, *50*, 110, 129
Frauenpolitik 71, 139
Frauenquote 104, *108*, 110, 119, 122, 128
Führungsposition 115

G
Ganztagsbetreuung 173
Ganztagsschule 74, 179
Gender *84f.*, 97, 100, 116, 123, 210
Gender-Mainstreaming 8, *84*, 100 f., 102, 106, 124, 163, 167, 187, 191, 209
Gender Pay Day 126
Genderstudies 92, *103*, 123
Generationenvertrag 175
Geschlechterfrage 8, *191*
Geschlechterrolle 186
Gläserne Decke 24, 56, 73, 115, *117*, 121
Gleichberechtigung 49, 89, 106, 109, 131, 136, *191*, 207
Gleichmacherei *63*, 89
Gleichstellung 9, 60, *84f.*, 100, 105, 111, 136, 184, 193, 205, 209

Gleichstellungsbeauftragte 12, 94
Gluckengehalt 133
Grundgesetz 22, 140, *159*, 163, 169, 180

H
Hausfrauendasein 58
Heimchen am Herd 18, *132*, 209
Herdprämie *131f.*, 138
Homosexuelle Lebensgemeinschaft 168

K
Karriere 10, 12, 46, 54, 58, 62, 68, *108*, 128, 184, 186, 189
Kinderbetreuung 59, *140*, 144, 170
Kindererziehung 131, *136*, 139, 145, 169, 180, 193, 206, 208
Kinderfreundlichkeit 83
Kindergarten 99, *145*, 153, 157
Kindergeld 68, 169, *174*
Kita 72, 135, *147*, 180
Klientelpolitik 124
Krippe 12, 72, 136, 140, *143*, 145, 180, 183
Krippenplatz 136, 139

L
Lebensrecht 80
Lohnunterschied 126
„Lufthoheit über den Kinderbetten" *130*, 170, 180

M
Männeranteil 117
Männerbeauftragte 24, *194*
Männerbewegung 200
Mutterinstinkt 75
Mutterschaft 48, 54, 59, 70, *74*, 117, 126
Mutter-Vater-Kind 158

N
Nanny-Staat 202

P
Patchworkfamilie 159
Patriarchat 105, 111
Pflegeversicherung 170
pinkstinks 97
Political Correctness 23

Q
Quality Time 156
Quote *108*, 117, 122, 124
Quotenfrau 108
Quotengegnerin 128
Quotenmänner 128

R

Rabenmutter 45, 55, 202
Recht auf ein Kind 165, 167
Rente 46, 72, 169, *174*, 210
Rentendiskussion 177
Rollenmuster *8*, 206
Rollentausch 208
Rollenverteilung *146*, 209
Rollenzuweisung *93*, 168

S

Scheidung 61
Schule 36, *40*, 83, 179, 198, 200
Schwangerschaft 71, *79*
Schwangerschaftsunterbrechung 81
Schweigespirale *21*, 45, 47
Sex 29, 187
Sexismus 7, *15f.*, 24, 30f., 38, 47, 96, 200, 204
Sexist 15, 22

Sexualkundeunterricht 83
Sexualobjekt 18, 26
Sorgerecht 193
Soziale Elternschaft 106, 167
Stillen 75
Subvention 147

T

Teilzeit 59, 127, 139
Tugendfuror 23

U

Unterhaltsrecht *61*, 168

V

Vater-Kind-Beziehung 66
Verdummungsprämie 133

W

Wahlkampf 149, 187

Z

Zwangsverweiblichung 104

Quellenverzeichnis

1. Alice Schwarzer (Hrsg.) „Es reicht!", Verlag Kiepenheuer & Witsch, April 2013
2. Aussage von Anne Wizorek und Nicole von Horst in der *Stern-TV*-Sendung vom 30. Januar 2013, 22:15 bei RTL
3. Schweizer Tagesanzeiger: Interview mit Alice Schwarzer „Frauen sollten auch mal zuerst küssen", 31. März 2012
4. DIE ZEIT, 16. Markus Theunert: „Liebe Alice Schwarzer!" in Zeit online, 16. Mai 2012; http://www.zeit.de/2012/21/CH-Maennerbeauftragter
5. „No woman should be authorized to stay at home and raise her children. Society should be totally different. Women should not have that choice, precisely because if there is such a choice, too many women will make that one." – Simone de Beauvoir: „Sex, Society, and the Female Dilemma", Saturday Review, 14. Juni 1975, Seite 18
6. „If even 10 percent of American women remain full-time homemakers, this will reinforce traditional views of what women ought to do and encourage other women to become full-time homemakers at least while their children are young … *This means that no matter how any individual feminist might feel about childcare and housework,* the movement as a whole [has] reasons to discourage full-time homemaking." – Jane J. Mansbridge: „Why We Lost the Equal Rights Movement", University Of Chicago Press; 1. Ausgabe, 1986
7. Bascha Mika: „Alice Schwarzer. Eine kritische Biographie", rororo 1999.
8. Jutta Allmendinger: „Frauen auf dem Sprung", Die BRIGITTE-Studie, Verlag Pantheon 2009
9. „Der neue Jugendmonitor" 4. Welle: Meinungen und Einstellungen der Jugend zu Familie, Bundesministerium für Wirtschaft, Familie und Jugend Österreich, 23. Mai 2011
10. „Traumberuf Hausfrau?" – Magazin „Profil", Wien, Österreich, 19. November 2011
11. „What Matters to Mothers in Europe" – Mouvement Mondial des Mères, Survey 2011
12. „Die deutsche Angst vorm Kinderkriegen" – Studie des Rheingold Institut für qualitative Markt- und Medienanalysen, 24. November 2010, Köln
13. Elisabeth Badinter: „Der Konflikt: Die Frau und die Mutter", C. H. Beck Verlag 2010
14. Ebenda, Seite 18
15. Ebenda, Seite 109
16. Zu den Vorwürfen eines Interessenskonfliktes siehe auch: http://www.fr-online.de/panorama/franzoesische-feministin-badinter-feministin-fatale,1472782,3087934.html, Informationen zu der Werbeagentur Publicis unter Wikipedia: http://en.wikipedia.org/wiki/Publicis_Groupe; sehr informativ auch bei www.slate.com, The Slate Group, (Washington Post Company) *The Conflict: How Modern Motherhood Undermines the Status of Women*, Kommentar von Katie

Allison Granju: http://www.slate.com/articles/double_x/doublex/features/2012/ elisabeth_badinter_s_the_conflict/the_conflict_elisabeth_badinter_publicis_and_ nestle_.html

17 Alice Schwarzer: „Der kleine Unterschied und seine großen Folgen", Fischer Verlag, Erstauflage 1975
18 Laut Zahlen des Statistischen Bundesamtes für die Abtreibungen im 1. Quartal 2013: Abtreibungen gesamt bundesweit: 28 061; davon aus medizinischen Gründen: 967; davon aus kriminologischer Indikation: 6
19 Lena Jakat: „Warum sollte ein Baby leben?" Süddeutsche Zeitung Online, 6. März 2012: http://www.sueddeutsche.de/leben/artikel-ueber-kindstoetung-ethiker-fordern-post-natale-abtreibung-11300098
20 „Mein Vorschlag war, das volle Lebensrecht erst 28 Tage nach der Geburt in Kraft zu setzen" – Interview Peter Singer in Spiegel Online vom 25. November 2001, Titel: „Nicht alles Leben ist heilig".
21 Judith Butler: „Das Unbehagen der Geschlechter", Verlag Suhrkamp, 1991
22 Nina Degele, „Anpassen oder unterminieren: Zum Verhältnis von Gender Mainstreaming zu Gender Studies." In: Lüdtke, D., Kompetenz und/oder Zuständigkeit. Zum Verhältnis von Geschlechtertheorie und Gleichstellungspraxis, VS Verlag für Sozialwissenschaften 2005, Seite 95
23 Alice Schwarzer: „Der kleine Unterschied und seine großen Folgen. Frauen über sich. Beginn einer Befreiung", Fischer Taschenbuch, 2002
24 „Jungen und ihre Lebenswelten – Vielfalt als Chance und Herausforderung" – Bericht des Beirats Jungenpolitik, 25. Juni 2013, Seite 220. „Vermeidung medialer Bilder, die Geschlechterstereotype verstärken. Vor dem Hintergrund der großen gesellschaftlichen Bedeutung der Medien und ihres Einflusses auf Rollenbilder und Verhaltensmuster sollten Kooperationen mit allen relevanten Akteuren, bspw. dem Werberat oder den Rundfunkräten, aufgebaut werden, um auf diesem Wege auf die Darstellung der Geschlechter in den Medien Einfluss zu nehmen im Sinne einer Vielfalt von Lebensentwürfen jenseits tradierter Geschlechterstereotype."
25 http://frauensprache.com/vaterunser.htm
26 Fabian Ochsenfeld, Goethe-Universität Frankfurt, September 2012, „Gläserne Decke oder goldener Käfig: Scheitert der Aufstieg von Frauen in erste Managementpositionen an betrieblicher Diskriminierung oder an familiären Pflichten?" Kölner Zeitschrift für Soziologie und Sozialpsychologie 64 (2012): 507–534
27 Jungen und ihre Lebenswelten – Vielfalt als Chance und Herausforderung – Bericht des Beirats Jungenpolitik, 25. Juni 2013, Seite 217: „Die mitunter erhobene Forderung nach einer Quotenregelung zugunsten von Männern, um deren Zahl in Erziehungs- und Bildungseinrichtungen zu erhöhen, muss als wenig realistisch gesehen werden. Sie könnte unter den gegebenen Bedingungen nicht erfüllt werden."
28 McKinsey: „Woman Matter", 2007
29 „Gender Diversity and Corporate Performance", Credit Suisse Research, August 2012
30 Prof. Dr. Sabine Boerner von der Universität Konstanz, „Gender Diversity und Organisationserfolg", 2012
31 K. Ahern, A. Dittmar, „The Changing of the Boards: The Impact on Firm Valuation of mandated Female Board Representation", University of Michigan, 2011
32 Holger Schäfer, Jörg Schmidt, Oliver Stettes: „Beschäftigungsperspektiven von Frauen" – Eine arbeitsmarktökonomische Analyse im Spiegel der Gleichstellungsdebatte, Institut der deutschen Wirtschaft Köln, Januar 2013
33 http://www.spiegel.de/politik/deutschland/spd-wahlkaempferin-joost-fordert-frauenquote-in-talkshows-a-900184.html

34 Robin Alexander: „Wie das Betreuungsgeld zur Herdprämie wurde", aus Die Welt, 11. November 2012, ausgezeichnet mit dem Theodor-Wolff-Preis. http://www.welt.de/politik/deutschland/article110 883 849/Wie-das-Betreuungsgeld-zur-Herdpraemie-wurde.html
35 Spiegel Ausgabe 45/2005 oder unter http://www.spiegel.de/spiegel/vorab/a-383 371.html
36 Hamburger Morgenpost, 24. Mai 2007, http://www.mopo.de/news/familien-von-der-leyen-zieht-enge-grenzen-fuer-betreuungsgeld,5066732,5542368.html
37 Plenumssitzung des Landtages NRW am 24. Mai 2007, Diskussion zum SPD-Antrag „Ausbau der Kinderbetreuung sichern, Rechtsanspruch jetzt verbindlich einführen". http://www.landtag.nrw.de/portal/WWW/Webmaster/GB_II/II.1/Oeffentlichkeitstsarbeit/Informationen.jsp?oid=83541
38 Glosse Wirtschaftsressort: „Aufzuchtprämie", 2. November 2007, Frankfurter Allgemeine Zeitung
39 „Gluckengehalt soll Gesetz werden", TAZ, 31. Oktober 2007
40 WDR-Sendung Westpol vom 23. Oktober 2011
41 „SPD kündigt Verfassungsklage gegen das Betreuungsgeld an", Bericht in Welt Online vom 4. November 2012. Zitat Nahles: „Mit einem Betreuungsgeld greift der Staat in die Wahlfreiheit der Familien ein, indem er das Fernbleiben aus der Kita einseitig finanziell belohnt und somit seine gebotene Neutralität verletzt." Quelle: http://www.welt.de/newsticker/news3/article110607269/SPD-kuendigt-Verfassungsklage-gegen-Betreuungsgeld-an.html
42 Bascha Mika: „Die Feigheit der Frauen: Rollenfallen und Geiselmentalität", C. Bertelsmann Verlag
43 Stellungnahme der Bundessprecherinnen der Bundesarbeitsgemeinschaft kommunaler Frauenbüros: „Herdprämie ist kein Unwort, Herdprämie ist ein Unding", 18. Januar 2008.
44 Das Urteil im Wortlaut unter: http://www.bverfg.de/entscheidungen/rs19981110_2bvr105791.html (Stand 25. Oktober 2012)
45 Der 8. Familienbericht 2012 und der Familienmonitor 2012 des Institutes Allensbach finden sich hier zum Download: http://www.bmfsfj.de/BMFSFJ/familie,did=190010.html, (Stand 25. Oktober 2012)
46 Ergebnisse der Studie hier: http://www.stern.de/politik/deutschland/stern-umfrage-zum-betreuungsgeld-mehrheit-missbilligt-herdpraemie-1818047.html (Stand 25. Oktober 2012)
47 So etwa die Studie der amerikanischen Regierungsbehörde National Institute of Child Health and Human Development (NICHD): „Early Child Care and Youth Development", bei der 1300 Kinder über 15 Jahre lang begleitet wurden und die in diversen Metastudien bestätigt wurde. Ähnlich auch die „Wiener Krippenstudie" der Entwicklungspsychologin Lieselotte Ahnert.
48 Department of Pediatrics, University of Miami, School of Medicine: „The effects of mother's physical and emotional unavailability on emotion regulation", siehe auch „Einflüsse psychosozialer Risikofaktoren auf die Qualität der Mutter-Kind-Interaktion" Dissertation von Caroline Domogalla, München, 2006, Seite 9 ff.
49 Karin Grossmann / Klaus E. Grossmann: „Bindung, das Gefüge psychischer Sicherheit", Klett-Cotta, Seite 128 ff.
50 „Zwangsgermanisierung", Die Welt, 23. November 2004, http://www.welt.de/printwelt/article354 100/Zwangsgermanisierung.html
51 „Freiheit und Sicherheit. Grundsätze für Deutschland", Beschluss des 21. Parteitags der CDU Deutschlands vom 3. Dezember 2007 in Hannover

52 „Das WIR entscheidet", Regierungsprogramm der SPD 2013–2017, beschlossen am 14. April 2013 in Augsburg (Seite 52 ff)
53 „100 Prozent sozial", Berliner Entwurf des Wahlprogramms vom 20. Februar 2013
54 Familiendefinition der Grünen, zu finden unter: http://www.gruene.de/themen/soziale-gerechtigkeit/familie.html
55 „Verantwortung für die Freiheit" – Karlsruher Freiheitsthesen der FDP für eine offene Bürgergesellschaft, 22. April 2012 (Seite 48 ff)
56 „Ströbele provoziert mit Inzest-Legalisierung" – in Welt online, 13. April 2012; http://www.welt.de/politik/deutschland/article106179526/Stroebele-provoziert-mit-Inzest-Legalisierung.html
57 Das Urteil zum steuerfreien Existenzminimum vom 29. Juni 1990 (BVerfG 82,60) besagt, dass der „steuerrechtliche Grundsatz der Leistungsfähigkeit auch für die Erziehung von Kindern gilt und dass daher das Existenzminimum *sämtlicher* Familienmitglieder steuerfrei sein muss."
58 Das „Trümmerfrauenurteil" vom 7. Juli 1992 (BVerfG 87,1). Darin enthalten ist die Forderung des Gerichts, dass „mit jedem Reformschritt die Benachteiligung der Familie tatsächlich verringert wird" und dass „das Ziel die gleichwertige Anerkennung von Erziehungsleistung und Geldbeiträgen" in der Rentenberechnung sei. Erziehungsarbeit wäre damit final gleichzusetzen mit Rentenbeiträgen in die Rentenkassen.
59 Das „Kinderbetreuungsurteil" vom 10. November 1998 (BVerfG 99,216) bekräftigt: „Neben der Pflicht, die von den Eltern im Dienst des Kindeswohls getroffenen Entscheidungen anzuerkennen und daran keine benachteiligenden Rechtsfolgen zu knüpfen, ergibt sich aus der Schutzpflicht des Art. 6, Abs. 1 GG auch die Aufgabe des Staates, die Kinderbetreuung in der jeweils von den Eltern gewählten Form in ihren tatsächlichen Voraussetzungen zu ermöglichen und zu fördern."
60 Das „Pflegeversicherungsurteil" vom 3. April 2001 (BVerfG 103,242)
61 Nachzulesen auf Tagesschau.de http://www.tagesschau.de/inland/ehegattensplitting-karlsruhe100.html
62 Aufstellung der verschiedenen Untersuchungsmodule der Prognos AG unter: http://www.prognos.com/Singleview.306+M5ed45d18f21.0.html
63 Wido Geis, Axel Plünnecke: „Fachkräftesicherung durch Familienpolitik", IW-Positionen Nr. 60, Köln 2013
64 Berliner Partei-Programm der SPD von 1989 bis 2007.
65 „Ursula und die Männer" – Interview von Ursula von der Leyen mit *Der Stern*, 14. Februar 2007
66 „Frauen und Männer in verschiedenen Lebensphasen", Statistisches Bundesamt 2010, Abschnitt 1.3 „Nesthocker: Junge Erwachsene, die bei den Eltern leben"
67 Catherine Hakim: „Feminist Myths and Magic Medicine", Centre for Policy Studies, 2011. Siehe auch: „What women really want: To marry a rich man", Daily Telegraph, 4. Januar 2011; http://www.telegraph.co.uk/news/uknews/8237298/What-women-really-want-to-marry-a-rich-man.html
68 Catherine Hakim: „It has become impossible to say ‚I wouldn't mind being a housewife.' It is so politically incorrect that a lot of women don't want to admit it." Quelle: ebenda
69 Anneke Napp Peters: „Familien nach der Scheidung", Kunstmann Verlag 1995; siehe auch: Katrin Hummel: „Weil die Mutter es nicht will", FAZ vom 2. März 2009; http://www.faz.net/aktuell/gesellschaft/familie/trennungsvaeter-weil-die-mutter-es-nicht-will-1772188.html

70 Originaldokument des Expertengremiums hier zu finden: http://www.nrk.no/contentfile/file/110947191!reform.pdf, Zusammenfassung der Forderungen in englischer Sprache auf Seite 35.
71 Marion Schmidt: „Die schwachen Starken", 17. Mai 2010 auf süddeutsche.de; Quelle: http://www.sueddeutsche.de/karriere/schule-die-schwachen-starken-1553125
72 Eva Richter Kuhlmann: „Barmer-GEK-Arztreport 2013: ‚Generation ADHS' wächst heran" in Ärzteblatt, Ausgabe Februar 2013, Seite 64
73 Studie der Vodafone-Stiftung: „Herkunft zensiert? Leistungsdiagnostik und soziale Ungleichheiten in der Schule", 14. Dezember 2011, wurde von den Bildungsforschern Prof. Dr. Kai Maaz (Universität Potsdam), Prof. Dr. Ulrich Trautwein (Universität Tübingen) und Prof. Dr. Franz Baeriswyl (Universität Freiburg/Schweiz) durchgeführt. Dabei analysierten sie den Zusammenhang zwischen Schulnoten und den Effekten der sozialen Herkunft und nutzten dafür Befunde aus Daten der TIMSS-Übergangsstudie (Trends in International Mathematics and Science Study), der Berliner ELEMENT-Studie (Erhebung zum Lese- und Mathematikverständnis), der TOSCA-Studie (Transformation des Sekundarschulsystems und akademische Karrieren) sowie aus einer aktuellen Übergangsstudie aus der Schweiz. Geschlechtsspezifische Unterschiede in Teilstudie 9.

Foto: © Kerstin Pukall

Birgit Kelle wurde 1975 in Heltau, Siebenbürgen, geboren. Sie ist Kolumnistin beim Meinungs- und Debattenportal *The European*. In zahlreichen Medienbeiträgen (u. a. *Die Welt, Focus*) streitet sie dafür, dass Frauen ihren Lebensweg frei wählen können, und fordert staatliche Unterstützung für diejenigen, die Kinder bekommen und selbst erziehen. Sie ist Vorsitzende des Vereins *Frau 2000plus e. V.*, Vorstandsmitglied des EU-Dachverbandes *New Women For Europe* und war 2012 als Sachverständige in der Betreuungsgeld-Debatte vor den Familienausschuss des Bundestages geladen. Kelle ist verheiratet und Mutter von vier Kindern.

Verlagsgruppe Random House FSC® N001967
Das für dieses Buch verwendete FSC®-zertifizierte Papier EOS
liefert Salzer, St. Pölten.

© 2013 by adeo Verlag
in der Gerth Medien GmbH, Asslar,
Verlagsgruppe Random House GmbH, München

1. Auflage 2013
Bestell-Nr. 814209
ISBN 978-3-942208-09-3
Umschlaggestaltung: Gute Botschafter GmbH, Haltern
Satz: Greiner & Reichel, Köln
Druck und Verarbeitung: GGP Media GmbH, Pößneck

Printed in Germany